墨香财经学术文库

"十二五"辽宁省重点图书出版规划项目

黑龙江省哲学社会科学研究规划项目　　　　　　　项目批准号：14B016
项目名称：企业社会责任层级性及其价值创造研究　　　负责人：董淑兰

U0656659

A Study on the Relationship
Between Corporate Social Responsibility and Performance
Based on Value Creation and Sustainable Growth

企业社会责任与绩效关系研究
基于价值创造与可持续增长的视角

董淑兰　王永德 ◎ 著

东北财经大学出版社
Dongbei University of Finance & Economics Press

大连

图书在版编目（CIP）数据

企业社会责任与绩效关系研究：基于价值创造与可持续增长的视角 / 董淑兰，王永德著. 一大连：东北财经大学出版社，2017.8

（墨香财经学术文库）

ISBN 978-7-5654-2753-4

Ⅰ．企…　Ⅱ．①董…②王…　Ⅲ．企业责任-社会责任-关系-企业绩效-研究-中国　Ⅳ．F279.2

中国版本图书馆CIP数据核字〔2017〕第093098号

东北财经大学出版社出版发行

　大连市黑石礁尖山街217号　邮政编码　116025

　网　　址：http：//www.dufep.cn

　读者信箱：dufep @ dufe.edu.cn

大连图腾彩色印刷有限公司印刷

幅面尺寸：170mm×240mm　字数：223千字　印张：15.5　插页：1
2017年8月第1版　　　　2017年8月第1次印刷
责任编辑：李　彬　王　斌　　责任校对：贝　元
封面设计：冀贵收　　　　　　版式设计：钟福建
定价：45.00元

前言

　　霍华德·博文最早提出现代企业社会责任的概念。1953 年，博文出版的著作《商人的社会责仟》开创了企业社会责任研究的新领域，博文因此被誉为"企业社会责任之父"。1975 年，戴维斯将企业的社会责任定义为："企业在谋求利益的同时，对维护和增加整个社会福利方面所承担的义务。"他认为，对于企业来说，社会责任与社会权利是对称的，企业如果不承担社会责任，就会丧失社会赋予其的权利，并强调企业的社会责任是企业经济目标与社会效益目标的集合体。

　　近年来，随着经济的迅速发展，企业在追逐经济利益的同时，也带来了一系列的社会问题，如产品安全问题、环境污染问题、劳工权益纠纷等，企业承担社会责任已成为理论界与实务界的共识。2013 年，中国共产党十八届三中全会首次明确提出将"承担社会责任"作为未来企业改革的重点内容，之后我国陆续出台了"社会责任"的相关政策条例。据此，社会责任已成为新常态下企业可持续发展的关键影响因素之一。

　　本书选取"企业社会责任—价值创造—可持续增长"作为研究路

径，探讨企业履行社会责任与价值创造、可持续发展的关系，并以利益相关者理论为基础，解释基于不同利益相关者社会责任的层级性结构特征，以及其对价值创造、企业可持续增长的影响。本书内容为相关学科进行理论研究提供文献支持，为企业进行社会责任决策提供实证依据，为政府更好地规范企业社会责任行为提供理论指导，从而进一步促进经济社会的和谐与可持续发展，因此，本书具有重要的理论价值和现实价值。

为了实现研究目标，本书主要内容包括：

第一部分内容是关于企业社会责任层级性及其对企业价值创造的影响。该部分研究的理论基础是企业契约理论、利益相关者理论、企业社会责任层级理论和价值创造理论。本部分研究选取了 2012—2014 年连续三年都披露过企业社会责任报告的上市公司，剔除了 ST 和*ST 公司后，再依据"行业内应至少有 10 家企业披露企业社会责任报告，且该行业与人们衣食住行密切相关"的标准对样本进行筛选，最终得到来自于房地产业、制造业、零售业、建筑业和服务业的 271 家上市公司。

首先，依据基础理论将企业利益相关者划分为投资者、员工、消费者、供应商、政府、环境和弱势与公益群体等七类，构建企业社会责任评价指标体系，并采用内容分析法进行赋值。其次，将全部样本的社会责任指标采用因子分析法和聚类分析法进行主成分提取、聚类分析，构建出基础责任、关键责任和道德责任三个层级指标体系，通过熵权法对各项社会责任评价指数进行计算和处理，得到企业对各项社会责任评价指标的熵值和权重，最终获得综合评价得分。再次，对企业社会责任各层级与价值创造的关系进行检验，研究发现：从企业对各利益相关者履行社会责任的整体情况看，企业社会责任对当期及未来一期价值创造具有正向影响，但从企业社会责任的层级结构特征看，不同层级的社会责任对价值创造的影响是有差异的。其中，层级结构中基础责任和道德责任对本期和未来一期的价值创造均具有正向影响，但结果不显著，层级结构中关键责任则对本期及未来一期的价值创造均具有显著的正向影响。由此结果可以得出企业整体社会责任水平对价值创造的影响具有连续效应，究其原因很可能是在企业社会责任层级结构中，关键责任对价值创造存在连续效应，而基础责任和道德责任对价值创造的影响不具有滞后性所致。最后，分行业对企业社会责任的层级性及其与价值创造的关系进行检验，发现各行业之间企业社会责任层级的构成内容差别较大，其对企业价值创造的影响也存在差异。

第二部分内容是关于企业社会责任与可持续增长的关系研究。该部分研究的理论基础是企业社会责任理论、利益相关者理论、可持续发展理论和利益平衡理论。为了更好地实现研究目标，本部分研究选择成长性特征显著的创业板上市公司作为研究样本，并选取创业板上市公司连续三年不增发股票的上市公司，共 36 家，最后剔除数据不全的 12 家企业，最终得到 24 家企业连续三年的数据，共 72 个研究样本。首先，从股东、债权人、供应商、员工、消费者、政府、公益群体等七个方面构建企业的社会责任评价指标体系，并采用主成分法对样本公司社会责任履行情况进行评价。其次，对企业履行社会责任与可持续增长的关系进行实证检验。实证检验结果表明：企业更好地履行对股东和消费者的责任与企业可持续增长显著正相关；企业更好地履行对供应商、政府和公益群体的责任与企业可持续增长呈正相关关系，但不显著；企业更好地履行对债权人和员工的责任与企业可持续增长显著负相关；企业社会责任总体履行情况与可持续增长负相关，但不显著；平衡指标与企业社会责任负相关，表明企业发展过快或过慢会影响企业社会责任的履行。而企业履行各个利益相关者责任不平衡，没有有效地利用资金和财务杠杆，在履行社会责任的同时没有与可持续增长指标结合起来等因素可能是产生此种现象的原因。

第三部分是个案研究。近年来由于食品安全问题屡屡发生，企业利益相关者更加关注食品企业的社会责任问题。食品安全直接关系到千家万户，同民生关系密切，因此，有关食品企业是否履行社会责任备受人们关注。在该部分研究中，选择大型食品上市企业——光明公司作为研究对象，选取该公司 2000—2014 年共 15 年的财务数据作为样本，采用时间序列模型对公司社会责任与公司绩效的关系进行研究。研究结果表明：光明公司在更好地履行对股东、债权人、政府的责任的期间，公司绩效显著提升，但同时发现，在公司更好地履行对员工、消费者、供应商的社会责任期间，公司绩效反而下降。

本书的创新之处：

1. 本书遵从"企业社会责任与价值创造、可持续增长"的研究思路，探究企业履行社会责任在实现价值创造的同时，追求可持续增长目标的一般规律，该研究路径在当前学术研究中不多见。

2. 基于利益相关者理论，分析企业对各利益相关者承担的社会责任内容，根据不同类型责任内容之间的差异性，同一类型责任内容之间的相似性，以社会责任层级理论为基础，将企业对各利益相关者承担的责任内容划分为不同的层次，得到基于企业实际情况的社会责任层级结构模型。

3. 引入平衡增长指标，采用因子分析和多元回归分析方法，对企业社会责任与可持续增长之间的关系进行实证检验。

本书是由黑龙江八一农垦大学会计学院董淑兰教授与王永德教授共同撰写的，研究内容还有需要进一步完善和深入的地方，也是著者将来要研究的方向，欢迎同仁们批评指正！

本书的出版得到了黑龙江省哲学社会科学研究规划项目"企业社会责任层级性及其价值创造研究（项目编号：14B016）"、黑龙江八一农垦大学学成引进人才科研启动计划"黑龙江省国有大中型企业社会责任研究（XDB2012-11）"的资助，在此深表谢意！

董淑兰　王永德

2017 年 2 月

于黑龙江八一农垦大学

目录

第1章 绪论

1.1 研究背景

  企业的社会属性决定了企业在实现自身经济效益最大化目标的基础上，承担着促进整个社会的和谐发展与进步的责任。企业-人道主义论坛协会会长约翰·马雷斯卡指出："今天世界出现了一种崭新的企业新概念，即企业已不再被看作只是为拥有者创造利润和财富的工具，它还必须对整个社会的政治经济发展负责。这种企业新概念注定会改变人们对企业的看法、企业对自己的看法，以及企业在 21 世纪社会中的位置。"随着全球经济的迅猛发展，企业的利益相关者更加关注自身的权益，特别是环境污染、诚信缺失、权益受侵、产品安全等问题日益暴露出来，企业的社会责任更加受到利益相关者的关注，同时企业的社会责任问题也引起了全社会各界人士的关注。自 20 世纪中期开始，企业社会责任的研究得到了学者们的广泛关注，随着企业社会责任理论的发展，企业应履行社会责任的观念已成为理论界的共识。在实践方面，相关调查结果显示，企业承担一定的社会责任已逐渐得到企业家、社会公众的认可。但是，我国的企业社会责任水平仍然比较低。近几年，在我国上市公司中，披露社会责任报告的企业虽有所增加，但数量还远远不够。在 2015 年第四届"生态文明——阿拉善对话"上，中国上市公司协会和证券时报社联合发布了《中国 A 股上市公司社会责任信息披露研究（2015）》（摘要），截至 2015 年 4 月 30 日，A 股上市公司中 702 家公司发布社会责任报告共 711 份，较上年同期的 686 份增长了 3.64%。上市公司社会责任信息披露是指上市公司采用年度社会责任报告、环境报告、临时公告、日常资讯等多种形式，通过证券交易所网站、主流媒体、公司官方网站、官方微博等多种渠道向其利益相关方披露与公司经营、社会和环境影响等方面有关的信息的过程。

虽然绝大多数的研究结果支持企业社会责任对价值创造的积极影响，但是企业仍然将履行社会责任视为一种支出和负担，这一切都显示：企业社会责任对价值创造的影响不是简单的正相关、负相关或不相关。换言之，企业不同社会责任行为会产生不同的经济后果，某些社会责任行为会增加收益，有助于企业实现价值创造，某些社会责任行为会增加成本，有碍于企业实现价值创造，而某些社会责任行为对企业价值创造不产生影响。在这种情况下，对企业社会责任划分层次，区分不同层次社会责任对价值创造的影响无疑比以前更加需要探讨和研究。企业把握好社会责任的各个层次，有所区分地加以履行，可以提高企业资源的使用效率，实现企业价值最大化目标，从而提高企业履行社会责任的积极性。

企业要想在竞争中立于不败之地，履行社会责任已成为必然要求。大企业纷纷将社会责任纳入企业发展战略，而中小企业关注的焦点大部分集中于自身的发展，融资困难一直限制着中小企业的发展。2009 年创业板市场的推出，为许多高成长性、创新能力强的中小企业提供了机会，到 2014 年，已经有 380 多家企业在创业板上市。这些企业得到了大量的融资，为自己的经济发展注入了新的活力。政府为企业提供了融资渠道，扶持中小企业发展，反过来，中小企业也应该在自己的能力范围内回报社会，企业社会责任表现逐渐成为人们关注的焦点。2013 年年底《中国中小企业社会责任指南》的面世，意味着国家对企业社会责任的关注越来越多，不论大企业还是小企业都应当将主动承担社会责任提上日程，并将之视为一项义务去承担。但是，企业在承担对各利益相关者的社会责任时，必然伴随着资金或现金的流出、成本费用的发生等。

那么，企业如何在承担社会责任的同时，保持可持续增长，从而形成企业社会责任与企业绩效之间的良性互动机制，实现社会的可持续发展与进步？

1.2 研究目的和研究意义

1.2.1 研究目的

（1）从理论上探讨基于利益相关者理论的企业社会责任层级结构

各利益相关者在企业实现价值最大化目标过程中担任着不同的角色，因其对企业投入资源存在差异，因此从企业获得的资源回报也会有所差异。基于此，在对国内外相关研究文献梳理的基础上，结合上市公司2014年度披露的社会责任报告信息以及年度财务报告，本书采用内容分析法，建立评价企业社会责任履行水平的指标体系，同时，根据企业对各利益相关者承担的责任内容呈现的不同特征，探究我国实际情况下企业社会责任的层级结构。

（2）研究不同企业社会责任层级与价值创造的关系

由于企业资源的有限性，为了帮助企业提高资源的使用效率，通过对不同层级社会责任与价值创造关系的研究，仔细分析不同层级社会责任对企业价值创造存在的影响以及影响程度，从而了解企业不同社会责任行为会产生怎样的经济效益，从不同层级结构揭示企业社会责任与企业绩效之间的规律特征。

（3）研究企业社会责任对企业可持续增长的影响

虽然企业履行社会责任与可持续发展或财务方面的持续增长在理论上是相互促进的关系，也得到了全球各界学者们的一致认可，但在实证研究结论中，大部分研究者的研究结果都是正相关关系，还有一部分学者的结论是负相关或是不相关，这一现象表明企业社会责任在不同的企业中对可持续增长的影响是有差异的。理论上，在大企业中，企业社会责任对企业可持续增长的促进作用是很明显的，因为企业有雄厚的资本足以承担履行社会责任的成本，并给企业带来声誉和名望，从而促进企业未来的发展；对小企业来说则不同，有些小企业可能暂时承担不起高额的社会责任成本，这会让它们的发展举步维艰，但是社会责任的履行是所有企业将要面对的必然选择。所以，应当对企业履行社会责任与企业可持续增长的关系进行剖析，为企业科学制定社会责任决策提供借鉴。本书选取创业板上市公司作为研究对象，对其社会责任履行的现状及公司可持续增长情况进行梳理，基于利益相关者构建社会责任评价指标体系，对公司社会责任与可持续增长的关系进行实证检验，从而为企业进行社会责任行为决策提供依据，使企业形成履行社会责任与自身可持续增长之间的良性循环，促进经济社会的和谐发展。

1.2.2 研究意义

（1）理论意义

①从利益相关者视角研究企业社会责任的层级结构特征

在国内外学者对企业社会责任的计量模式研究中，主要还是采用基于利益相关者的单项指标方法，如内容分析法、指数法等，各个权威机构对企业社会责任的各种评分也主要表现为按大类或按小类进行，并没有揭示企业社会责任的层级结构特征。在学者们的研究中，仅有少量几篇文献对企业社会责任层级结构问题进行了探讨，但缺少系统性，结果不一，未能得到学术界的认同和推广，关于企业社会责任的不同层级结构对企业价值创造的影响方面的研究更是凤毛麟角，因此，通过研究不同层级社会责任与价值创造的关系，能进一步丰富企业社会责任理论的研究。

②基于利益相关者理论视角研究企业社会责任与企业可持续发展的关系

关于企业社会责任与绩效的相关研究一直是国内外学者关注的问

题，但由于研究视角、样本选择、研究方法及评价指标体系等差异，至今尚未得到统一的研究结论。本书从创业板块的视角，结合该板块的特点及其对企业的内在要求所表现出来的特征，构建对创业板上市公司进行社会责任评价的指标体系与可持续增长评价指标，将为当前社会责任评价理论提供文献借鉴，进一步丰富相关研究结论，也将进一步拓展相关研究领域。

（2）现实意义

①有利于企业进行社会责任决策和政府的监管

我国上市公司作为企业的代表，具有示范作用，故以此为对象进行企业社会责任层级性与价值创造关系的研究具有广泛的应用价值。通过深入研究企业社会责任层级性与创造价值的关系，有利于加强企业和政府对社会责任的理解和认识，使企业更清楚地了解不同层级社会责任对价值创造的影响是存在差异的，使政府认识到对不同层级社会责任采取的监管方式及监管程度应有所差异。因此，对于二者关系的研究可以为上市公司履行社会责任提供方向，为政府进行企业社会责任监管提供指导。

②有利于创业板上市公司的可持续增长

本书分别从不同的利益相关者角度考察了公司履行社会责任与财务增长的关系，针对性强，能够使上市公司明确对哪些利益相关者更好地履行社会责任将有利于公司财务可持续增长，而对哪些利益相关者更好地履行社会责任不利于公司财务可持续增长或财务可持续增长不受显著影响，从而为公司进行履行社会责任决策提供依据。

③为政府进一步完善企业社会责任考核机制提供实证借鉴

企业对不同利益相关者履行社会责任，对企业的价值创造和可持续增长均会产生不同的影响，依据经济学理论的"经济人"假设，公司为减少社会责任履行中的成本，对于那些履行了社会责任，但不会为公司带来价值创造，不利于促进公司可持续增长的利益相关者，将会受到不良影响，因此，需要政府完善对企业社会责任的激励机制和补偿机制，科学考核企业社会责任行为，以保证社会的和谐发展和进步。

1.3 国内外研究现状

1.3.1 国外研究现状

（1）关于企业社会责任的研究

企业社会责任（corporate social responsibility，CSR）是由英国学者 Oliver Sheldon（1923）在其研究中最早涉及的，他认为企业在经营过程中应将道德因素纳入其考虑的范围之内，并且企业所在社区的利益要远高于其他利益。但是，当时的学术界对这种看法存在很大争议，有关企业是否应履行社会责任，不同学者所持的看法也无法统一。直到 20 世纪 50 年代，企业社会责任的概念才由"企业社会责任之父"博文正式提出，他认为商人制定的政策、做出的决策、进行的经营活动都应与社会目标和价值观保持一致。Davis（1960）对企业社会责任理论进行了延伸，提出了著名的企业社会责任刚性原则，他提出企业在经营过程中做出的决策或采取的行动应超出企业经济利益范畴，涉及技术和法律等更广泛的内涵。同时，Frederick（1960）认为企业应充分利用其拥有的经济资源和社会资源，在其能力范围内对社会做出应有的贡献，而不仅是为个别人的利益或企业局部利益提供服务。

1980 年之后，对企业社会责任的研究逐步深入，研究者们采取定量方法衡量并评价企业社会责任，同时企业社会责任的衍生理论也成为学者们关注的重点。Cochran 和 Wood（1984）为了探究企业社会责任与财务绩效之间的关系，采用声誉指标体系作为衡量企业社会责任的标准。Aupperle，Carroll，Hatfield（1985）首次采用 Carroll 提出的企业社会责任金字塔模型作为衡量企业社会责任的标准，从而确定了经济责任、法律责任、伦理责任和自由决定责任的先后顺序。Wartick 和 Cochran（1985）拓展了 Carroll 的三维模型，将"企业社会责任-企业社会响应-社会问题"结构模型拓展为"原则-过程-政策"模型。

Wood（1991）以 Carroll 的三维模型以及 Wartick 和 Cochran 的模型为基础，对企业社会责任表现模型进行了修正，这是 20 世纪 90 年代企业社会责任理论研究最主要的贡献。Wood 将企业社会责任放到更广阔的背景下进行研究，结合 Carroll 提出的社会问题维度、Wartick 和 Cochran 提出的政策维度，更为全面、详细地将企业的行为定义为"关注-结果"维度。

①企业社会责任的争议

在理论界，有关企业社会责任的争议主要是在学者中存在两种不同观点，一方支持企业应承担必要的社会责任，即"肯定论"，而另一方认为企业不需要承担社会责任，也就是"否定论"。其中，"否定论"一方认为应把经济责任放在首要位置，企业生存和发展的根本条件是实现盈利，因此，应将利益最大化作为其经营目标，而履行社会责任会增加企业成本、浪费企业资源，有碍其经营目标的实现。Means（1972）同意"否定论"观点，他认为企业生存和发展的根本动机是追逐利润，因此，企业的所有行为应符合经济利益最大化。但是"否定论"无法解释企业自愿履行社会责任后带来的良好经济后果。所以，随着企业社会责任理论的发展，"肯定论"逐渐得到学者们的肯定，慢慢占据主流位置。Galbraith 和 Kenneth（1971）认为企业和社会人一样，其经营活动应遵守社会规则，不能仅将实现利润作为其唯一的经营目标，还应为社会做出一定的贡献。但是，"肯定论"无法解释企业是否依然是"经济人"。所以，为了证明企业社会责任行为是否具有经济有效性，也就是确定企业社会责任是否有助于提升企业价值，需要对企业社会责任与价值创造的关系进行研究。

②企业社会责任评价方法研究

目前较为常见的是通过声誉指数法、KLD 指数法和内容分析法三种方法衡量企业社会责任。

第一，声誉指数法。

声誉指数法是通过权威专家对样本企业社会责任的相关信息进行评价，根据评价结果对企业的声誉进行排序的一种方法，具有一定的权威性和主观性。Fogler 和 Nutt（1975）研究了 9 家造纸公司在污染控制方面的表现，采用 CEP 指数对企业社会责任表现进行了评价，依据评价结果对 9 家公司排名。但 Abbott 和 Monsen（1979）认为，由于企业规模、问卷应答者的经历以及其对调查公司履行社会责任信息的了解程度等都会影响问卷应答者对公司的评分，同时由于声誉指数法在样本数量上受到限制，因此会在一定程度上影响调查问卷的质量。所以，采用声誉指数法对企业社会责任评价的研究者较少。

第二，KLD 指数法。

KLD 指数法是 KLD 公司基于利益相关者理论设计出的研究公司与各利益群体之间关系的一种评价标准，即从环境保护、社区关系、产品安全、员工权益等多维度对企业社会责任进行评价。该方法是由 KLD 公司在 20 世纪 90 年代建立的，能体现利益相关者理论在企业社会责任研究中的运用，而 KLD 公司建立的指数数据库，为企业社会责任研究提供了数据支持。KLD 指数法是由专门的分析师在大量调查的基础上建立的，因而较为客观。McWilliam（2000）和 Ruf（2001）等也都使用能体现利益相关者理论的 KLD 指数来衡量企业社会责任。目前，我国还没有同类的数据库，这种专业的数据库也很难在短时间内建成。

第三，内容分析法。

内容分析法是企业信息披露较为常见的方法之一，根据企业披露社会责任的相关文件，从中提取出能评价企业社会责任履行情况的信息，作为衡量企业社会责任履行水平的指标。Thompson 和 Zakaria（2004）在研究中分析马来西亚上市公司的社会责任报告，分别从环境保护、能源利用、对消费者的责任、社区责任、对员工的责任和其他责任等六个方面来衡量企业的社会责任。

采用内容分析法评价企业社会责任的样本数据比较容易获取，可以用于大样本研究，能克服声誉指数法样本数量小的缺点。虽然内容分析法在指标选取上存在一定的主观性，但是，该方法利用的上市公司披露的社会责任信息，通常具有非常高的客观性，因此相较于其他方法，采用内容分析法评价企业社会责任得到研究者们的广泛应用。

（2）关于企业社会责任与价值创造关系的研究

Sebastian Koos（2012）认为企业对社会有良好的社会责任表现，表面上是为了增加社会的认可和支持，扩大企业的影响力，而其实质，则是利用企业的影响力增加其在行业中的竞争力，进而提高企业价值创造的能力。当实现价值创造后，企业将会有更多的资本、人力等资源去履行企业社会责任。

随着对企业社会责任与价值创造关系的深入研究，一些学者从声誉角度探究二者之间的关系，他们认为企业的声誉实质上是社会对企业过去行为和未来价值的感知。各类顾客在做出投资决策、职业决策和产品选择时习惯性地依赖企业的声誉，因此，良好的企业声誉使消费者愿意为企业的产品付出溢价、吸引高素质的雇员、吸引投资人，从而给企业带来超额利润，增加企业在资本市场的价值。Rodrigo（2008）从声誉角度研究企业社会责任，他认为企业满足员工等利益相关者对企业的需求，对其履行社会责任，能提高企业的声誉，为企业赢得关键性人才，因而有助于企业创造价值。

从消费者行为的视角来分析企业履行社会责任对价值创造的影响也成为一些学者研究的重点，企业的社会责任活动通过增加消费者满意、信任与认同，影响消费者的购买意向，进而通过消费者的购买行为和口碑传播，实现经济绩效的增长。这种利益的获得又反作用于企业，促使其继续履行社会责任。Pirsch（2010）从消费者视角研究企业社会责任的价值创造机制，他认为从长期来看，企业社会责任能影响消费者对企业的忠诚度，从而为企业创造价值。

（3）关于企业社会责任与可持续增长关系的研究

国外关于社会责任与企业关系的研究大多集中于社会责任与财务绩效方面，得出的结论不外乎三种：正相关、负相关和不相关。Carroll和Kareem（2010）认为企业从参与社会责任的政策、活动和实践中获得实质的利益是企业不逃避承担社会责任的理由。Korschun和Du（2013）探讨了虚拟CSR对话机制创造价值的问题。Becchetti等（2012）以及Groening和Kanuri（2013）研究了CSR对于公司股票在证券市场上表现的影响。Kim（2012）认为道德关注可以使企业经理人提高财务报告质量，履行社会责任的企业更少操纵营运活动。Flammer（2013）运用断点回归（RDD）方法检验了CSR与CFP的关系，提出以微弱数（50.1%）通过的CSR决议与以微弱数（49.9%）无法通过的CSR决议没有系统差别，并以此使用断点回归方法来验证CSR与CFP

的关系，其结论支持 CSR 与 CFP 正相关，并认为 CSR 对 CFP 的影响是边际递减的。Zhang，Wang & Fung（2014）利用《南方周末》2008—2012 年企业社会责任排名次序，运用事件研究法，得出企业社会责任表现与企业财务绩效、绩效增长显著正相关的结论。

通过收集资料发现国外关于这方面的研究大部分集中在企业社会责任对可持续发展影响的理论分析和案例研究上。在理论方面，国外学者都认为企业履行社会责任对企业的可持续发展是非常有利的，如 Loi Teck Hui（2008）认为企业社会责任对实现可持续发展是至关重要的。Azapagic（2003）认为企业必须意识到利益相关者在企业可持续发展战略中的重要作用，而处理好与利益相关者的关系是企业可持续发展的先决条件。Luciano Barin Cruz 等（2006）也指出，企业要想实现可持续发展，不仅仅要关心自己的业绩，更要考虑对企业利益相关者的影响。Mardjono（2005）和 Searcy（2008）认为企业为了获得可持续发展，要关注的不仅仅是经济绩效，还包括社会和环境绩效这样更加广泛的绩效领域。Searcy 更指出，经济绩效、环境绩效、社会绩效是企业实现可持续发展的三个支柱。

在案例研究方面，Payne（2006）通过对英美烟草公司和其合作伙伴 NGOs 对社会责任履行情况的分析，发现企业履行社会责任有助于社区和社会的发展，这也符合企业自身可持续发展的需要。Filomina P. George（2007）认为高水平的社区参与创造长期持久的伙伴关系，有助于为企业的经营业务建立一个稳定的环境，并以印度 ITC 公司、塔塔集团、印度石油天然气公司的例子证明了公司拥有好的财务绩效的前提是企业实施对环境、社会利益有益的措施。印度工业联合会已将"实施企业社会责任作为企业战略"提上议程。Khan 等（2013）以孟加拉国公司为样本，在合法性理论框架下研究了公司治理特征对企业应对各种利益相关者集团产生的影响。Sen 和 Bhattacharya（2001）认为履行社会责任更容易得到利益相关者的认同和支持。Kotonen（2009），Mustarnddin（2010）表明个人投资者和机构投资者在进行投资决策时都在一定程度上考虑了社会责任信息。

由此得出，企业要想获得可持续增长，必须将履行社会责任作为一项重要的企业战略。

1.3.2　国内研究现状

（1）关于企业社会责任的研究

国内企业社会责任理论的发展主要分为三个阶段：第一阶段为企业社会责任发展的起步阶段。20 世纪 90 年代前半期，企业社会责任的概念被引进我国。袁家方（1990）在其主编的《企业社会责任》一书中第一次提出社会责任的概念，从而引起了我国学者对企业社会责任研究的重视，但总体而言这一阶段研究企业社会责任的文献较少。

20 世纪 90 年代后半期，我国企业社会责任逐渐得到发展，进入到发展的第二阶段，即初步发展阶段。杨瑞龙（2000）认为利益相关者对企业的发展至关重要，所以，企业在其经营过程中，不仅要为股东负责，还要承担对债权人、员工等其他利益相关者的社会责任。刘海俊（1999）从公司治理的角度提出"股东至上"原则不再适合企业发展，为股东赚取利润已不再是企业经营的唯一目标，企业应综合考虑所有利益相关者的利益。

2000 年之后，我国企业社会责任的研究进入了发展的第三阶段，即高速发展阶段，在这一阶段企业社会责任的研究取得了丰富的成果。究其原因，国外企业社会责任的研究成果对我国学者有一定的帮助，并且学者们对企业社会责任的研究不再局限于理论方面，实证研究逐渐增多。王慧（2011）认为企业处于生命周期的不同阶段应承担不同的社会责任，在对企业各阶段生命周期特征分析的基础上，建立了企业社会责任分级模型，结合理论分析法与实证分析法，验证了企业履行社会责任应是分层次的。徐泓（2012）分析了企业社会责任的内容，结合 Carroll "金字塔"结构模型理论，从经济责任、法律责任、社会责任和慈善责任四个维度建立了企业社会责任评价指标体系，通过实证分析，将构建的评价指标分为基本指标和修正指标。杨春方（2015）从个人、企业、外部环境的三维视角深入地探讨了社会监督与政府监管和中小企业社会责任缺失的关系。

国内关于企业社会责任的评价方法主要包括：

①声誉指数法。金立印（2006）采用问卷调查法，从消费者视角设计了评价企业社会责任行为的量表，在该量表体系中共有 5 大维度 16 个具体指标。刘建秋和宋献中（2012）依据企业契约理论，通过问卷调查法分析企业社会责任层级结构，依据调查结果对企业社会责任的重要性进行排序，将社会责任分为三个层次。李立清（2006）构建的社会责任评价体系包含了 5 个部分，共 13 个具体评价指标，并请权威专家根据自己的研究经验对 13 个指标赋予不同的权重，依据所附权重得出企业社会责任的综合得分，从而确定企业社会责任履行情况。陈晓峰（2014）通过问卷调查法，以品牌信任度为中介变量，验证企业社会责任与顾客忠诚度的关系。

②KLD 指数法。姜雨峰（2015）以利益相关者理论为基础，将企业社会责任分为环境责任、员工责任、消费者责任和法律责任等四部分，其中环境责任包含企业慈善责任，通过问卷调查法，分别计算这四部分企业社会责任指数。陈煦江（2014）根据治理责任、市场责任、社会责任和环境责任"四位一体"企业社会责任理论模型，发展出企业社会责任（CSR）－财务绩效（CFP）假设模型，通过"中国 100 强企业社会责任发展指数"，检验我国国有和民营企业履行社会责任对财务绩效产生影响的中介效应和调节效应。

③社会贡献率法。社会贡献率法常见于我国学者对企业社会责任的研究，该方法以社会责任贡献率来衡量企业对整个社会的贡献。社会责任贡献率由上海证券交易所在 2008 年 5 月发布的《关于加强上市公司社会责任承担工作的通知》中提出，即"在公司为股东创造的基本每股收益的基础上，增加公司年内为国家创造的税收、向员工支付的工资、向银行等债权人给付的借款利息、公司对外捐赠额等为其他利益相关者创造的价值额，并扣除公司因环境污染等造成的其他社会成本，计算形成的公司为社会创造的每股增值额"。董淑兰（2011）通过对样本企业年报内容的分析，确定企业对各利益相关者承担的责任贡献，计算社会责任贡献率，并以此作为计量企业社会责任会计信息披露的指标。张川、娄祝坤和詹丹碧（2014）以 2007—2011 年中国化工行业上市公司为样本，以每股社会贡献值来衡量公司的社会责任表现，实证考察了政

治关联、财务绩效和企业社会责任之间的关系。

④内容分析法。李正（2006）以 2003 年上交所 521 家上市公司年报为基础，采用内容分析法，结合我国具体国情和《上市公司治理准则》中有关企业应承担社会责任的相关内容，认定消费者问题（产品的安全与质量提高）、社区问题（考虑企业所在社区的利益）、员工问题（员工的健康和安全、培训员工、员工的业绩考核、员工其他福利）、环境问题（污染控制、环境恢复、节约能源或废旧原料回收、有利于环保的产品、其他环境披露）、一般社会问题（考虑弱势群体的利益、关注犯罪失业公共安全等、公益或其他捐赠）和其他利益相关者（债权人、银行等）问题等 6 大类 15 小类活动属于企业社会责任范畴，并使用指数法衡量企业承担社会责任程度的高低。沈洪涛（2007）在自愿性信息披露的框架下，采用内容分析法衡量企业社会责任，将样本公司年报中社会责任信息披露内容分为 5 大类：环境（控制污染、保护环境和自然资源）、员工（员工健康和安全以及员工培训）、产品（产品安全和促进消费者权益）、社区（捐赠现金或产品、为社区提供服务或鼓励员工参与社区活动）和其他相关利益者（有关兼顾其他利益相关者利益的活动），并研究其与企业业绩之间的关系。宋献中（2007）为了探究我国上市公司社会责任报告中披露的会计信息的质量水平以及其是否具备决策价值，采用内容分析法对信息进行评价，得出公司年报披露的信息质量水平和决策价值均比较低。张兆国、靳小翠和李庚秦（2013）以我国 2007—2011 年沪市 A 股非金融类上市公司为研究样本，采用内容分析法，建立了由 5 大类共 36 项构成的社会责任综合评价指数衡量企业社会责任，研究了企业社会责任与财务绩效之间的交互跨期影响。

（2）关于企业社会责任与价值创造关系的研究

随着企业社会责任研究的深入，国内许多学者也开始结合我国实际情况，探讨企业社会责任与企业价值创造的关系。殷格非等（2008）从企业价值创造的角度也认为，企业承担社会责任，保证了各利益相关者的利益，为整个社会创造了价值，与此同时也为自身创造了价值，具体表现为企业通过承担社会责任可以提高企业声誉、增强品牌忠诚度、提高员工工作效率、降低融资成本、改善与政府监管部门的关系，从而降低企业的经营风险，创造更大的商业价值。李尧（2013）的研究则是基于创新研发途径和利益相关者途径对商业银行社会责任价值创造机制构建理论模型。研究结论表明，商业银行从社会责任角度针对金融产品和服务开展的创新研发，可以提升商业银行核心竞争力、扩大商业银行声誉，从而实现价值创造。付强（2013）从技术创新的角度研究企业社会责任对企业财务绩效的影响，研究表明，产品和工艺创新的企业社会责任对社会绩效存在积极影响，社会绩效会积极影响企业财务绩效。黄光、夏文静和周延风（2014）基于消费者行为差异视角，研究了不同消费者企业社会责任响应机制和内在过程，为企业辨识和重视消费者提供了理论依据，帮助企业有针对性地开展营销活动。

（3）关于企业社会责任与可持续增长关系的研究

国内学者对社会责任与财务可持续增长的研究不是很多。

在理论方面，相关文章从社会责任与可持续发展的角度分析也得出了正向的结论，如曹智（2009）、朱必法（2010）等人都认为，企业社会责任与可持续发展是相互促进的，企业要想实现可持续发展必须履行社会责任，而企业实现了可持续发展，就更加有利于企业履行社会责任。

在实证方面，学术界关于企业社会责任与财务可持续增长的研究并不多，从现有的文献来看，关于二者关系的观点大体上分为三种。

一种观点认为，二者是相互促进、相互影响的关系。方琳琳（2009）选取2002年在上海和深圳交易所上市交易的公司连续5年的数据进行的实证研究就证明了这一点，且当企业业绩提高时，二者之间的正相关关系越强。王建琼、侯婷婷（2009）构建了可持续发展指标，对二者关系的实证研究结论表明企业承担对职工的责任与企业可持续发展呈正相关关系。

另一种观点认为，企业社会责任与可持续增长能力之间呈负相关关系。如杨汉明、邓启稳（2011）的相关研究得出结论，无论是全部样本还是仅非国有控股企业，其社会责任与可持续增长率之间、企业业绩与社会责任之间均负相关，不显著。

还有一种观点认为，企业对不同利益相关者的责任对企业财务可持续增长能力影响不同，如郑璐（2012）选取连续 3 年制造业企业数据对履行社会责任与公司财务持续增长能力进行实证研究，研究发现企业履行对股东、债权人和供应商的责任能提高财务持续增长能力，履行员工和客户责任回归结果为负，其他利益相关者责任与财务持续增长能力关系不明显；社会责任综合指标大体上对后期的财务持续增长能力有正向影响，财务持续增长指标对社会责任有正向影响，但不显著。

另外一些学者关注了企业社会责任与财务绩效的关系研究。杨伯坚（2012）采用上海国家会计学院编制的上市公司社会责任指数作为社会责任指标，在回归方程中引入董事会规模、独立董事比例等公司治理变量后，得出公司履行社会责任能够提高企业业绩和成长性的结论。何艳兵（2013）以食品饮料制造业为研究样本进行实证研究，得出企业社会责任与财务绩效正相关的关系。得出相关结论的还有周留彬（2013），他以 592 家非金融机构企业为研究对象，实证研究结果表明：企业整体社会责任可以提高财务绩效，而从短期来看，企业承担利益相关者责任均对财务绩效有积极影响。刘斯佳和冯司妙（2014）以我国规模以上的国有和非国有工业企业为样本，实证研究了工业企业环境责任与财务绩效的关系，得出工业企业积极承担环境责任对企业财务绩效有正向影响。李伟（2012）从利益相关者理论出发，结合我国交通运输行业上市公司的实际情况，运用 2009 年的数据实证分析了可持续增长、企业社会责任与财务绩效的关系。研究表明，企业社会责任与可持续增长率之间，可持续增长视角下企业社会责任与财务绩效指标之间正相关，但不显著；不考虑可持续增长，企业社会责任与财务绩效指标之间则呈现负相关的关系。研究结果说明，我国企业在履行社会责任方面缺少自觉性和长远观念。李姝等（2013）立足于企业如何通过降低权益成本提高企业绩效，以此探讨上市公司披露社会责任报告的动机，认为企业披露社会责任信息，对于企业战略来说是一个质的改变，企业实实在在地将社会责任付诸行动，这无疑会使得这类公司在市场中获得投资者的青睐，从而获得投资资金上的优先权，其权益资本成本也就越低，企业绩效得以提高。王正艳、徐光华、蔡月祥（2016）定性地分析了社会责任视阈下企业价值增长可能出现的 6 种形态，并指出基于资源的有限性，企业在履行社会责任时会根据相关者的利益程度不同而有所不同、有所偏重。因此，社会责任行为下企业价值可能只会在部分形态上有所增长而不是全部。他们利用我国制造业上市公司的样本数据进行社会责任与企业价值之间关系的实证检验，发现制造业企业履行社会责任会给企业价值带来 4 种形态的增长，而员工责任和政府责任与企业价值有一定的关系，但关系并不显著。余峰（2016）提出企业社会责任问题的本质是外部性问题，是企业在履行与利益相关者的契约过程中对利益相关者施加了成本，却没有付出相应的对价。这种行为在短期内能够降低直接经营成本，但是增加了企业与利益相关者谈判的费用，并增加了双方合作过程中的摩擦。其后果是利益相关者不愿意将资源投入该企业，或者要求企业支付更高的对价，由此提高了企业的交易费用，并对企业财务绩效产生影响，这是企业社会责任对企业财务绩效的传导机制。王海兵、刘莎和韩彬（2015）提出承担恰当的社会责任是企业降低法律风险、提高声誉、促进自身可持续发展的重要手段。他们以 2009—2013 年 A 股上市公司的经验数据进行实证检验，探讨内部控制、财务绩效与企业社会责任三者之间的关系，研究表明，财务绩效和内部控制对企业社会责任的承担产生显著正向影响；内部控制能够正向调节财务绩效和企业社会责任之间的关系。内部控制不仅能通过促进财务绩效的增长为企业承担社会责任提供资金保障，还能对企业社会责任承担情况进行监督。

1.3.3　国内外研究现状评述

综上所述，根据国内外研究现状，企业社会责任与价值创造的关系是理论界和实务界关注的热点问题，国内外学者纷纷发表自己的观点。我们发现国外对企业社会责任的研究已经进入了成熟阶段，相关的理论探讨虽然仍存有分歧，但已经进行了相关理论的拓展和深层次的分析。与国外同行相比，虽然近几年国内对企业社会责任的研究处于高速发展阶段，也取得了一系列的成绩，但由于研究起步较晚等因素，仍然存在较大差距。目前，理论界关于企业社会责任层级性的研究大多是规范研究而实证研究匮乏；对于企业社会责任与价值创造的关系，国内学者更侧重于企业社会责任价值创造机制的研究，有关企业社会责任层级性与价值创造的关系则没有深入研究，对于企业履行不同层级社会责任会产生的经济后果尚未得出一个能得到学者们普遍认同的结论。本书在总结国内外研究成果的基础上，根据我国上市公司的实际情况，将企业社会责任层级性与企业价值创造相结合，探究企业社会责任层级性与价值创造的关系。

从以往的研究中，我们发现国内学者与国外学者对企业履行社会责任有利于可持续发展的观点达成理论上的一致；国外的案例分析得出的结论均认为企业拥有好的业绩的前提就是履行好对利益相关者的责任，而现阶段我国相关方面的研究结论则缺乏一致性，对于原因需要进行深入的研究。当然，行业类型、行业规模、企业所处发展阶段等都有可能成为影响二者关系的因素。因此，有必要对社会责任与企业财务增长能力进行相关性研究，并深入分析不同结果的原因，才能为企业更好地落实社会责任做出贡献。以往的研究大部分是选取全部上市公司或是主板市场上市公司为研究样本，很少有文章以创业板上市公司为样本进行这方面的专门研究。而且国内的创业板市场发展还不成熟，上市公司还很"年轻"，有必要对这一板块企业社会责任与财务可持续增长状况做进一步的研究分析，这将有利于为更好地协调二者的关系提出切实可行的办法。

第2章　理论基础

2.1　企业契约理论

2.1.1　契约的含义

所谓契约，是由双方意愿一致而产生相互之间（法律）关系的一种约定（查士丁尼，1989，中译本）。契约思想有悠远的历史源头，但现代契约思想的产生，则被认为源自罗马法体系。在罗马法体系中，契约原则得到了全面的规定，为现代契约思想提供了价值判断标准，对现代契约理论产生了重大影响（王国顺等，2005）。如梅因（1984，中译本）指出，罗马法的契约理论在契约法史上开创了一个新的阶段，所有现代契约思想都是从这个阶段发轫。桑本谦（2004）认为人类制度文明的初始形态是契约而不是规则。契约既是从冲突到和平的标志，也是从野蛮到文明的界碑，由契约所保障的和平是制度意义上的和平。与无规则状态中短暂的不稳定的和平截然不同，制度意义上的和平包含着人与人之间的交流、协商、理解、共识、信任、妥协和自我约束。契约实际上是立约者相互之间的要求与承诺的复合。甲乙相互之间的要求与承诺共同构成了一个封闭自足的系统，在这个系统之中产生了相互之间的权利与义务，相互之间的要求就是相互之间的权利，相互之间的承诺就是相互之间的义务。权利是一种获得承认的利益，而义务就是对对方利益的承认。在契约内部，甲乙双方获得了不受对方侵犯的权利，同时也承担了不得侵犯对方的义务。契约作为规制企业经济关系与社会经济关系的手段，"是人类迄今为止发现的构建人际关系、平抑冲突、消弭差异的最佳手段之一"（姜振颖等，2000），同时，"契约不仅仅是从事市场交易的方式，而且通过契约可以创造不同形式的经济组织和权力结构"（Walter，1951）。英国19世纪法学家亨利·梅因（Henry Maine）曾指出："迄今为止，一切进步性的社会运动，都是一场'从身份到契约'（from status to contract）的运动。"国家学术界公认，这个"传诵不衰的名句"深刻"概括了人类文明史"（高志明，2004）。契约在人类社会和经济发展中的作用可见一斑。

2.1.2 企业契约理论

从新古典经济学到公司契约理论的发展来看古典经济学分工框架中的企业组织变迁思想，在钱德勒（1987）的研究中得到了证实。钱德勒推演出了两权分离的原因：外在市场的扩大，倒逼能源、交通、生产、管理等技术的改进，进而使企业中的专业化分工以专有性资产形式逐渐自我强化，支薪经理层由于在长期的经营管理实践中不断复制、扩展和强化自己的专业知识，逐渐分享了原属所有者的一部分权力——经营权，从而使得企业中原来的权力结构发生变化，即所有权和经营权产生了分离。钱德勒从经济史角度描述了市场倒逼企业组织而产生两权分离。但是，当社会发展到一定程度，创建公司的程序被一般化为强制性的制度安排，也就是说，公司的成立一开始就是在两权分离的平台上。在这种情况下，由于两类当事人的目标函数不一样，行为上就会出现冲突。因此，两权分离平台上的公司是一种不完全合约，未来准租金的归属，构成了公司当事人现期权力要求的基础：现期权力配属及其结构，构成现代公司治理的主要内容（张俊喜等，2004）。

从人类经济交往的历史来看，最早的公司就被认为是一种契约，在此种契约中，那些拥有资本和财产的人将自己所拥有的资本和财产交付给他人使用，由他人用这些财产来从事海上贸易或经营活动。一旦他人的此种贸易或经营活动成功，则提供资本或财产的人即可从他人的贸易或经营活动中获得收益。此时，此种公司组织类似于借贷关系，是从借贷关系中发展而来的。然而，在1972年以前，在新古典经济学理论当中，企业是经济的中介环节，是把投入转化为产出的一个抽象实体，是追求利润最大化的工具。这样，经济学家一直把企业视为一个无须了解的"黑箱"，所关心的只是那些决定厂商成本的纯粹技术性事件，即他们仅仅关注市场，着重分析价格机制对资源的有效配置，而几乎不考虑公司内部的经营过程以及合约机制对经营的支撑作用（Demsetz，1983）。

事实上，相对明确的契约关系以及委托代理关系在公司内部同时存在。如Buttrick（1952）将最早期公司制度描述为："施行内部签订契约制时，公司资方提供厂房和机器，供应原材料和营运资本，并且安排成品的销售。从原材料到成品之间的这段生产工作并非由一些处于递降的管理等级制中的领薪雇员完成，而是由被委托以生产任务的内部承包人负责完成。这些内部承包人再雇用他们自己的雇员，监督生产过程，并从公司领取（商定的）单价。"

公司契约理论则试图打开公司这样一个"黑箱"。Berle和Means论述了美国主要公司中管理控制权与股份所有权的分离，他们认为："所有与控制的分离导致了这样一种局面：所有者和最高经理的利益可能存在不相一致，也经常不相一致，以前限制经理权力的许多制约机制现在已经消失了。在新创建的这些关系中，准公开公司可以说是进行了一场革命。它把所有权分割为名义所有权和以前与所有权附着在一起的权力。公司制借此改变了营利性企业的性质（Berle和Means，1932）。"在他们对现代公司（作为一种社会资源利用和配置的有效装置）的评论中，隐含着对调整股东与经理利益分歧的机制的需求（George和Claire，1983）。Chester（1968）把企业视为"有意识地协调两个或多个人的行动和力量的系统"。Simon（1953）认为组织代表的是诸多生产要素之间的一组协议，它们被个人的考虑所推动。Cyert 和 March（1992）把企业看作运用标准的规则和程序的、融合多方的、冲突的利益的联合体，企业内部存在利益分歧是这些利益之间的一组契约的显在化（visualization）。

公司契约的根本理论主张可以归结为公司乃"一系列合约的联结"。具体来说，科斯（1937）认为公司和市场只不过是资源配置的两种方式并且可以相互替代，其不同之处在于，市场对资源的配置由非人格化的价格机制来进行，而公司则通过权威关系来维系。公司之所以能替代市场价格机制是因为在公司内，管理层的权威作用可使公司内部的管理成本低于市场交易成本，市场交易中众多的短期契约为公司内的数量较少的长期契约所取代。根据詹森和麦克林的观点，上述契约涵盖法律拟制物（公司）（legal fictions）与原材料或服务的卖方签订的供应契约，与向公司提供劳动力的个人签订的雇佣契约，与债券持有人、银行或其他资本供应方签订的借贷契约，以及与公司产品的买方签订的销售契约。它们包括文字的和口头的、显性的和隐性的、明示的和默示的等各种合约。而所谓的公司管理，他们认为，也只不过是公司持续性合约得到反复不断的执行。詹森和麦克林（1976，中译本）认为："科斯的开创性研究的重心仍然在于'产权'，但其所包含的内容远比'产权'一词丰富。各项权利的安排决定着成本和收益在组织的参与者间的分配方式。由于权利安排一般通过（隐性的和明确的）契约实现，因此，组织中的个人行为，包括经理的行为，取决于这些契约的性质。"因此，詹森和麦克林（1976，中译本）相信："契约关系是企业的本质，不仅企业和雇员间的契约关系如此，企业和供应商、客户、债权人等的契约关系也是如此。更重要的是，大部分组织只是法律虚构物，是个人间契约关系的联结。而私人公司或企业只是一种形式上的法律虚构物，是契约关系的联结，它的特征是在组织的资产和现金流上存在着可分割的剩余索取权。这些剩余索取权一般无须其他订约人同意即可出售。"按照这种分析方法，詹森和麦克林（1976，中译本）认为："区分企业（或其他任何组织）内部活动和企业外部活动的意义不大或者根本没有意义。事实上，在法律虚拟物（企业）与劳动力、原材料和资本投入品的所有者及产出品的消费者间只存在着大量的复杂关系（即契约）。根据这一理论，企业作为一种交易方，其基本的分析单位是个人，企业所包含的内容就可以而且必须被分解为不同的合约关系。如果不考虑合约关系来理解企业，那么企业只能是一个空洞的名词。此外，上述公司契约观点也说明在诸如'企业的目标函数应该是什么'，或者'企业有社会责任吗'等问题中所隐含的企业的人格化是一种严重的误导。企业不是人，它是法律虚构物，是复杂过程的交汇。在这一过程中，相互冲突的人（其中一些人可能'代表'其他组织）的目标在一个契约关系框架中达到均衡。在这一意义上，企业的行为就像是市场行为，即一个复杂均衡过程的结果。我们不会把市场看作是人；但是，在谈到组织时，我们常常会犯这种错误，把组织看作是有动机和意图的人。"另外，在企业的合约关系中，必须有人充当企业的代表来协调这种关系，企业管理者就是以这种身份出现的。因此，管理就成为一种"以所谓'决策'为特征、协调各投入要素相互之间合约的、起特殊作用的劳动"（Fama，1986）。迪屈奇（1999，中译本）认为，一旦公司的性质不局限于仅仅从交换关系形成，那么就在摆脱正统思想方面迈出了新的一步。而这种观念已扎根古典经济自由主义的学说中，它"把社会基本上设想为一种契约关系的网络以及个人间契约的总和。在某些行为限制以内，追求自身利益通常会产生一种有助于整个社会和谐发展的结果"。综上，在新古典主义经济学中，企业的存在是一个既定前提，即先假设企业的存在，再探讨企业的行为。至于企业存在的根本原因，企业的规模、内部结构及其与市场的边界等取决于什么因素，都不是新古典经济学研究的问题。这一理论把企业简单地视为一个生产函数，这一函数是由一个给定的技术水平定义的，企业的职能就是根据这个函数将投入转换为产出（王国顺等，2005）。简而言之，企业是一个角色，它由一个具有盈利目标的企业家进行经营。从这个角度看，所有的其他经济主体都是局外人。而在契约模型中，企业本身并不是一个经济角色，它自己并没有目标或动机，也不能用任何主体界定。相反，它被看作一个"舞台"，自发的经济主体在这个舞台上按照相互的协议或隐含的规则去表演，以实现他们各自的目标。为了方便起见，把这种安排本身规定为"企业"。企业并不是一个有目的的主体。在理论假设方面，新古典经济学有三个基本假设：完全理性、交易成本为零和信息完全对称。在此假设下，企业是一个"黑箱"，被抽象为一个不受其内部经营过程影响的、为实现利润最大化而存在的生产函数。然而公司契约理论提出了更加贴近客观现实的"有限理性"、"交易成本为正"和"信息不对称"假设。

2.2 利益相关者理论

利益相关者理论是研究企业社会责任与价值创造关系的重要理论基础，主要原因在于该理论确定了企业社会责任的责任对象和责任内容，同时企业价值增加是通过利益相关者的活动而实现的，所以利益相关者理论为本书研究提供了重要的理论框架。

2.2.1 利益相关者理论概述

利益相关者理论是研究企业社会责任及其会计信息披露问题的重要理论基础，主要原因在于该理论确定了企业社会责任会计信息披露的主要内容框架。20 世纪 60 年代以来，传统英美公司治理模式缺陷日益暴露出来，利益相关者理论成为学者们研究的焦点，其作用越来越大。

（1）利益相关者理论思想的萌芽

1929 年美国通用电气公司的一位经理在就职演说中提出公司应该为其利益相关者服务（刘俊海，1999），这种想法被学者们公认为是利益相关者思想的萌芽。企业应是人力资本和人际关系的集合（Penrose，1959），企业是由与其有着密切关系的人或群体构成的，这些人或群体就是利益相关者，如果没有他们的支持，企业就无法生存（Freeman 和 Reed，1983）。依存于企业的个人或群体，企业目标的实现又取决于这些个人或群体，就是企业的利益相关者（雷曼，1968；沈洪涛，2007）。要制定出一个理想的企业目标，必须综合平衡考虑企业的诸多利益相关者之间相互冲突的索取权，而诸多利益相关者可能包括管理人员、工人、股东、供应商以及分销商（Ansoff，1965），这使利益相关者思想被引入管理学和经济学领域。20 世纪 80 年代中后期，股东中心理论受到学术界的质疑，主要观点表现为：包括股东在内的所有利益相关者都对企业的生存和发展注入了一定的专用性投资，同时也分担了企业的一定经营风险，或是为企业的经营活动付出了代价，因而都应该拥有企业的所有权（Freeman，1984；Blaire，1995，1998）。尽管 Freeman 的著作正式地认识到除了股东之外，公司的其他支持者也很重要，此时，利益相关者思想已经形成，并渗透到企业目标理论之中，但关于利益相关者概念的准确界定尚未形成。

（2）利益相关者概念的初步形成

直到 20 世纪 80 年代，利益相关者定义才初步形成。被学术界一致认同的是 1984 年美国学者爱德华·弗里曼（Edward Freeman）对利益相关者的定义：利益相关者是指能够影响一个组织或被组织所影响的任何团体或个人。因此，利益相关者可被认为是企业能够通过行动、决策、政策、做法或目标而影响的任何个人或群体；反过来说，这些个人或群体也能影响企业的行动、决策、政策、做法或目标（弗里曼，1984）。也就是说，能够影响一个组织目标的实现或能够被组织实现目标的过程影响的人都是利益相关者（弗里曼和吉尔波特，1987）。可以看出，Freeman 非常直观地将企业与其利益相关者的相关关系进行了描述。此后的众多学者也从不同的角度对利益相关者的定义进行了广泛的研究。利益相关者是企业应予以负责的团体（Alkhafaji，1989），是与企业有关系的人（Thompson，1991），是任何影响到组织行动、决策、政策、实践或目标，或受其影响的个人或群体（Carroll，1993），是与企业相互作用且赋予企业意义和定义者（Wicks，1994），是在一个公司的过去、现在和将来的活动中拥有或宣称拥有权力或利益的个体或群体（Clarkson，1995），是在企业行为的程序或权利义务方面具有合法性利益的个人或群体，是能够影响到企业组织或受企业组织影响的个人或群体。在关于利益相关者定义的研究中，众学者的观点涵盖的角度、内容比较全面，但没有一个定义得到普遍的赞同（Donaldson 和 Dunfee，1994），对利益相关者内容或类别的进一步明确或研究还存在不足，还停留在对利益相关者定义的概括认识层面。

（3）对利益相关者理论的进一步研究

西方学者发现，简单地采用包括 Freeman 在内的学者所给出的利益相关者定义来进行实证研究和应用推广几乎寸步难行（陈宝辉，2004），因此，学者们开始展开对利益相关者的内容、类别等的相关研究。主要表现为：

Freeman（1984）根据所有权（ownership）、经济依赖性（economic dependence）和社会利益（social interest）将企业利益相关者划分为对企业拥有所有权的利益相关者（如持有公司股票的经理人员、董事等）、与企业存在经济依赖性的利益相关者（如在公司取得薪酬的经理人员、雇员、内部服务机构、管理机构等，与公司存在相互经济利益关系的供应商、消费者、竞争者、债权人等）、与公司存在社会利益关系的利益相关者（如特殊群体、政府领导人和媒体等）。Frederick（1988）根据利益相关者与企业的关系和相互影响程度，将利益相关者划分为直接利益群体（direct interest groups）（与企业直接发生市场交易关系的利益相关者，包括股东、员工、债权人、供应商、零售商、消费者、竞争者等）和间接利益相关者（indirect interest groups）（与企业发生非市场交易关系的利益相关者，包括中央政府、地方政府、外国政府、社会活动团体、媒体、一般公众、其他团体）。

Charkham（1992）根据利益相关者是否与企业存在交易性的合同关系，将利益相关者划分为契约型利益相关者（contractual stakeholders）（如股东、雇员、顾客、分销商、供应商、贷款人等）和公众型利益相关者（community stakeholders）（如全体消费者、监管者、政府部门、压力集团、媒体和当地社区）。

Savage 等（1991）从合作与威胁两个维度，将利益相关者划分为支持性利益相关者（如董事会、管理者、雇员和顾客、供应商和服务提供者等）、无足轻重型利益相关者（如职员社团、消费者利益群体或未组织起来的股东等）、非支持性利益相关者（如竞争对手、工会、政府和媒体等）、利弊兼有性利益相关者（如临时工、客户或顾客）。

Clarkson（1994）根据不同利益相关者在企业经营活动中所承担风险的种类，将利益相关者划分为自愿利益相关者（voluntary stakeholders）（即主动将物质资本或人力资本投资于企业的个人或群体，为获得相应的利益或实现目标，自愿承担企业经营活动风险）和非自愿利益相关者（involuntary stakeholders）（即被动承担风险的个人或群体），Clarkson（1995）又根据利益相关者对企业目标影响程度的大小，将利益相关者划分为主要利益相关者（primary stakeholders）（如股东、投资者、雇员、顾客、供应商等，没有这些利益群体，企业就不可能持续生存和经营）和次要利益相关者（secondary stakeholders）（如环境主义者、媒体、学者和众多的特定利益集团，这些利益群体对企业的运作产生间接影响或受到企业运作的间接影响，与企业之间不存在交易行为，对企业的生存不起关键性作用）。1994年在多伦多召开的利益相关者理论第二届研讨会上，一部分学者将利益相关者划分为核心利益相关者（对组织生存具有决定意义的战略利益相关者的一个子类）、战略利益相关者（对组织持续生存下去以及对组织在某一特定时期，如何有效应对一系列特殊的威胁和机会等至关重要的那些利益相关者群体）、环境利益相关者（组织环境中核心、战略利益相关者之外的其他利益相关者）。

Wheeler和Sillanpaa（1997）根据主要和次要、社会和非社会的维度，将利益相关者划分为主要的社会利益相关者（如股东和投资者、普通雇员和管理者、顾客、当地社区、供应商和其他合作企业）、主要的非社会利益相关者（如自然环境、未来的几代人和非人类物种）、次要的社会利益相关者（如政府与监管机构、市政机构、社会压力群体、媒体和学术评论者、贸易集团、竞争者）、次要的非社会利益相关者（如环境保护压力群体、动物福利组织）。他们对"社会性"的理解是，如果利益相关者与企业的关系是直接通过人的参与而形成的，那么这些利益相关者是具有社会性的，相反，如果利益相关者与企业的关系并不是通过"实际存在的具体的人"与企业发生联系的，则这些利益相关者就不具有社会性。

Mitchell、Agle和Wood（1997）提出了一种界定利益相关者的评分法（Score based Approach）。Mitchell 认为利益相关者理论的核心是要明确两个问题：一是利益相关者的认定；二是利益相关者的特征。利益相关者至少应该具有合理性、影响力和紧急性 3 个特征中的一个，并据此将利益相关者划分为潜在的利益相关者、酌定的利益相关者、苛求的利益相关者、主要的利益相关者、危险的利益相关者、依赖的利益相关者、确定的利益相关者共 7 类。然后，对利益相关者的 3 个特征进行评分，根据评分高低进一步将 7 类利益相关者划分为确定性利益相关者、预期性利益相关者和潜在性利益相关者三类。

国内学者在国外相关研究的基础上，对利益相关者也进行了深入研究。利益相关者是企业联合生产过程中的资源投入者（王辉，2005），与其相似的观点还有利益相关者是与特定联合生产过程有联系的个体（生产要素所有者）或企业联合生产过程中的要素投入者（杨瑞龙、周业安，2001）。在国内的相关研究文献中，能够获得大部分学者赞同的观点是：利益相关者是那些在企业中进行了一定的专用性投资，并承担了一定风险的个体和群体，其活动能够影响该企业目标的实现，或者受到该企业实现其目标过程的影响。

本书对利益相关者的界定和划分如下：

关于利益相关者的内涵，国外学者大部分从企业或组织行为与个人、群体行为之间的相互作用、相互影响关系界定企业利益相关者（Freeman，1984；Carroll，1993；Wicks，1994）。此外，还有的学者从企业与个人或群体之间的利益（或权利）、责任关系来界定利益相关者（Clarkson，1995；Alkhafaji，1989）。国内学者则更多地以是否对企业进行了资源投入为标准来界定利益相关者。本书认为，单纯以权责关系来界定利益相关者，会使企业忽略那些与企业没有利益关系，或者没有明显利益关系的个人或群体，如弱势与公益群体、环境；以是否进行了资源投入来界定利益相关者，会忽略那些企业只对其承担责任，而对企业没有直接进行资源投入的群体或个人，如弱势与公益群体、环境等。根据企业社会责任理论，企业需要对这类群体或个人承担道德责任与生态责任，那么，这类群体或个人与企业必然会形成某种利益关系，进而影响企业的生存与发展。企业本身就是一个由其承担责任的群体或个人形成的契约，这也是企业的本质之所在，企业或组织行为与个人、群体行为之间的相互作用、相互影响关系正是企业与各群体或个人之间契约关系的体现，因此，以企业或组织行为与个人、群体行为之间的相互作用、相互影响关系界定企业利益相关者比较科学，也比较全面（董淑兰，2012）。

利益相关者中的"利益"不能单一地理解为物质利益，应赋予其更加广泛的含义，如履行对环境的责任、对弱势与公益群体的关注所形成的社会利益。企业或组织行为与个人、群体行为之间的相关作用不仅包含了相互之间的权责关系、资源或要素的投入关系，还涵盖了二者行为所产生的诸如外部性所导致的利益关系，以及具有更高层次的社会利益关系。例如，企业行为对环境会产生外部性，当环境可以被看作是一个包含大气、水资源、土壤等物质在内的群体时，这个被外部性作用的群体会通过自身的行为反作用于企业或组织与个人或群体，因此，环境便成为企业的利益相关者；企业对弱势与公益群体的支持或不支持行为产生的社会利益不同，受到企业支持行为或不支持行为作用的弱势与公益群体会通过一定的方式（如社会影响、社会形象等）反作用于企业，这种反作用对企业产生的影响可能会导致企业物质利益的增加或减少，因此，弱势与公益群体也成为企业的利益相关者。鉴于此，本书在界定利益相关者时，以企业或组织行为与个人或群体行为具有相关作用、相互影响关系，并且这种关系会影响到企业或组织目标的实现为基本标准，并将利益相关者界定为企业股东、债权人、供应商、员工、消费者、政府、公益群体 7 个小类（董淑兰，2012）。

2.2.2　利益相关者理论与企业社会责任的结合

20 世纪 90 年代，利益相关者理论与社会责任理论有了相结合的趋势，主要体现在两个方面：第一，很多学者基于利益相关者理论界定社会责任的概念，使得原来非常模糊的概念变得清晰，同时引入利益相关者的思想可以把企业承担社会责任的对象具体化（Dirk Marten，2003），由此便可以看到企业经营活动对不同利益相关者产生的影响，进而明确企业应关注哪些方面可以达到提高履行社会责任的效果，为企业更好地落实社会责任指明了方向；第二，利益相关者理论为更好地衡量企业社会责任提供了客观可行的方法，使抽象的概念转化为可以量化的指标，不仅可以通过对相关者利益的衡量来评价企业的社会责任表现，而且也为企业社会责任对企业经营的影响或市场反应的相关实证研究提供了方便和可能。自此，利益相关者理论逐渐成为研究社会责任最密切相关的理论框架。Khan 等（2013）以孟加拉国公司为样本，在合法性理论框架下研究了公司治理特征对于企业应对各种利益相关者集团产生的影响。Sen 和 Bhattacharya（2001）认为履行社会责任更容易得到利益相关者的认同和支持。Basu 和 Palazzo（2008）提出企业在面对关键利益相关者和整个社会时，经理的思考和行动是有区别的。Aguilera 和 Jackson （2003）认为企业会更积极地向关键利益相关方披露社会责任信息。Roberts（1992）的研究也表明利益相关者影响力越大，社会责任信息披露动机越强。Kotonen（2009）和 Mustarnddin（2010）的研究表明无论是个人投资者还是机构投资者，在进行投资决策时都在一定程度上考虑了社会责任信息。

鉴于以上学者的研究，本书认为利益相关者是指与企业有利益联系的个人或群体，与企业活动相互影响。利益相关者可以分为主要利益相关者和次要利益相关者，前者包括企业股东、债权人、雇员、供应商、客户和政府等，后者包括社会媒体、行业协会、环保组织和一般公众等。本书对企业社会责任的衡量也从利益相关者的角度出发，但由于广义的利益相关者非常之多，对企业的影响也有所不同，严重影响企业社会责任的落实，因此，本书在进行实证研究时，只讨论与企业经营活动存在密切关系的主要利益相关者，包括股东、债权人、员工、客户等。

Igor Ansoff（1965）在其编著的《公司战略》中提出，企业若想制定出合理的经营目标，首先应平衡好企业各个利益相关者之间的利益关系，这些利益相关者包括股东、供应商、高级管理人员等。这是最早提出的"利益相关者"的概念。经过理论界对利益相关者思想的长期探索研究，利益相关者的定义才逐步形成。利益相关者的定义得到广泛认可和使用的是 Edward Freeman（1984）提出的利益相关者理论，他认为利益相关者的活动能与组织目标实现过程相互影响。也就是说，利益相关者是能通过其行动、决策或做法影响组织目标实现的个人或群体，同样，组织在其目标实现过程中也会对一些个人或群体的行动、决策或做法产生影响。Freeman 很直观地描述了企业与利益相关者的关系。

在国内，陈宏辉和其导师贾华生（2002）提出的利益相关者概念得到了大部分学者的赞同，他们认为利益相关者是在企业中进行一些专用性投资的个人和群体，这些个人和群体在企业经营活动中为企业承担了一定的风险，他们的活动与企业价值最大化目标的实现过程是相互影响的。

2.2.3　利益相关者理论对企业社会责任研究的贡献

Clarkson 认为利益相关者理论对企业社会责任至关重要，将其引入企业社会责任的研究领域中，为企业社会责任提供了重要的理论框架，使企业社会责任的研究有理有据。Clarkson 充分肯定了利益相关者理论对社会责任研究的重要贡献。随着众多学者在企业社会责任研究中对利益相关者理论的广泛应用，其贡献主要体现在以下两方面：

（1）修正了以"股东至上"为原则的企业经营目标

对企业而言，利益相关者为企业注入了专用性投资，承担了一定的风险，相应地，他们也应享有一定的权利，但是各个利益相关者的权利应该是相互独立平等的。随着市场经济的发展，传统的以"股东利益最大化"为经营目标带来的社会不和谐因素愈加明显，环境污染、食品安全、劳工权益等问题层出不穷，因此"股东至上"原则已不再适合企业发展。利益相关者理论要求企业应平衡好各利益相关者的权益，企业在经营过程中不能只追求自身利润最大化，实现发展的最优途径就是将利益相关者整体利益最大化作为企业的经营目标。

（2）明确了企业社会责任的责任对象和责任内容

当利益相关者理论与企业社会责任分别处于各自的研究领域时，企业所了解的社会责任是抽象、笼统的概念，企业不了解应对哪些责任对象承担怎样的责任内容，履行社会责任也就无从谈起。同时，缺少理论支撑使得企业社会责任的研究没有实质发展。当把利益相关者理论引入企业社会责任的研究后，逐渐明确了企业社会责任的责任对象，责任内容则是由责任对象的利益要求构成的。并且，拥有了理论支撑，企业社会责任理论也得以进一步发展。利益相关者理论作为衡量企业社会责任水平的理论基础，为评价企业社会责任提供了理论指导。

根据企业承担的社会责任对象和内容不同，同时借鉴陈宏辉和贾华生（2003）对利益相关者的界定，本书认为利益相关者是一个组织内部和外部可以影响到组织目标的实现或因组织的目标实现而受到影响的群体和个人，以此为依据将企业的利益相关者划分为 7 大类，分别为企业的投资者（股东和债权人）、员工、消费者、供应商、政府、环境和弱势与公益群体。利益相关者为企业提供的各种有形或无形资源，形成了企业生存和发展的基础，企业不仅要分别考虑个别主体的利益，而且要从企业整体来考虑企业的经营宗旨和目标。

2.3 企业社会责任理论

2.3.1 企业社会责任的概念

从文献研究中发现，学者们对企业社会责任与公司社会责任并不做区分，因此，在下面的文献综述及评述中，本书也不做区分。企业社会责任（CSR）理论是在美国 20 世纪初期，随着资本的不断扩张引起的一系列社会矛盾，诸如贫富分化、社会穷困，特别是劳工问题和劳资冲突等矛盾激化的背景下提出来的。企业社会责任是一个模糊的词眼，但正是缘于这种模糊，才使得该词获得了广泛的支持（Stone，1979）。企业社会责任是一个精妙的词汇，它有所指，然其内涵在不同人的心目中又并非总是一致（Votaw，1975）。

有关企业社会责任的学术研究史可概括为三阶段：①企业社会责任思想的初步形成阶段（19 世纪末至 20 世纪中期）。1899 年，Andrew Carnegie 最早提出企业社会责任的思想。1924 年，Oliver Sheldon 正式提出了企业社会责任基本概念，其后经过 Adolf A. Berle 和 E. Merrick Dodd（1931）、Friedrich A. von Hayek（1969）等诸多学者的争辩使企业社会责任思想不断成熟。②企业社会责任理论的系统化阶段（20 世纪中期至 21 世纪初），主要标志是提出了"四维度"社会责任理论（Archie B. Carroll，1979）、企业社会责任的"三重底线"（John Elkington，1997）、基于利益相关者等理论对企业社会责任内容的界定（刘俊海，1997；卢代富，2002），以及采用多种方法对社会责任具体指标进行计量（Freeman，1984；Maignan 和 Ralston，2002）。③企业社会责任理论与研究的发展阶段（21 世纪初至今），体现在企业社会责任理论研究不断深入，尤其是大量实证研究成果将企业社会责任理论逐步推向鼎盛（Brammner 和 Millington，2008；阳秋林，2005；沈洪涛，2007；Park 等，2014）。具体研究动态如下：

（1）企业社会责任之经济责任说

这种观点认为企业的社会责任即为其经济责任。18 世纪，以亚当·斯密为首的传统经济学派认为，企业如果尽可能高效率地使用资源以生产社会需要的产品和服务，并以消费者愿意支付的价格销售它们，企业就尽到了自己的社会责任，即在法律规定的范围内追求利润最大化就是企业主要的社会责任（顾祝，2004）。美国经济学家弗里德曼也是该学说的典型代表，"没有什么趋势能像公司的经营者接受社会责任，而非尽最大可能为股东们赚钱那样，能够从根本上破坏我们自由社会所赖以存在的基础"，"公司的社会责任就是为股东们赚钱"（Friedman，1988）。

（2）企业社会责任之总和责任说

这种观点认为，企业的社会责任是包含经济责任在内的多种责任的总和。

最早提出"公司的社会责任"概念的是美国学者谢尔顿（Oliver Sheldon）。企业的目标不单纯是生产商品，而是生产在社会上一部分人眼中有价值的商品，并把公司社会责任与公司经营者满足产业内外各种人的需要的责任联系起来，认为公司社会责任含有道德因素，社区利益作为一种衡量尺度，远远高于公司的盈利（Oliver Sheldon，1924）。哈佛大学法学院多德教授在 1932 年发表的《公司管理者是谁的受托人》一文中提出，公司是一个具有社会服务功能和营利功能的经济组织，法律之所以允许和鼓励经济活动，不是因为它是所有者利润的来源，而是因为它能服务于社会。公司经营者的应有态度是树立自己对职工、消费者和社会公众的社会责任感（卢代富，2002）。企业社会责任就是商人按照社会的目标和价值，向有关政策靠拢、做出相应的对策、采取理想的具体行动的义务（Bowen，1953）。完整的企业社会责任乃公司经济责任、法律责任、伦理责任和慈善责任之和（Carroll，1979）。企业的这些社会责任是企业对社会负有超越盈利的责任，也就是说，社会责任意味着一个公司不仅要为股东盈利，还要考虑其他成员（如顾客、供应商）等的利益（约翰·B.库伦，2000）。企业在提高本身利润的同时，应当在保护和增加整个社会的福利方面承担责任或义务（里奇·W.格里芬，1989；Keith Davis 和 Robert L. Blomstrom，1975），而詹姆斯·E.波斯特则对里奇·W.格里芬等人的观点做了有利的补充，认为公司的社会责任意味着一个公司应该对其影响他人、社区和环境的行为负有责任。社会责任要求一个公司如果其行为严重伤害了公司的某些利益相关者，或者社会责任基金能够用于改进社会福利，就应该放弃一部分利润（周国银、张少标，2002）。企业的社会责任是企业要对自己的行为对社会各方面的影响负责，包括对他人、环境等的影响负责（李立清、李燕凌，2005；James E. Post，Anne T. Lawrence，James Weber，2005；Archie B. Carroll 和 Ann K. Buchholtz，2004）。

日本社会学家富永健一教授从企业与社会的相互关系角度对企业的社会责任进行了探讨，认为在"大企业管理的社会"中，如果公司过分追求经济利益，就有可能损害社会利害关系人的利益。社会不应该是为企业服务的社会，而企业则应该是为社会服务的企业。企业承担着部分的社会责任，这是因为企业不可能单独存在，而且没有自我完整的自产体系，企业与社会之间存在着相互依存的关系。因此，企业既承担着私利的功能，也承担着公共的功能，而且这种公共的功能与满足私欲（最大利润之追求）的行为之间存在着相互冲突的可能性。在这种情况下，处在下位体系的企业会受到上位体系的社区居民以及国民社会依照一定基准在一定范围内所给予的制裁。这就是所谓的企业的社会责任（赵万一，2004）。

此外，联合国等国际组织对企业社会责任的定义也采取了总和责任说。如联合国在《全球契约》中要求跨国公司重视人权、劳工标准、环境保护和反腐败，以克服全球化进程带来的负面影响。世界银行提出，企业社会责任是企业与关键利益相关者的关系、价值观、遵纪守法以及尊重人、社区和环境有关的政策和实践的集合，是企业为改善利益相关者的生活质量而贡献于可持续发展的一种承诺。世界经济论坛认为，作为企业公民的社会责任包括四个方面：一是好的公司治理和道德标准；二是对人的责任；三是对环境的责任；四是对社会发展的广义贡献。国际标准化组织认为，社会责任是指一个组织在开展任何活动时都要负责任地考虑对社会和环境的影响，其活动应当满足社会和可持续发展的需要，符合社会道德标准，不与法律和政府间协议相抵触，且全面贯穿到该组织开展的活动之中。世界企业永续发展委员会（WBCSD）认为，企业社会责任是指企业对社会合乎道德的行为，特别是指企业在经营上须对所有的利害关系人负责，而不只是对股东负责。美国经济开发委员会在1971年6月发表的题为《商事公司的社会责任》的报告中，以外延方式界定的企业社会责任包括：①经济增长与效率；②教育；③用工与培训；④公民权与机会均等；⑤城市改善与开发；⑥污染防治；⑦资源保护与利用；⑧文化与艺术；⑨医疗服务；⑩对政府的支持（卢代富，2002）。世界可持续发展商业委员会对公司的社会责任的定义为：企业为可持续的经济发展做出贡献，将通过员工、他们的家庭、当地社区以及整个社会合作来改善生活质量作为自己的承诺（Michele Sutton，2004）。非营利性组织把公司的社会责任定义为：一家企业以一种能够满足或超越社会对其道德、法律、商业的要求和公众期望的方式经营（Philip Kotler 和 Nancy Lee，2006）。2001年7月18日，欧盟委员会在《关于推动欧洲公司社会责任框架的绿皮书》中将公司社会责任定义为：在遵守各种法律规范和社会规范的基础上，通过自愿承担的方式，采取各种有效的、可持续的方法，企业致力于促进社会发展，加强环境保护，尊重基本人权和扩大企业利益相关者在公司治理中的影响以保护与调和公司利益相关者的利益。总部设在美国的社会责任国际组织（SAI）认为，公司社会责任区别于商业责任，它是指公司除了对股东负责，即创造财富之外，还必须对全社会承担责任，一般包括商业道德、保护劳工权利、保护环境、发展慈善事业、捐赠公益事业、保护弱势与公益群体等（李立清、李燕凌，2005）。

国内学者关于企业社会责任定义的界定大都采用"总和责任说"。近年来，经济责任作为企业社会责任的一个构成部分是在企业社会责任问题上的一种新观念（卢代富，2002），公司的社会责任是指公司不能仅仅以最大限度地为股东们营利或赚钱作为自己的唯一存在目的，而应当最大限度地增进股东利益之外的其他所有社会利益，这种社会利益包括雇员（职工）利益、消费者利益、债权人利益、中小竞争者利益、当地社区利益、环境利益、社会弱者利益以及整个社会公共利益等内容，既包括自然人的人权尤其是《经济、社会和文化权利国际公约》中规定的社会、经济、文化权利（可以简称为社会权），也包括自然人之外的法人和非法人组织的权利和利益。其中，与公司存在和运营密切相关的股东之外的利害关系人（尤其是自然人）是公司承担社会责任的主要对象（刘俊海，1999），企业社会责任是企业在谋求股东利润最大化之外所负有的维护和增进社会利益的义务（卢代富，2002）。中国台湾较早从事公司社会责任研究的李政义先生曾引述马克盖雅的观点，对公司社会责任作出概念上的界定。所谓社会责任，乃是企业不仅有经济的义务与法的义务，对社会亦有其责任（李政义，1990）。公司的社会责任是指营利性的公司除了必须依照法令行事外，还有必须实践的公司伦理责任及自行裁量责任（刘连煜，2001）。公司应对股东这一利益群体以外的与公司发生各种联系的其他相关利益群体和政府代表的公共利益负有一定的责任，即维护公司债权人、雇员、供应商、用户、消费者、当地居民的利益以及政府代表的税收利益、环保利益等（朱慈蕴，1998）。公司的社会责任意味着重新定义公司的目标，除了利润最大化外，还要加入一些社会价值。也就是说，公司的经营者应当将他们有关公司目标的看法扩及公司的决定对于其他成员所导致的影响，如雇员、社区和环境等。换言之，公司被期望带着社会良心活动（王红一，2002）。公司在谋取自身及其股东最大经济利益的同时，从促进国民经济和社会发展的目标出发，还要为其他利益关系人承担并履行某些方面的社会义务（张士元，2001）。企业社会责任是企业应该承担的，以利益相关者为对象，包含经济责任、法律责任和道德责任在内的一种综合责任（周祖城，2005）。2006 年 1 月在北京大学召开的"企业社会责任"国际研讨会上，学者们基本认同企业社会责任是指在市场经济体制下，企业的责任除了为股东追求利润外，还应该考虑受企业行为影响的各方相关利益人的利益，其中雇员利益是企业社会责任中最直接和最主要的内容。但专家学者们对于概念的提炼方法、侧重点、范围、内容、体系方面的认识存在较大的分歧。

（3）企业社会责任之经济责任对立说

这种观点认为，企业的社会责任与经济责任是对立的，甚至认为企业不应该履行除经济责任之外的其他所谓的社会责任。哈耶克（Friedrich August von Hayek）是自由秩序的著名倡导者，也是一位反对企业社会责任的诺贝尔经济学奖获得者。他认为，企业社会责任是有悖于自由的，因为企业参与社会活动的日渐广泛必导致政府干预的不断强化，企业履行社会责任的结果将是不得不按照政府的权威行事从而损害自由。在《致命的自负》一书中，他更是把企业的"社会责任"和"社会义务"之类的用语归入"被毒化的语言"之列而大加批驳，认为对利润最大化目标的任何偏离都将危及公司的生存，并使公司董事获得无休止追求社会目标的难以控制的权力（Hayek，1969）。1931 年，哥伦比亚大学法学院教授伯利在与哈佛大学教授多德（M. Dodd）关于"公司管理者是谁的受托人"问题争论中，认为公司是营利性经济组织，一切公司权力都是为股东的利益而委托的权力，公司管理人员是受股东委托、为了股东的利益管理和控制公司；法律的功能在于保护股东的利益，防止管理层放弃追求利润动机的可能性（卢代富，2002）。值得注意的是，伯利在 20 年后放弃了自己的观点。1954 年，这场辩论最终以多德教授的观点为优胜而宣告终结（沈洪涛、沈艺峰，2007）。

总体看来，完整的企业社会责任是企业对各类利益相关者社会责任的总和。企业社会责任是指在当前的市场运行环境中，企业在追求本身价值最大化目标的同时，应该考虑其行为对除股东以外的其他利益群体或个人的影响，应当承担对债权人、企业员工、消费者、供应商、政府、弱势与公益群体及公益事业等相关群体（以下将企业捐赠、赞助的慈善事业、教育事业、公益事业等领域统称为其他）、环境保护与治理的责任。其中，企业社会责任中的经济责任主要包括企业短期或长期的利润最大化，生产效率改进，股东与债权人财富的保值与增值，对供应商的尊重，与竞争者的公平竞争，对公司雇员的工资、福利费、就业、教育培训，对消费者的服务等（恩德勒，2002）。美国经济委员会将经济责任归纳为提供产品、工作机会和经济成长。

2.3.2　企业社会责任的内容

企业社会责任包括环境（能源、产品安全）、社区参与、雇员关系、研究与开发、企业的国际活动等五个大类（Yamagami 和 Kokubu，1991）。英国企业在披露信息时，社会责任包括以下十五个大类：环境问题类、消费者问题类、能源问题类、社区问题类、慈善和政治捐赠问题类、与雇员相关的数据类、养老金的数据类、向雇员咨询类、在南非的雇佣问题类、雇用残疾人问题类、增值表类、健康与安全类、雇员持股计划类、其他的雇佣问题类和其他类（Gray R.H.，Kouhy R.，Lavers S.，1995b）。澳大利亚企业在披露信息时，社会责任包括企业与自然环境和社会环境相互作用所产生的财务的和非财务的信息，这些信息可以在年度报告中表述，也可以单独报告的形式来表述（Guthrie 和 Mathews，1985），具体包括六大类的指标：环境、能源、人力资源、产品、社区参与和其他（Trotman 和 Bradley，1981）。美国全国会计师协会（NAA）在 1974 年发表的研究报告中将企业社会责任的内容界定为社区参与、人力资源、自然资源和环境、产品与服务四个大类。国际会计公司 Ernst & Ernst 在评价世界 500 强企业的社会责任报告时，将企业社会责任的内容确定为环境、能源、公平雇佣实务、人力资源、社区参与、产品和其他七个大类（Ernst & Ernst，1978）。

我国学者对企业社会责任也进行了大量研究。宋献中、李皎予（1992）从社会责任会计的角度论述了企业社会责任的范畴以及计量、报告企业社会责任活动的方法。李亚群（1998）、韩颖（2002）、邬娟（2005）、季晓东（2005）等对社会责任的内容进行了研究。葛家澍、林志军（2001）对企业社会责任的含义进行了研究，认为企业除了应提供正常经营活动报告之外，外界利益集团、政府机构和社会公众都需要会计人员提供有关企业"社会责任"的更多信息，诸如企业与环境保护、就业、雇员培训、反种族歧视、医疗劳保、与社区之间的联系或所做贡献的信息资料。刘建红（2002）总结了西方发达国家对社会责任的研究带给我国的启示。王雪芳（2004）对我国社会责任会计体系的理论框架进行了研究。阳秋林（2005）探讨了我国社会责任会计信息的披露模式，并在报表分析的基础上构建了我国社会责任会计信息指标分析体系，认为企业所披露的社会责任信息除了社会积累率和社会贡献率外，还应披露企业对保护环境、社会福利、人力资源、产品与维修服务、商业信用等方面所做的贡献。沈洪涛、金婷婷（2006）的研究表明上市公司所披露的社会责任信息主要表现为对社区的责任，而对环境、员工、产品安全等方面的责任信息则披露不足。陈月圆（2009）从企业社会责任的会计视角分析了可能导致社会责任缺失的会计因素。

国内外学者关于企业社会责任会计信息披露的内容研究具有很多共性，均认为企业应披露除正常经营活动信息之外的关于社区、环境、员工、产品安全等方面的社会责任信息，只是这些研究在内容划分上没有统一的依据，因此非常散乱，缺乏系统性。

2.4 企业社会责任层级理论

2.4.1 企业社会责任层级理论概述

20 世纪 90 年代至今，不同时期的学者从不同角度研究企业社会责任的层级性，其中，国内外比较有代表性的有以下三种，但是在理论界众多有关企业社会责任的层级划分中，尚未有一种得到学者们的广泛认同。

Carroll（1991）通过对企业社会责任的研究，提出了企业社会责任的"金字塔"层级结构模型，他认为企业社会责任可以分为四个不同的层次：第一层次为经济责任，主要的目的是通过向社会提供商品或服务获取经济利益；第二层次为法律责任，要求企业在法律、法规、国际规范和行业标准的范围内经营；第三层次为伦理责任，要求企业的经营行为应符合社会准则、规范和价值观，体现为企业以社会大众期望的道德规范和行为模式运营；第四层次为自愿慈善责任，企业以自有的资金、人力等资源对社会做出贡献。同时，四个层次的社会责任并不是等量齐观的，经济责任、法律责任、伦理责任和自愿慈善责任的比例大致为4：3：2：1。Carroll 的企业社会责任层级理论模型是研究企业社会责任重要的理论基础。

美国经济发展委员会（Committee for Economic Development）提出的企业社会责任层级观为三层同心圆结构：内层圆是企业能有效履行的经济责任；中层圆是企业以社会价值偏好为依据而承担的经济责任；外层圆是企业履行的新出现的和未明确的责任。

黎友焕（2010）对企业社会责任进行了详细的分类，从经济责任、法律责任、伦理责任和自由决定责任四维度模型角度出发设计企业社会责任的指标体系，将四维度社会责任归为三大类：第一层次是经济和法规责任；第二层次是伦理责任和自愿性慈善责任，其中，伦理责任是受伦理道德和社会大众期望约束的责任，自愿性慈善责任强调其自愿性，企业即使不作为也不会受到社会伦理道德的谴责；第三层次是新出现的或尚未明确的企业社会责任。

2.4.2 企业社会责任层级理论分析

不同的专家学者对企业社会责任层级性进行研究的视角和依据不同，企业社会责任可以划分为哪些层级也是众说纷纭。通过归纳，多数学者从以下几方面对企业社会责任划分层级：

首先，经济责任层面表现在：企业的本质要求是追求经济利益，其基本属性是经济属性。在市场经济体制下，企业在拥有享受资源权利主体投入资源的使用权后，也承担着对这些权利主体的责任，以实现企业价值最大化。经济责任为企业履行其他层级社会责任提供了支持和保障，是其他层级社会责任的基础。

其次，法律、法规责任层面表现在：法律、法规责任要求企业在追求自身价值最大化的过程中，应遵循法律、法规对企业的要求，即企业的经营行为必须在法律、法规规定的范围内进行。同时，企业的经营行为不仅应有益于微观经济效益，还应有益于宏观社会效益，而这应通过立法形式对企业的社会责任行为进行约束。

最后，自愿责任层面表现在：自愿责任就是在法律、法规约束之外，被社会大众所期望的关于公平和正义的行为规范和模式，它要求企业有义务保证自己的行为是正当、公平和正义的，尽量减少或避免对利益相关方的不良影响。也就是说，自愿责任体现为为人类福利事业和社会共同进步而采取的实际行为，主要表现为支持国家社会公益事业和公共福利事业等。

目前，大多数学者对企业社会责任层级性的研究重点是其内涵和构成，并取得了较为丰富的研究成果，同时也为本书设计企业社会责任层级结构模型提供了重要的理论基础。通过对企业社会责任与企业经济效益关系的深层次研究，即企业社会责任层级性与价值创造关系的研究，企业社会责任层级性研究就更具实践意义，从而为企业进行社会责任决策提供支持。

2.5 价值创造理论

2.5.1 企业价值的定义

管理学领域认为企业价值是公司现实获利能力和潜在获利机会的货币化表现。企业在遵循价值规律的基础上，通过以价值为核心的管理，使企业利益相关者的利益诉求得到满足，因此，企业的价值越高，企业越能满足利益相关者的利益诉求。要评估企业价值，则要区分企业的账面价值、市场价值和内在价值之间的区别，其中，账面价值通常用企业的"净值"或"净资产"来衡量，但是它只是企业历史的、静态的资产状况的评价指标，而没有反映企业未来期间的获利能力；企业市场价值是股东权益的市场价值与企业债务价值之和，但其只有在充分有效的市场状态下才能反映出企业的真实价值；只有企业的内在价值才能反映企业现实获利能力和潜在获利机会，金融经济学家通常使用折现现金流量估价法作为评估企业内在价值的方法之一，以企业加权平均资本成本作为贴现率，企业预期能取得的现金流量折现的现值为企业的内在价值，该方法表示任何资产的内在价值等于其预期未来全部现金流的现值总和。

$$V = \sum_{t=1}^{n} \frac{CF_t}{(1+R)^t} \qquad\qquad (2-1)$$

其中：

V——资产的内在价值；

N——资产的寿命；

CF_t——资产在 t 时刻产生的现金流；

R——预期现金流折现的贴现率。

对于不同的资产，在评估其内在价值时现金流是有所不同的。在评估股票的内在价值时，持有股票能获得的红利是其现金流；而在评估债券的内在价值时，获得的本金和利息是其现金流。现金流折现的贴现率则能衡量企业持有该资产而承担的风险大小，风险越大，贴现率越高；风险越小，贴现率越低。折现现金流量估价法不仅能反映企业当下的经营获利能力，也能反映出企业潜在的获利能力，这与企业价值的定义相吻合，并且该方法能体现出企业资产的时间价值和持有该资产的风险，反映出其持续发展能力，使企业做出有利于其经营目标实现的财务决策。

2.5.2　价值创造的内涵和特点

企业价值创造是指在企业投入资本后所取得的回报高于资本成本的差额部分，这部分差额就是企业创造的价值，其中，企业投入的资本既包含股权资本，也包含债权资本。而当企业投入股权资本和债券资本后所取得的收益低于资本成本时，即使企业的会计利润为正数，企业也没有实现价值创造，实质上其价值受到了侵蚀。原因在于会计利润只考虑了债权资本成本而没有考虑股权资本成本，因此，企业会计利润扣除债权资本成本后小于股权资本成本的部分说明企业投入的股权资本尚未收回，实质上是企业没有实现价值创造，其价值受到了侵蚀。所以，企业以价值最大化作为其经营目标的目的是实现企业价值的真正增加。价值创造贯穿于企业价值管理的整个过程，追求价值创造就是追求企业效益，通过不断追求企业效益，企业才能在竞争激烈的市场中谋求发展，获取竞争优势。

企业的管理者作为价值创造的主体，在价值管理方面与其他管理者有着不同的方法，他们更注重企业长期的现金流，追求企业的持续发展能力，而不是历史的、静态的会计利润。管理者在企业经营决策的过程中，要全面考虑投资的机会成本及投资风险、融资决策的资本成本及融资风险、取得的回报收益是否最大化等。并且，企业最重要的投资者通常是最后获得投资收益。因此，将价值创造作为企业管理的终极目标，不仅有利于企业管理者合理配置企业资源，而且使企业在保障了股东的利益时能兼顾其他利益相关者的利益。

在企业财务管理目标层面，价值创造目标与其他财务目标相比，其特点在于：首先，企业价值创造更注重企业长期现金流，追求企业的持续发展，更加关注企业未来的财富创造能力和发展能力；其次，价值创造的内涵包括了企业资源的经济价值、风险和可持续发展的能力；最后，价值创造充分考虑了企业投入的所有资本。

2.5.3　企业价值创造的衡量指标

通过以上分析可以看出，相较而言，企业的内在价值最能反映出企业价值，而衡量企业价值采用贴现现金流法，以此为基础，对企业的剩余收益模型和经济利润模型进行推导。

$$P_t = D_t + (BV_t - BV_{t-1}) \qquad (2-2)$$

其中：

P_t——期间会计利润；

D_t——期间支付给所有者的现金；

BV_t——期间资产的账面价值。

剩余收益是期间会计利润减去同一期间内以净资产为基础计算的资本成本。以公式表示为：

$$S_t = P_t - rBV_{t-1} \tag{2-3}$$

其中：

r ——资本成本率。

企业的价值等于未来支付现金流的折现。

$$V_{t-1} = \sum_{t=1}^{\infty} \frac{D_t}{(1+r)^t} \tag{2-4}$$

将式（2-2）、（2-3）代入式（2-4）可得：

$$V_{t-1} = \sum_{t=1}^{\infty} \frac{S_t + (1+r)BV_{t-1} - BV_t}{(1+r)^t} \tag{2-5}$$

当 t 趋向无穷的时候，$\dfrac{BV_t}{(1+r)^t}$ 趋向于零，上式可以表示为：

$$V_{t-1} = BV_{t-1} + \sum_{t=1}^{\infty} \frac{S_t}{(1+r)^t} \tag{2-6}$$

式（2-6）表示企业价值等于会计账面价值与预期未来实现收益的现值之和，反映了 EVA 理论的来源，EVA 是 economic value added 的缩写，也就是经济增加值。该指标反映了企业创造的价值是企业获取的收益大于或等于投入的债务资本成本和权益资本成本后产生的真正利润，即企业真正实现的价值增加；反之，则侵蚀了企业的价值。

一些学者的研究证明了相较于传统的会计指标，EVA 指标在衡量企业价值和业绩方面更具有解释能力。Uyemura（1996）分别研究了 EVA 指标与传统的会计指标对股票价格变化的解释能力，研究的结果显示，EVA 指标的解释能力要高于传统的会计指标，其中，EVA 具有 40%的解释能力，而传统会计指标只具有 13%的解释能力。Chen 和 Dodd（1997）分别研究了 EVA 指标与传统的会计指标对企业经营业绩的衡量能力，研究结果显示，EVA 指标拥有 41%的解释能力，而传统会计指标的解释能力仅为 36.5%，EVA 指标能较好地衡量企业的经营业绩。2001 年，EVA 概念被引入我国，我国学者瞿绍发（2003）分别采用 EVA 指标和每股收益、净资产收益率等传统的会计评价指标衡量企业的业绩，通过比较发现，EVA 指标比传统的会计指标更具说服力。

徐啸（2012）对 EVA 理论与传统的绩效评价理论进行了总结，相较而言，EVA 理论存在三方面的优势：首先，EVA 考虑了包括股权资本成本在内的全部成本，只有当企业的收益超过投入的全部资本时才实现价值的创造，因此 EVA 能全面、真实地反映企业持续经营能力；其次，通过 EVA 激励机制统一企业经营者与所有者的利益，使二者追求的目标保持一致，消除股权激励机制产生的企业经营者只追求股价而忽视企业价值创造的弊端，有利于规范经营者的行为，使企业内部利益保持协调、统一；最后，使用 EVA 能较好地还原企业价值创造的过程，避免对某些项目会计处理上的失真情况，从而能限制管理者对企业盈余资金的操控。

通过对以上价值创造理论的分析，在对不同层级社会责任与价值创造关系的检验中，选取经济增加值（EVA）作为衡量价值创造的指标。EVA 的计算公式为：

$$EVA = 税后净营业利润 - 资本成本 \tag{2-7}$$

式中，资本成本等于加权资本成本与资本总额的乘积，因此，可以将式（2-7）写成如下形式：

$$EVA = 税后净营业利润 - 加权资本成本 \times 资本总额 \tag{2-8}$$

2.6 可持续发展理论

2.6.1 可持续发展理念

自 20 世纪中期以来，人们迫于经济增长、城市化、人口和资源等所形成的环境压力，对增长等于发展的模式产生怀疑。美国女生物学家蕾切尔·卡逊（Rachel Carson）在 1962 年发表的《寂静的春天》中描述了农药对人类以及其他生物以至整个生态环境所产生的恶劣影响，成为标志着人类首次关注环境问题的著作，这部著作唤起了人们的环境意识，也在世界范围内引发了不小的争议。在 1972 年美国学者巴巴拉·沃德（Barbara Ward）与雷内·杜博斯（Rene Dubos）发表的《只有一个地球》和由知识分子组成的名为"罗马俱乐部"的组织发表的《增长的极限》中也渗透了推崇这种发展模式的理念。一般认为，1972年由《生态学家》杂志资助并组织编写的《生存的蓝图》首次提出了社会经济"可持续"的概念，1980年由联合国环境规划署（UNEP）和国际自然与自然资源保护同盟（IUCN）共同起草的《世界保护战略》（WCS）第一次正式提出了"可持续发展"概念，而第一位在具体研究中引入可持续思想的学者是生态学家康威（Conway）。20世纪80年代前期，他在农业生态技术发展研究中阐述了收入分配平等、产出的稳定性与可持续等问题。大体说来，可持续发展的研究以生态平衡、自然保护、资源环境的永续利用等为基本内容，试图把"环境保护与经济发展之间取得合理的平衡"作为可持续发展的重要指标和基本原则。按照《世界保护战略》给出的定义，所谓可持续发展就是要维护基本的生态过程和生命支持系统，保护基因多样性和物种与生态系统的可持续利用。由此出发，学者们广泛认为，农业系统、森林和海岸与淡水系统是人类最重要的生命支持系统，同时也面临着最大的威胁，如果要使经济发展可持续，其必要条件是经济活动所最终依赖的生态系统必须具有可持续性。世界资源研究所认定可持续发展是"建立极少产生废料和污染物的工艺或技术系统"。有的学者认为，可持续发展就是转向更清洁、更有效的技术，使用尽可能接近"零排放"或"密闭式"工艺方法，以减少能源和其他自然资源的消耗。还有的学者提出，可持续发展就是建立极少产生废料和污染物的工艺或技术系统。在他们看来，污染并不是工艺活动不可避免的结果，而是技术差、效益低的表现。世界自然与自然资源保护同盟、联合国环境规划署、世界野生生物基金会（WWF）认为：可持续发展试图反映五个广泛的要求：（1）保护与发展相结合；（2）满足人类的基本需要；（3）达到公平与社会公正；（4）社会制度的可持续性与文化上的多样性；（5）维护生态完整性。巴拜尔（E. Barbier, 1987）表达了相近的见解，他认为：可持续发展使生物系统目标（基因多样性、可恢复性和生物生产力）、经济系统目标（满足基本需要、增加公平性和提高生产力）和社会系统目标（文化上多样性、制度可持续性、社会公正和参与）同时实现最大化。

　　可持续发展不仅是全球化时代国际社会普遍关注的重大理论问题和实践问题之一，而且也是中国面临的一个重要理论和实践问题。对于中国来说，可持续发展理论当属"舶来品"。这个经由西方学术界首先酝酿、构建的理论，之所以能够极为迅速地引起中国学术界的研究热情、持久关注，根本原因是这个理论契合了中国这个正在励精图治、实现民族复兴的文明古国的现实需要。一般认为，可持续发展理论正式形成于1987年的《我们共同的未来》，1992年之后作为传统发展战略的替代形式进入实践领域。这一时期的中国正在致力于反思现代化建设的历史实践，寻求新的发展道路，推进经济体制从计划经济转向市场经济、经济增长从粗放式经营转向集约式经营，就是这种努力的集中体现。从理论层面来看，所有的努力在某种意义上是在重演西方国家自《增长的极限》发表后反省传统经济增长方式的探索历程。事实上，反省与探索的完成形态在西方业已形成，这就是可持续发展理论。

　　换言之，反思作为过程在我国展开之际，其结果在西方国家已经产生，由此不难想象我国迎接可持续发展理论的热诚。可以说，可持续发展理论和战略的生成缩短了我国学术界的思想行程。大体说来，国内可持续发展研究起步于20世纪80年代末。国内包含"持续发展"字样的第一篇文章出现在1990年《北京农业工程大学学报》上，题目是"人口调控与大丰生态县持续发展"。1992年联合国环发大会之后，中国根据大会推出的可持续发展概念、全球《21世纪议程》和《里约宣言》，在世界各国中率先制定并实施了《中国21世纪议程》和优先项目计划，同时把实施可持续发展确定为国家的重大战略。从此，可持续发展在中国进入了全面实践阶段。世界环发大会的召开，特别是中国政府的一系列积极举措迅速地把可持续发展问题推到了理论研究的中心位置。随着可持续发展理论的提出，人们不断认识到经济增长一定要符合环境的承载能力，要使经济、社会、环境协调发展。可持续发展战略得到各国政府的一致认可，得到不断的倡导和宣传，我国也提出了坚持全面、协调、可持续的发展观，倡导构建和谐社会的重要性。

　　下面阐述关于可持续发展与可持续增长、可持续性的相互关系。在可持续发展与可持续增长关系问题上，一部分学者认为二者没有本质区别，是可以互换的。但是，更多的学者认为这两个概念不能混淆。可持续增长意味着实际人均国民生产总值的不断增加，而不考虑这种增长的环境代价和社会代价；可持续发展表示除经济可持续之外，还必须包括社会公平状况及其改善、生态安全的保障等。在可持续发展和可持续性关系问题上同样存在不同见解。一种观点主张可持续发展与可持续性是两个互换词。可持续性被认为是可持续发展的一个方面，而可持续发展也可被看做可持续性的一个方面。另一种观点认为，这两个概念既有联系又有区别。可持续发展包括可持续性内涵，但可持续性则不能完全包括发展的含义。其一，可持续发展是一个定向的变革过程，既包括变革的过程也包括变革的目标。所以，它可以把促进经济繁荣的企业家、追求社会公平的社会工作者、维护生态安全的环保工作者以及制定和实施可持续发展政策的政治家们联合起来，为实现可持续发展的目标而努力。而可持续性的基本内涵是生态系统永续完整的过程。把这个概念用于生态系统较为合适，用在社会上则非常抽象。其二，一般认为公众参与和可持续发展的过程与目标是分不开的。可持续性虽然也离不开参与，但其参与程度与可持续发展的差别是很大的。例如，发动民众植树造林是公众参与的可持续性活动，但这并不能构成可持续发展。只有因此而获得收入、提高林业利用率并能够产生生态和经济效益时，才能成为可持续发展的一部分。

2.6.2　企业可持续发展与企业社会责任

可持续发展既要满足眼前发展的需要，又不能损害未来发展的需要，不能为了眼前的利益而牺牲长远的利益，同时，可持续发展也指在面临不可预见的环境动荡时能继续保有持续发展状态的一种发展观。它主要针对全球生态环境及社会发展问题而提出的，认为和谐社会、生态可持续能力以及个人的自身发展是健康的经济发展得以建立的基础，而这种经济发展追求的目标是既能满足当代人的需要，又不对后代人的生存和发展构成威胁，同时各种资源和生态环境都能得到保护。这是从整个社会、整个人类角度考虑的，后来人们也将可持续发展的研究扩展到企业层面，作为推动社会经济发展的重要组成部分——对企业来说，实现可持续发展这一目标很不容易。在当今世界经济变化如此迅速、竞争又如此激烈的情况下，企业能够维持生存已属不易，但这对企业家或是相关利益团体来说是不够的，企业不应该只维持生存，应该不断壮大、更具生机和活力，实现可持续发展。芮明杰教授曾在文章中表明企业可持续发展要求企业不仅今天要发展，明天也要发展；他还强调了发展应该是可持续性的，这种可持续性要求企业今天的运作要为企业的明天考虑，不能仅仅看见眼前的发展而为长远的发展设置障碍。

企业可持续发展理念在国际上也得到认可，如全球报告倡议组织（GRI）希望企业披露可持续发展报告（亦称生态足迹报告、环境社会治理报告、三重底线报告或社会责任报告），强烈建议管理者与投资者、顾客、供货方和员工不断地进行对话和沟通，加强企业与各个利益相关者的联系。可持续发展报告给企业提供了新的机会，同时能提高企业的国际竞争力，已成为企业通向国际市场的通行证。这一组织还试图通过各种组织使可持续发展报告作为常规的和可比较的财务报告。

企业可持续发展，不仅仅是企业本身的发展，还表现为与企业相关的各个要素的发展：从企业所有者角度讲，企业应当持续盈利或是在一段时期内总体是盈利的，至少不能连续亏损；从投资者角度讲，企业应当保持持续的股利回报；从企业员工角度讲，企业应当保持和扩大员工的规模，持续提高员工的福利水平；从供应商的角度看，企业应当不断提出新订单，加强合作；从客户或消费者的角度讲，企业应当持续地向市场推出高质量、创新型、绿色环保的商品（当然也要符合市场的数量需求和价格需求）；从政府的角度讲，企业应当持续地纳税，为国家税收作贡献。

这些相关要素得以发展，最终会为企业提供助力，成为企业又好又快发展的保障。因此，这一发展状态不仅要求企业拥有持续的竞争优势，根据目前的市场环境以及考虑未来一段时期的外部环境的变化而合理地提升企业的核心竞争力，使企业得到长足发展，还需要企业得到更广泛的认可。比如，得到了投资者的认可，便会有源源不断的资金支持；得到了顾客的支持，便会使企业得到良好的消费者基础，从而使销售利润得以提升。从这一角度来看，企业履行社会责任会给其带来利益相关团体的认可，为企业的可持续发展提供动力，而企业实现了可持续发展，便能更好地满足利益相关团体的需求，因此，二者是相辅相成、不可分离的。

本书认为企业可持续发展是指企业在目前和可预计的未来都能保持竞争优势，合理开发和提升核心竞争力，在遇到不稳定的经济震荡时，仍能保持发展趋势并得到利益相关团体广泛认可的良好的发展。

2.7 利益平衡理论

2.7.1 利益平衡的内涵

利益是主客体之间的一种关系，表现为社会发展客观规律作用于主体而产生的不同需要的满足和满足这种需要的措施，反映着人与其周围世界中对其发展有意义的各种事物和现象的积极关系，它使人与世界的关系具有了目的性，构成人们行为的内在动力。利益是一个客观范畴。利益的认识和实现要通过人，并不意味着利益是主客观的统一体。利益可以形成意识、意志，但它是意识、意志以外的客观存在。意识、意志可以正确地反映客观存在的利益，也可以错误地认识或理解客观利益，而形成"主观利益"和对利益的错觉。正如美国法学家劳斯·M.弗里德曼教授所说："利益不总是明显的。人们可能对自己的私利茫无所知，人们常常如此。人们对自己的利益进行猜测，他们常常猜错了。"因此，应该把客观存在的利益同人们的主观利益区别开来。

平衡也可以理解成均衡。平衡是相对的，它与不平衡相辅相成、相互转化。平衡一般可分为动态平衡和静态平衡。在现代社会，平衡的概念已经被广泛拓展到社会生活的各个领域，成为解释社会现象的一种重要的方法论。在社会领域,平衡是指各种矛盾的社会力量相互抵消形成均势,从而使特定的社会关系保持相对稳定的状态。

而利益平衡也称利益均衡,是指在一定的利益格局和体系下出现的利益体系相对和平共处、相对均势的状态。冯晓青教授将利益平衡的内涵从利益格局和利益体系的角度进行分析,他认为,任何社会都存在与其政治、经济和文化等环境相关的不同利益主体,包括利益个体和利益群体,同时也存在一定的利益差别和反映不同利益关系的利益体系。这些构成了特定社会的利益格局。在这个格局中,各利益个体和利益群体存在着相对稳定的利益关系。一般来说,"在一定的社会条件具备的情况下,多元利益体系是一个对立统一的、保持相对平衡的相对稳定的利益体系,它是保持社会稳定的稳定剂。相对稳定的利益体系致使在利益的分配上构成一个相对稳定的利益格局"。相对稳定的利益体系也维护了一定利益格局的平衡。在这种利益平衡中,每一利益主体都在利益体系中占有一定的利益份额,各利益主体间存在一定的相互依赖的利益关系。这种平衡对建立与相对稳定的利益格局相适应的利益制度和利益体制,协调各种利益主体间的利益关系具有重要作用。

通俗来说,利益平衡就是避免利益失衡,尽量减少利益冲突,尽可能保持利益体系的相对稳定的状态。当然这种平衡是相对的,因为随着社会经济、政治和文化的不断发展,便会出现新的矛盾和利益冲突,使得建立在原来利益格局和体系上的利益平衡被打破,这就需要实现新的平衡。本质上,利益平衡是指各利益主体按照一定的原则和方式进行利益选择和衡量的过程,在这一过程中伴随着利益主体间的利益冲突,而这些利益冲突有时是利益主体自身难以调和的,因此就需要借助于法律的制度安排。法律、规则和制度都是建立在利益平衡的基础上的,利益平衡既是一项立法原则,也是一项司法原则。我国颁布的社会责任相关法律、法规(如劳动合同法、安全生产法、环境保护法)以及美国社会责任国际(Social Accountability International,SAI)出台的企业社会责任标准(SA8000)都是建立在利益平衡基础上的。

2.7.2 利益平衡与企业社会责任

根据相关者理论，一个企业包含很多利益相关者，如投资者、债权人、员工等。对于这些利益相关者产生利益冲突的原因，陈小红（2010）认为第一是由于不同利益团体的主动性、重要性和紧急性都不同；第二是由于企业的资源并不是无限的，而每个利益相关者都有多种利益需求。当企业没有办法合理地配置资金、材料和其他资源时，各利益相关者的利益就无法平衡，从而导致冲突的产生。这种状况在企业财务困难时更加明显，当企业经营陷入困难时，各个利益相关者为保障自己的利益、减少损失往往对企业提出各种要求，而此时的企业又无法满足他们的要求，致使矛盾激化。万莉、罗怡芬（2006）以社会责任与利润目标之间的内在张力和内生的企业社会责任为理论基础，在阐述的概念模型基础上构建出了可行的 CSR 均衡模型。也有一些学者从企业财务目标角度来考虑利益相关者的利益均衡。袁振兴（2004）在文章中归纳了企业财务目标的演化过程，企业价值导向经历了三个阶段：以"股东至尊"为导向、质疑"股东至尊"的价值导向和以"利益相关者价值"为导向。他认为财务目标主体经历了从股东到股东和债权人（企业价值最大化）再到利益相关者的转化；他深入分析了企业所有权和经营权的分离、经营者受到外界和自身的约束以及产权残缺使企业利益相关者追求自身利益时受到限制这三个方面，得出了不可能实现股东或某一部分利益相关者利益最大化的结论，并认为企业的财务目标是利益相关者的利益均衡。

企业履行社会责任是指企业满足各利益相关者的利益要求，不仅仅要满足对股东的利益回报，还要定期偿还债务、发放利息，提高员工的福利水平，依法纳税，进行环保投入等。企业的财务目标既然是利益相关者的利益均衡，那么它与企业社会责任的要求是一致的，因此如果企业承担了社会责任，处理好不同利益团体的矛盾，就有利于利益相关者的利益平衡。

企业是一个复杂的系统组织，而利益相关者是指那些向企业投入专用性投资，在企业法律框架内承担相应风险并享有收益的单位和个人，主要包括股东、管理者、供应商、员工、客户等。如果企业处理好了各利益团体之间的关系，使他们的需求得到满足，也就是实现了这些利益相关者的利益均衡，便是很好地履行了对相关群体和个人的社会责任。

第 3 章　企业社会责任与价值创造的关系

3.1　研究内容与思路

3.1.1　研究内容

首先对国内外有关企业社会责任、价值创造以及二者之间关系的相关文献进行总结分析，借鉴前人有关内容分析法衡量企业社会责任的研究成果，结合利益相关者理论，建立社会责任指标体系以衡量并评价企业社会责任。为了探究企业社会责任的层级结构，根据 2014 年样本企业披露的社会责任报告，将因子分析法与聚类分析法相结合，得到企业社会责任层级结构模型。以企业社会责任层级理论为基础，通过分析每个层级企业社会责任内容的共性，对层级社会责任进行命名，分别为：基础责任、关键责任和道德责任，采用熵权法计量社会责任，确定层级社会责任综合因子得分以及综合企业社会责任得分，并将所得结果作为回归分析的解释变量，同时将价值创造的衡量指标 EVA 作为被解释变量，分别进行回归分析以及滞后回归分析，探索根据我国企业实际情况划分的不同层级社会责任对当期及滞后一期价值创造的影响。

3.1.2 研究思路

技术路线如图 3-1 所示。

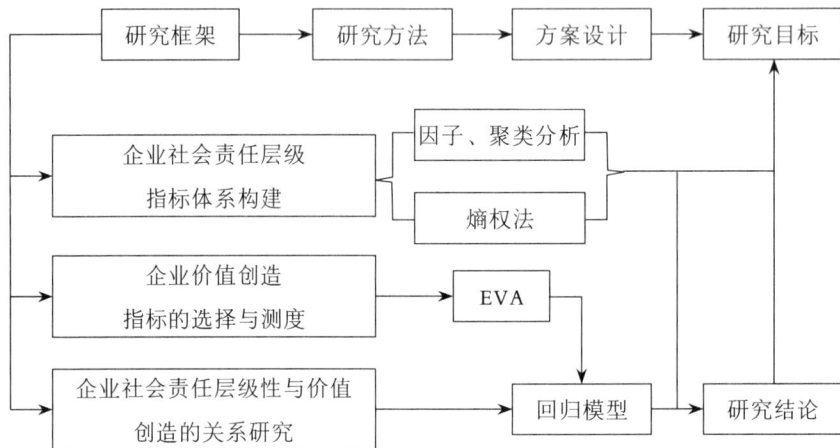

图 3-1 技术路线

3.2 研究方法

在该部分研究中采用的研究方法主要有：

（1）因子分析法和聚类分析法

利用因子分析法和聚类分析法，将对投资者、员工、供应商等七类利益相关者承担的社会责任内容划分为基础责任、关键责任以及道德责任三个不同的层级。

（2）熵权法

对于企业社会责任层级结构模型，采用熵权法计算确定不同层级社会责任因子得分以及综合社会责任因子得分。

（3）相关性分析和回归分析

通过 SPSS 软件对所得数据进行相关性分析和回归分析，分别找出层级社会责任及综合社会责任对价值创造的影响。

3.3 企业社会责任评价及层级结构设计

3.3.1 企业社会责任评价指标设计

本书借鉴了李正（2006）和沈洪涛（2007）等学者对企业社会责任范畴的分类，依据利益相关者理论以及我国《上市公司治理准则》中"上市公司应该尊重银行及其他债权人、职工、消费者、供应商等利益相关者的合法权利"和"上市公司在保持公司持续发展、实现股东利益最大化的同时，应关注环境保护、公益事业等问题，重视公司的社会责任"的内容，采用内容分析法，根据样本公司 2014 年度社会责任报告中披露的信息，从投资者、员工、消费者、供应商、政府、环境和弱势与公益群体等七类利益相关者的角度，建立企业社会责任评价指标体系，如表 3-1 所示。

表 3-1　　　　　　　　　　企业社会责任评价指标体系

利益相关者	具体指标描述	指标代号
投资者	1.及时分配股利并偿还本息	X1
	2.完善投资者关系管理	X2
	3.保障投资者参事议事权	X3
员工	1.为员工提供合理的工资福利待遇	X4
	2.与员工签订劳动合同	X5
	3.为员工提供职业培训与发展	X6
	4.为员工提供安全舒适的工作环境	X7
消费者	1.为消费者提供安全合格的产品	X8
	2.主动与消费者建立有效沟通	X9
	3.衡量消费者满意度	X10
供应商	1.与供应商建立稳定的业务关系	X11
	2.及时足额偿还供应商的货款	X12
政府	1.依法照章纳税	X13
	2.从未涉及商业贿赂事件	X14
环境	1.废物排放严格遵守国家标准	X15
	2.生产或提供环保型产品或服务	X16
	3.实施了能源节约或环境保护项目	X17
	4.回收利用废旧原料	X18
弱势与公益群体	1.提供公益性捐助与赞助项目	X19
	2.为残疾人和少数民族等提供援助	X20

（1）企业对投资者的责任

投资者包括股东和债权人。股东为企业的生存提供了最基本的资金支持，企业对股东承担的责任属于企业最基本的社会责任。当企业资金出现周转困难时，债权人作为资金的主要提供方，对企业发展至关重要。协调好与股东的关系，在企业发展初期能获取足够的资金支持。与债权人建立良好的关系，在企业经营过程中有助于降低融资成本，使企业拥有更多的筹资渠道，避免出现资金周转困难的局面。企业对投资者的责任表现为：及时分配股利并偿还本息、完善投资者关系管理、保障投资者参事议事权。

（2）企业对员工的责任

员工为企业提供的是一种特殊投资，即人力资本投资。企业员工是经营活动的执行者，随着对人才的合理安排、有效利用成为企业管理活动的重点，企业逐渐认识到关键性人才、技术性人才对企业发展的重要影响，而员工的知识、经验、工作能力等也成为企业的一项特殊财富。企业对员工的责任表现为：企业为员工提供合理的工资福利待遇、与员工签订劳动合同、为员工提供职业培训与发展、为员工提供安全舒适的工作环境。

（3）企业对消费者的责任

消费者作为企业供应链的最终环节，是企业产品和服务的接受者，他们对企业的认可与否决定了企业销售活动的顺畅性以及资金回笼的及时性。同时，消费者对企业的需求，是企业实现价值最大化目标的原动力。所以，企业应将消费者作为企业履行社会责任的重要对象。企业对消费者的责任表现为：为消费者提供安全合格的产品、主动与消费者建立有效沟通、衡量消费者满意度。

（4）企业对供应商的责任

供应商作为企业商业伙伴中的重要一员，在确保供应链顺畅运行方面有着不可替代的作用。企业的供应商为其提供生产所必需的原材料，而原材料的质量及价格则最终会影响产品品质的优劣和成本的高低。所以，企业对供应商承担社会责任，维持与供应商之间的良好关系，可以为企业提供优质的原材料并节约成本。企业对供应商的责任表现为：与供应商建立稳定的业务关系、及时足额偿还供应商的货款。

（5）企业对政府的责任

政府作为国家政策的执行机构，履行着监督整个社会有序运转的职责，同样对企业的运行也承担着调节和管理的作用。企业履行对政府的责任，有助于企业得到其政策支持，使企业价值得到提高或防止价值受到损失，或者两者兼而有之。企业对政府的责任表现为：依法照章纳税、从未涉及商业贿赂事件。

（6）企业对环境的责任

随着社会经济的发展，可持续发展的理念得到了广泛的推广，理论界和实务界从环境角度考虑企业经营情况日益增多，社会公众越来越多地从环境角度考虑企业形象，消费者在选择产品时也会注意环保问题，因此，企业承担环境责任的压力越来越大，但对环境履行社会责任也会提高企业的声誉、改善品牌形象，从而增加企业价值。企业对环境的责任表现为：废物排放严格遵守国家标准、生产或提供环保型产品或服务、实施了能源节约或环境保护项目、回收利用废旧原料。

（7）企业对弱势与公益群体的责任

企业作为社会的一员，其生存和发展总是存在于社会公共环境之中，因此，企业应当通过适当的方式把经济利益中的一部分回馈给社会，从而促进企业乃至整个社会的持续发展，帮助社会实现和谐发展。企业对弱势与公益群体的责任表现为：提供公益性捐助与赞助项目、为残疾人和少数民族等提供援助。

3.3.2 企业社会责任指标计量方法

我国对企业社会责任的研究起步较晚，并且社会责任报告的披露属于企业自愿披露范畴，因此可供选择的样本数量受到限制。同时，报告的内容也不统一，所以在数据的获取方面较为困难，这在一定程度上影响了社会责任指数的科学性及合理性。本书选取样本公司的依据为：在2012 年至 2014 年连续三年都披露过企业社会责任报告的上市公司中，剔除了 ST 和*ST 公司后，行业内应至少有 10 家企业披露企业社会责任报告，且该行业与人们衣食住行密切相关。由此最终得到了来自于房地产业、制造业、零售业、建筑业和服务业的 271 家上市公司。

沈洪涛和杨熠（2008）在借鉴国外学者对企业社会责任的分类方式的同时，结合我国实际情况，采用内容分析法，将企业社会责任报告中披露的信息划分成五个部分：环境、员工、产品、社区和以及其他信息，披露信息的形式主要分为三种：货币化信息（定量信息）、非货币化信息（定性描述）以及无信息。在衡量社会责任信息披露水平时对不同披露形式赋予不同的分值，其中，对社会责任信息定性描述的分值为 1，披露定量信息的分值为 2，无信息的分值为 0，同时赋予五个部分相同的权重。本书在对企业社会责任 20 个具体指标进行测度和衡量时，综合考虑样本公司在 2014 年发布的社会责任报告披露的信息，在借鉴了沈洪涛和杨熠（2008）对每项具体指标赋值方法的基础上，增加了一档对企业社会责任的赋值，对于在社会责任报告中同时披露定性信息和定量信息的企业赋值为 3 分。同时，将各样本公司的具体指标得分与该指标满分的比值作为该样本公司的社会责任指数，因此，得到的样本企业披露的社会责任指数应在 0~1 之间，且该指数越高，则表明其社会责任履行的水平越高。

3.3.3 企业社会责任层级结构划分

对各样本公司的社会责任指数采用 SPSS18.0 软件进行因子分析，分析的结果如表 3-2 所示，结果显示 KMO 系数为 0.607，Bartlett 球形检验卡方为 692.212，自由度为 190，显著水平为 0.000，小于显著水平 5%，所以，样本公司的社会责任指数适合采用因子分析法进行数据处理。

表 3-2　　　　　　　　　　KMO 和 Bartlett 的检验

取样足够度的 Kaiser-Meyer-Olkin 度量		0.607
Bartlett 的球形度检验	近似卡方	692.212
	df	190
	Sig	0.000

采用主成分分析法来提取公共因子，通过方差最大法进行因子旋

转，得到的前 7 个因子的特征值均大于 1，这 7 个因子的累计贡献率达到 54.954%，说明前 7 个主要因子能较好地反映原始社会责任指数所包含的信息。主因子旋转后的方差贡献率及旋转后的因子载荷矩阵如表 3-3 和表 3-4 所示。

表 3-3　　　　　　　　　　　　**总方差解释表**

成分	初始特征值			旋转平方和载入		
	合计	方差%	累积%	合计	方差%	累积%
1	2.575	12.877	12.877	1.998	9.898	9.989
2	1.919	9.596	22.437	1.970	9.848	19.837
3	1.513	7.567	30.041	1.779	8.896	28.733
4	1.139	6.954	36.995	1.391	6.956	35.689
5	1.257	6.285	43.280	1.339	6.693	42.381
6	1.219	6.097	49.377	1.266	6.328	48.709
7	1.115	5.577	54.954	1.249	6.245	54.954

表 3-4　　　　　　　**企业社会责任指标体系旋转成分矩阵**

指标代号	成分						
	因子 1	因子 2	因子 3	因子 4	因子 5	因子 6	因子 7
X20	0.742	−0.097	0.110	−0.041	−0.104	0.019	0.056
X19	0.734	0.118	0.012	0.197	−0.007	0.017	−0.055
X14	0.637	0.304	−0.026	0.007	0.053	0.102	−0.204
X7	0.624	0.115	−0.003	−0.113	0.149	−0.061	0.146
X1	−0.022	0.809	0.054	0.070	−0.093	0.082	−0.018
X4	0.154	0.733	−0.023	−0.005	−0.099	0.064	−0.013
X12	0.218	0.667	0.011	−0.149	0.113	−0.132	0.021
X10	0.059	0.040	0.891	0.054	0.002	−0.006	−0.034
X9	0.027	−0.016	0.888	0.095	0.093	0.017	−0.006
X17	0.041	0.171	0.143	−0.628	0.037	0.305	0.217
X16	0.087	0.119	0.148	0.625	0.054	0.149	0.019
X18	−0.030	−0.087	0.072	0.579	0.231	0.014	0.273
X3	0.040	−0.188	−0.076	−0.109	0.749	0.123	−0.020
X5	0.076	−0.014	0.104	0.187	0.593	−0.067	0.024
X13	−0.113	0.310	0.130	0.272	0.462	−0.006	−0.055
X11	0.015	0.084	0.079	0.031	−0.028	−0.722	0.252
X2	0.030	0.039	−0.058	0.147	−0.049	0.566	0.255
X6	0.027	0.091	0.288	−0.132	0.063	0.441	0.004
X8	−0.045	0.011	0.025	−0.058	0.157	−0.148	0.705
X15	0.058	−.045	−0.080	0.116	−0.220	0.171	0.653

注：提取方法：主成分。

旋转法：具有 Kaiser 标准化的正交旋转法。

如表 3-4 所示，根据各指标在各因子上的载荷量来分析指标解释因子程度，X20、X19、X7 和 X14 在因子 1 上有较高的载荷，X1、X4 和 X12 在因子 2 上有较高的载荷，X10 和 X9 在因子 3 上有较高的载荷，X16、X17 和 X18 在因子 4 上有较高的载荷，X3、X5 和 X13 在因子 5 上有较高的载荷，X2、X6 和 X11 在因子 6 上有较高的载荷，X8 和 X15 在因子 7 上有较高的载荷。

为了得到企业社会责任层级结构模型，使用 SPSS18.0 统计分析软件包，采用"Furthest Neighbor"聚类方法，对企业社会责任的 7 个主因子进行聚类分析。图 3-2 为企业社会责任各因子聚类分析的树形图，将企业社会责任划分为三类时的类间距离最大。

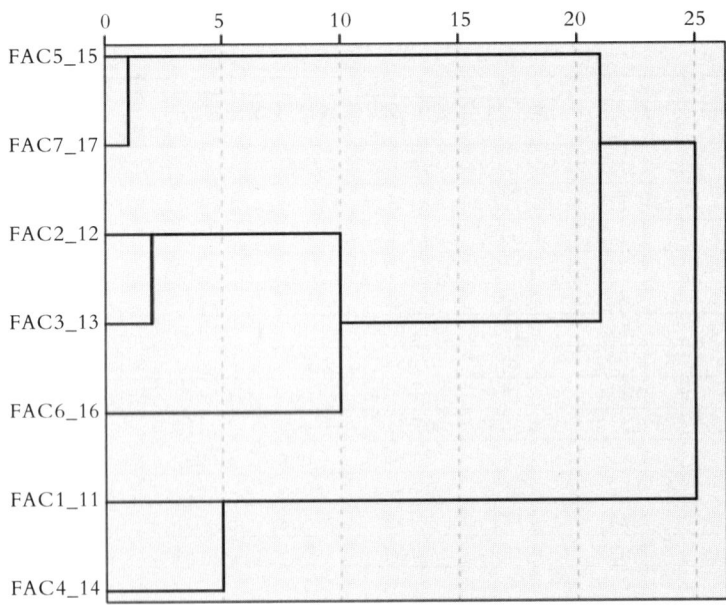

图 3-2 企业社会责任各因子聚类分析的树形图

从聚类分析的树形图来看，可以将企业对七类利益相关者的责任内容划分为三个不同层次，其中，因子 2、因子 3 和因子 6 同属一个层次，即 X1、X2、X4、X6、X9、X10、X11 和 X12 同属于一个层次，其中包含的内容为：为员工提供合理的工资及福利待遇、为员工提供职业培训与发展、主动与消费者建立有效沟通、衡量消费者满意度、及时分配股利并偿还本息、完善投资者关系管理、与供应商建立稳定的业务关系、及时足额偿还供应商的货款。企业首先是经济组织，企业的利益相关者将有形或无形资源投入到企业的初衷是为了获得经济回报，满足他们的利益诉求是企业应履行的最重要、最基本的社会责任，因此将这一层级命名为基础责任层。

因子 5 和因子 7 同属一个层次，即 X3、X5、X8、X13 和 X15 同属于一个层次，其中包含的内容为：保障投资者参事议事权、与员工签订劳动合同、为消费者提供安全合格的产品、依法照章纳税以及废物排放严格遵守国家标准。这一层次的社会责任要求企业应在法律、法规、国际规范和行业标准的范围内经营，该层次社会责任对企业在市场上生存和发展至关重要，是企业社会责任的关键，本书把这种社会责任命名为关键责任。

因子 1 和因子 4 同属一个层次，即 X7、X14、X16、X17、X18、X19 和 X20 同属于一个层次，其中包含的内容为：为员工提供安全舒适的工作环境、从未涉及商业贿赂事件、生产或提供环保型产品或服务、实施了能源节约或环境保护项目、为残疾人和少数民族等弱势群体提供援助、提供公益性捐助与赞助项目、回收利用废旧原料。这一层次企业对利益相关者的社会责任是企业在经济和法律之外的道德标准的体现，因此将这一层次命名为道德责任层。基础责任、关键责任和道德责任三个层级相辅相成，共同构成了企业社会责任的整体。

通过利益相关者理论将企业的利益相关者确定为七类，即投资者、员工、消费者、供应商、政府、环境和弱势与公益群体，通过对各利益相关者承担的责任内容的分析，采用因子分析法和聚类分析法，根据不同类型责任内容之间的差异性、同一类型责任内容之间的相似性，将企业社会责任划分为三个层级，最后如表 3-5 所示得到社会责任层级评价指标体系。

3.3.4　企业社会责任的评价

（1）企业社会责任的评价方法选择

前文构建了社会责任层级结构模型，由于不同层级社会责任的具体

表 3-5   社会责任层级评价指标体系

层级社会责任	具体指标描述	指标代号
基础责任	及时分配股利并偿还本息	X1
	完善投资者关系管理	X2
	为员工提供合理的工资及福利待遇	X4
	为员工提供职业培训与发展	X6
	主动与消费者建立有效沟通	X9
	衡量消费者满意度	X10
	与供应商建立稳定的业务关系	X11
	及时足额偿还供应商的货款	X12
关键责任	保障投资者参事议事权	X3
	与员工签订劳动合同	X5
	为消费者提供安全合格的产品	X8
	依法照章纳税	X13
	废物排放严格遵守国家标准	X15
道德责任	为员工提供安全舒适的工作环境	X7
	从未涉及商业贿赂事件	X14
	生产或提供环保型产品或服务	X16
	实施了能源节约或环境保护项目	X17
	回收利用废旧原料	X18
	为残疾人和少数民族等提供援助	X20
	提供公益性捐助与赞助项目	X19

衡量指标的重要性是存在差异的，为了体现出这种差异，采取熵权法对每个层级的具体指标赋权，从而更准确地对不同层级社会责任进行衡量和评价。熵权法是根据样本数据的离散程度来衡量指标的权重，即变化较大的指标，其权重也较大；变化较小的指标，其权重也较小。同时，熵权法能避免人为赋权的主观性，具有一定的客观性，适合对一个评价对象采用多

指标进行综合评价。因此，根据样本企业的基础责任、关键责任和道德责任三个层级指标值的变异程度，利用熵值计算权重，再通过加权平均运算，分别得到基础责任、关键责任和道德责任三个层级社会责任的综合因子得分，以及综合社会责任因子得分。其中，熵权法的计算过程如下：

设有 m 个被评价对象（m 个样本公司），每一个样本公司有 n 个评价指标，则可以得到原始的信息评价矩阵 $R = (r_{ij})_{m \times n}$，其中，$r_{ij}$ 为企业社会责任评价指标体系中第 i 个样本公司的第 j 个指标值。

①计算 j 项指标下第 i 个上市公司占该指标的比重：

$$P_{ij} = \frac{X_{ij}}{\sum_{j=1}^{n} X_{ij}} \quad (i=1, 2, \cdots, m; \ j=1, 2, \cdots, n) \qquad (3-1)$$

②计算 j 项指标的熵值：

$$e_j = -k \sum_{i=1}^{m} P_{ij} \times \ln P_{ij}$$

其中：$k > 0$，$k = \frac{1}{\ln m}$，$e_j \geq 0$ \qquad (3-2)

通常情况下，e_j 越小的指标，说明样本数据离散程度越大，提供的信息越多，即该指标的权重也越大；e_j 越大的指标，说明样本数据离散程度越小，提供的信息较少，即该指标的权重也越小。

③计算 j 项指标的差异数。

对于第 j 项指标，指标值 r_{ij} 的差异越大，对方案评价 r_{ij} 的作用就越大，熵值就越小。差异系数为：

$$g_i = \frac{1 - e_j}{m - E_e}$$

其中：$E_e = \sum_{j=1}^{m} e_j$，$0 \leq g_j \leq 1$，$\sum_{j=1}^{m} g_j = 1$ \qquad (3-3)

④求权数：

$$W_j = \frac{g_j}{\sum_{j=1}^{m} g_j} \qquad (3-4)$$

⑤计算上市公司的综合得分：

$$S_i = \sum_{j=1}^{m} W_j \times X_{ij} \qquad (3-5)$$

（2）层级社会责任的评价

采用熵权法分别对企业基础责任、关键责任和道德责任进行评价，得到企业社会责任层级指标体系的权重如表 3-6 所示。

表 3-6　　　　**企业社会责任层级指标体系的权重**

社会责任层级	具体指标描述	权重
基础责任	及时分配股利并偿还本息	0.245
	完善投资者关系管理	0.120
	为员工提供合理的工资及福利待遇	0.296
	为员工提供职业培训与发展	0.083
	主动与消费者建立有效沟通	0.060
	衡量消费者满意度	0.074
	与供应商建立稳定的业务关系	0.051
	及时足额偿还供应商的货款	0.070
关键责任	保障投资者参事议事权	0.210
	与员工签订劳动合同	0.383
	为消费者提供安全合格的产品	0.054
	依法照章纳税	0.237
	废物排放严格遵守国家标准	0.115
道德责任	为员工提供安全舒适的工作环境	0.201
	从未涉及商业贿赂事件	0.213
	生产或提供环保型产品或服务	0.173
	实施了能源节约或环境保护项目	0.052
	回收利用废旧原料	0.085
	为残疾人和少数民族等提供援助	0.151
	提供公益性捐助与赞助项目	0.124

通过熵权法对各项社会责任评价指数进行计算和处理，得到企业对各项社会责任评价指标的熵值和权重，通过式（3-5）分别计算出 2014 年样本公司三个层级社会责任的综合得分，具体情况如表 3-7 所示。

表 3-7　　　　**企业社会责任各层级综合得分基本状况**

层级社会责任	最大值	最小值	平均值	标准差
基础责任	0.842	0.089	0.381	0.149
关键责任	1.000	0.058	0.332	0.217
道德责任	0.768	0.035	0.309	0.141

各样本公司的社会责任指数值介于 0 和 1 之间，以 1 作为满分值。从表 3-7 中的数据可以看出，在企业承担的三个层级的社会责任中，基础责任、关键责任和道德责任的层级指数平均值分别为 0.381、0.332

和 0.309，表明企业更为关注对利益相关者的经济回报，即基础责任的履行；其次为企业在法律、法规、国际规范和行业标准上的责任表现，即关键责任的履行；最后为经济和法律之外的道德责任的履行。但是，各个层级社会责任指数平均值尚未达到 0.5，说明企业社会责任各个层级的履行水平较低。基础责任、关键责任和道德责任的层级指数标准差为 0.149、0.217 和 0.141，相较而言，关键责任的标准差较大，说明各样本企业在关键责任履行水平上存在较大的差异，而在基础责任和道德责任履行水平上存在较小的差异。

（3）综合社会责任的评价

采用熵权法对企业社会责任进行综合评价，综合社会责任的指标权重如表 3-8 所示。

表 3-8 　　　　　企业社会责任层级指标体系的权重

指标代号	具体指标描述	权重
X1	及时分配股利并偿还本息	0.069
X2	完善投资者关系管理	0.033
X3	保障投资者参事议事权	0.073
X4	为员工提供合理的工资福利待遇	0.083
X5	与员工签订劳动合同	0.134
X6	为员工提供职业培训与发展	0.023
X7	提供安全舒适的工作环境	0.075
X8	为消费者提供安全合格的产品	0.019
X9	主动与消费者建立有效沟通	0.017
X10	衡量消费者满足度	0.021
X11	与供应商建立稳定的业务关系	0.014
X12	及时足额偿还供应商的货款	0.020
X13	依法照章纳税	0.083
X14	从未涉及商业贿赂事件	0.079
X15	废物排放严格遵守国家标准	0.040
X16	生产或提供环保型产品或服务	0.064
X17	实施了能源节约或环境保护项目	0.019
X18	回收利用废旧原料	0.032
X19	提供公益性捐助与赞助项目	0.056
X20	为残疾人和少数民族等提供援助	0.046

通过熵权法得到企业社会责任 20 个评价指标的熵值和权重，通过式（3-5）计算出样本公司 2014 年综合社会责任的得分，具体情况如表 3-9 所示。

表 3-9　　　　　　　　企业社会责任综合得分基本情况

企业社会责任	最大值	最小值	平均值	标准差
CSR	0.650	0.120	0.337	0.113

表 3-9 的数据显示，综合社会责任的平均值为 0.337，以 1 为满分值，综合社会责任得分尚未达到满分值一半，样本企业在综合社会责任方面履行水平较低。综合社会责任的标准差为 0.113，说明样本企业在综合社会责任履行水平上存在较小的差异。

3.4　上市公司社会责任层级性与价值创造关系

3.4.1　理论分析与研究假设

首先，基础责任作为利益相关者在向企业投入资源后对企业要求的经济回报，是利益相关者对企业最基本的要求，是企业维持其生存与发展的动力。通过为员工提供合理的工资及福利待遇、提供职业培训，提高员工的工作能力及工作效率；主动与消费者建立有效沟通，满足消费者需求，提高消费者满意度，获得消费者对企业的认可；与供应商建立稳定的业务关系、及时足额支付供应商的货款，获得高品质、低成本原料；及时分配股利并偿还本息、完善投资者关系管理，与投资者建立良好的关系，帮助企业降低融资成本，获得更多的融资渠道。因此，企业在基础责任层面上的良好表现，可以满足利益相关者的基本利益，而价值创造是通过利益相关者的活动实现的。所以，保障利益相关者的基本利益，有助于实现企业价值最大化。而利益相关者的基本利益得到保障后企业才有能力履行其他层次社会责任，因此，对利益相关者的经济回报也是企业履行其他层次社会责任的基础。

其次，关键责任要求企业在法律、法规、国际规范和行业标准的范围内经营，是企业开展经营活动的关键。关键责任贯穿于企业生产经营的全过程，最为重要的是要保证产品质量，为消费者提供安全合格的产品，确保消费者的权益不受到侵害；同时，在产品生产过程中要注重保护环境，废物排放严格遵守国家标准；行业不同，所要遵守的具体法规不同，但任何行业的企业都应与员工签订劳动合同，确保员工的利益不受到侵害。依法照章纳税、保障投资者参事议事权等是企业开展经营活动的前提条件。因此，关键责任是企业生产经营活动正常运行的保障，企业履行关键责任不仅可以为企业树立积极正面的形象，也可以增加公众对企业的信任度，从而有助于企业实现价值最大化的目标。

最后，道德责任是利益相关者对企业在经济和法律之外的责任要求，被社会大众所期望的道德规范或行为模式。道德责任不具有法律强制性，多是由企业自主选择，需依靠企业自觉履行。企业积极履行道德责任，为员工提供安全舒适的工作环境，减轻员工的工作压力；公平对待企业的利益相关者，拒绝涉及商业贿赂；为残疾人和少数民族等弱势群体提供援助、提供公益性捐助与赞助项目，通过公益慈善活动回报社会；生产或提供环保型产品或服务、实施能源节约或环境保护项目、合理利用废旧原料资源，在提高企业盈利能力的同时也为社会的可持续发展做出贡献。在道德责任上的良好表现，有助于提高企业的声誉、增加企业在社会上的影响力，从而帮助企业实现价值创造。

因此，本书提出如下假设：

H1：企业更好地履行基础责任对企业价值创造会产生正向影响

H2：企业更好地履行关键责任对企业价值创造会产生正向影响

H3：企业更好地履行道德责任对企业价值创造会产生正向影响

利益相关者理论认为，企业价值的增加是通过利益相关者的活动实现的，企业若要实现可持续发展，在其经营过程中，不应仅追求自身利益最大化，而应以利益相关者整体利益最大化作为经营目标。良好的社会责任表现，能为企业树立积极正面的形象，赢得广大利益相关者的认同，从而使企业提高声誉、获得社会合法性等社会资本，进而帮助企业获得经营资源，促进经济利益流入企业，使企业实现价值创造。因此，本书提出如下假设：

H4：企业更好地履行整体社会责任对企业价值创造会产生正向影响

3.4.2　样本选取及数据来源

除上文中所得的基础责任因子得分、关键责任因子得分、道德责任因子得分以及综合社会责任因子得分外，为了与企业社会责任指数相匹配，从房地产业、制造业、零售业、建筑业和服务业的 271 家上市公司中，选取在 2014 年及 2015 年均披露 EVA 指标的 205 家上市公司作为回归分析的样本公司，所需数据来源于样本公司的年度报告以及国泰安数据库。

3.4.3　变量设计

（1）被解释变量

EVA 作为衡量价值创造的指标，计算公式为：

$$EVA = 税后净营业利润 - 加权资本成本 \times 资本总额 \tag{3-6}$$

EVA 的计算结果取决于三个基本变量：税后净营业利润、资本总额和加权平均资本成本。

①税后净营业利润

$$\frac{税后净}{营业利润} = \frac{息税前}{利润} \times \left(1 - \frac{所得税}{税率}\right) + \frac{递延税款贷方余额}{增加（或：减少）} + \frac{其他准备金余额}{增加（或：减少）} \tag{3-7}$$

其中：

$$\frac{息税前}{利润} = \frac{主营业务}{收入} - \frac{主营业务}{成本} - \frac{主营业务}{税金及附加} - \frac{管理}{费用} - \frac{财务}{费用} - \frac{销售}{费用} \tag{3-8}$$

②资本总额

$$资本总额 = 债务资本 + 股本资本 \tag{3-9}$$

$$债务资本 = 短期借款 + 一年内到期的长期借款 + 长期负债 \tag{3-10}$$

$$股本资本 = 股东权益 + 少数股东权益 \tag{3-11}$$

其中：债务资本和股本资本采用年初数和年末数的加权平均数。

③加权平均资本成本

加权平均资本成本的计算最为复杂，其公式为：

$$\frac{加权平均}{资本成本} = \frac{单位债务}{成本} \times \frac{债务资本}{资本总额} + \frac{单位股本}{资本} \times \frac{股本资本}{资本总额} \tag{3-12}$$

$$单位债务资本成本 = 税前单位债务资本成本 \times (1 - 所得税税率) \quad (3-13)$$

单位债务资本成本的确定：

企业在经营过程中的资金支持主要来源于银行贷款，各样本企业贷款利率基本一致。以 2014 年中国人民银行公布的贷款利率表为基础，将银行提供的各种形式贷款的资本成本进行加权平均计算得到的加权平均成本作为研究使用的单位债务资本成本。

单位股本资本成本的确定：

对于股本资本成本的计算较为困难，可以运用 CAPM 模型计算股权资本成本：

$$\frac{股权资本}{成本} = \frac{无风险}{报酬率} + \frac{风险}{系数} \times \left(\frac{股票市场}{平均报酬率} - \frac{无风险}{报酬率} \right) \quad (3-14)$$

其中：风险系数取自中国证券市场数据库。

股票市场平均报酬率取自 2012 年至 2014 年上证综指 3 年收益率的平均数，其中，每年的上证综指收益率通过年初开盘价和年末收盘价计算取得。无风险报酬率通常为国家发行的国债利率或银行活期存款利率。由于 2014 年国家并未发行债券，所以选择 2014 年中国人民银行一年期存款利率作为 2014 年的无风险报酬率。

通过对以上公式的推导计算出所选样本公司 2014 年的 EVA 指标值。

（2）解释变量

解释变量为企业履行社会责任的程度和水平。根据上文所得的基础责任综合因子得分（CSR₁）、关键责任综合因子得分（CSR₂）、道德责任综合因子得分（CSR₃）以及综合社会责任因子得分（CSR），以此作为回归分析的解释变量。

（3）控制变量

当一组样本公司的企业价值较高时，可能是由于该组企业在社会责任方面表现良好，也可能是由于企业具有良好的财务状况、合理的企业规模或是科学的资本结构，因此，在进行企业社会责任层级性对价值创造影响的实证分析时，为确保在回归分析时其他因素对企业价值创造不会产生影响，在已有文献的基础上选取了以下两个控制变量：

①资产负债率（LEV）

资产负债率指标能反映出样本公司的资本结构及财务状况，相比于权益融资，债务融资具有税收屏蔽的优势，如果企业的资产负债率较高可能会导致企业短期内的营运成本减少，从而有利于企业绩效的提高和实现价值创造。因此，将资产负债率作为控制变量之一，用 LEV 来表示。

③企业规模（SIZE）

企业规模的大小会对企业价值创造产生差异影响。一般来说，规模较大的企业比规模较小的企业更易获得经营机会，从而对企业价值创造产生影响。现有研究中一般将总资产的自然对数作为衡量企业规模的替代变量。因此，将企业规模作为控制变量之一，选择总资产的自然对数作为衡量企业规模的指标，即：SIZE=LN（总资产）。

表 3-10 为企业社会责任层级性与价值创造分析相关变量及定义。

表 3-10　企业社会责任层级性与价值创造分析相关变量及定义

变量类型	变量名称	变量定义	代号
被解释变量	经济增加值	税后净营业利润-加权资本成本×资本总额	EVA
解释变量	基础责任	见 3.4.2	CSR_1
	关键责任	见 3.4.2	CSR_2
	道德责任	见 3.4.2	CSR_3
	综合社会责任	见 3.4.3	CSR
控制变量	资产负债率	（负债总额÷资产总额）×100%	LEV
	企业规模	LN（总资产）	SIZE

3.4.4　模型构建

为了检验不同层级社会责任对价值创造产生的影响以及综合社会责任对价值创造的影响，即企业在社会责任上的良好表现，可能对其实现价值创造有积极影响，也可能有碍于其实现价值创造，或对价值创造不产生影响。因此，在借鉴前人研究的基础上，对于企业社会责任与价值创造的关系，根据研究假设和企业社会责任指数的数据特征，构建面板数据模型如下：

根据假设 1~3 构建模型 1：层级社会责任与价值创造的关系

$$EVA=\alpha_0+\alpha_1 CSR_1+\alpha_2 CSR_2+\alpha_3 CSR_3+\alpha_5 \sum control+\mu$$

根据假设 4 构建模型 2：综合社会责任与价值创造的关系

$$EVA=\beta_0+\beta_1 CSR+\beta_2 \sum control+\gamma$$

同时，考虑到企业履行社会责任可能对其未来价值的提升产生一定的影响，因此为了探究企业社会责任对价值创造的影响是否存在滞后性，在构建的多元回归模型中将因变量作滞后一期处理，分析本期企业社会责任对滞后一期价值创造的影响，即样本公司 2014 年的企业社会责任对 2015 年价值创造的影响。构建的数据模型如下：

模型 3：本期层级社会责任与滞后一期价值创造的关系

$$EVA_{(n+1)} =\alpha_0+\alpha_1 CSR_1+\alpha_2 CSR_2+\alpha_3 CSR_3+\alpha_5 \sum control_{(n+1)} +\mu$$

模型 4：本期综合社会责任与滞后一期价值创造的关系

$$EVA_{(n+1)} =\beta_0+\beta_1 CSR+\beta_2 \sum control_{(n+1)} +\gamma$$

3.4.5 样本的描述性统计

为了更加清晰地认识数据的分布特点和变化特征，在进行多元回归分析之前，应对各主要变量进行描述性统计。通过 SPSS18.0 软件对样本数据进行描述性统计分析，得到的结果如表 3-11 所示。

表 3-11 **企业社会责任与价值创造相关变量描述性统计分析**

变量	N	最大值	最小值	均值	标准差	偏度	峰度
EVA	205	9.364	−1.461	0.000	1.000	6.453	50.300
EVA $_{(t+1)}$	205	8.560	−1.591	0.000	1.000	5.549	38.326
CSR1	205	0.842	0.089	0.381	0.149	0.390	−0.362
CSR2	205	1.000	0.058	0.332	0.217	0.701	−0.146
CSR3	205	0.768	0.035	0.309	0.141	0.311	−0.293
CSR	205	0.650	0.120	0.337	0.113	0.418	−0.356
LEV	205	1.918	−2.144	0.000	1.000	−0.205	−0.941
LEV $_{(t+1)}$	205	1.958	−2.292	0.000	1.000	−0.169	−0.829
SIZE	205	3.183	−2.353	0.000	1.000	0.680	0.459
SIZE $_{(t+1)}$	205	3.126	−1.872	0.000	1.000	0.760	0.509

为了将不同变量的数据尺度统一化，对 EVA、资产负债率和企业规模进行了标准化处理，即用各样本公司的 EVA、资产负债率和企业规模分别减去当年各样本公司 EVA、资产负债率和企业规模的均值后，与各

自标准差相除。从描述性统计的分析结果中可以看出：虽然对本期和滞后一期的 EVA 指标进行了标准化处理，但是其离散程度依旧较大，且 EVA 最大值为 9.364，最小值为 -1.461，$EVA_{(t+1)}$ 最大值为 8.560，最小值为 -1.591，说明样本企业之间价值创造能力存在较大差异，并且有些企业处于价值侵蚀的状态。企业社会责任层级因子得分和综合社会责任因子得分的分布特征与 3.4.2 小节和 3.4.3 小节的分析情况一致。

3.4.6　回归分析

（1）层级社会责任与价值创造关系实证检验结果与分析

相关性分析是一种常用的统计分析方法，通过对两个变量进行相关性分析可以明确变量间的相关关系和关联程度，这也是回归分析的基础。运用 SPSS18.0 软件，对被解释变量 EVA，解释变量基础责任（CSR_1）、关键责任（CSR_2）和道德责任（CSR_3），以及控制变量资产负债率（LEV）和企业规模（SIZE）进行相关性分析，检验企业社会责任层级指标体系与企业价值创造的 Pearson 相关性，得到的分析结果如表 3-12 所示。

表 3-12　企业社会责任层级性与价值创造相关变量相关性分析

		EVA	CSR_1	CSR_2	CSR_3	LEV	SIZE
EVA	Pearson 相关性	1					
	显著性（双侧）						
CSR_1	Pearson 相关性	0.113*	1				
	显著性（双侧）	0.062					
CSR_2	Pearson 相关性	0.166***	0.100*	1			
	显著性（双侧）	0.006	0.100				
CSR_3	Pearson 相关性	0.117*	0.310***	0.072	1		
	显著性（双侧）	0.055	0.000	0.241			
LEV	Pearson 相关性	0.113*	0.019	0.031	-0.002	1	
	显著性（双侧）	0.062	0.760	0.608	0.975		
SIZE	Pearson 相关性	0.452***	0.137**	0.158***	0.087	0.607***	1
	显著性（双侧）	0.000	0.024	0.009	0.155	0.0000	

注：***在 0.01 水平（双侧）上显著相关；**在 0.05 水平（双侧）上显著相关；*在 0.1 水平（双侧）上显著相关。

由表 3-12 中的结果可以看出因变量（EVA）与自变量（CSR_1，CSR_2，CSR_3）及控制变量（LEV，SIZE）之间的相关关系。其中，基础责任与企业价值创造在 10%的水平上呈正相关关系；关键责任与企业价值创造在 1%的水平上呈正相关关系；道德责任与企业价值创造在 10%的水平上呈正相关关系；资产负债率与企业价值创造在 10%的水平上呈正相关关系；企业规模与企业价值创造在 1%水平上呈正相关关系。

从相关性分析中我们得到企业社会责任不同层次与企业价值创造的相关性。为了进一步确定层级社会责任对价值创造的影响，以企业价值创造为因变量，以基础责任、关键责任、道德责任为自变量，运用 SPSS18.0 统计软件，通过多元线性回归的实证分析，对理论分析中提出的假设进行数据检验，得到的多元线性回归结果如表 3-13 所示。

表 3-13　　企业社会责任层级结构与价值创造的回归结果

	模型	非标准化系数		标准系数		
		B	标准误差	试用版	t	Sig
1	（常量）	−0.673	0.268		−2.513	0.000
	CSR_1	0.910	0.364	0.047	0.847	0.398
	CSR_2	0.688	0.345	0.108	2.031	0.043
	CSR_3	0.612	0.345	0.073	1.306	0.193
	LEV	−0.227	0.066	−0.228	−3.400	0.001
	SIZE	0.560	0.068	0.580	8.669	0.000

根据模型 1 对层级企业社会责任与企业价值创造关系的回归分析的结果显示：回归分析得到的 F 值为 19.328，调整 R^2 为 0.252，整个模型的拟合优度较好。基础责任对价值创造有正向影响，但不显著；关键责任对价值创造在 5%的水平上有显著正向影响；道德责任对价值创造有正向影响，但不显著。检验结果表明：企业在关键责任方面的良好表现有助于企业实现价值创造，而基础责任和道德责任对价值创造的实现没有显著影响。

（2）综合社会责任与价值创造关系实证检验结果与分析

运用 SPSS18.0 软件，检验企业社会责任的综合指标与企业价值创造的 Pearson 相关性，得到的结果如表 3-14 所示。

表 3-14　　企业综合社会责任与价值创造相关变量相关性分析

		EVA	CSR	LEV	SIZE
EVA	Pearson 相关性	1			
	显著性（双侧）				
CSR	Pearson 相关性	0.207***	1		
	显著性（双侧）	0.001			
LEV	Pearson 相关性	0.113*	−0.070	1	
	显著性（双侧）	0.062	0.250		
SIZE	Pearson 相关性	0.452***	0.066	0.607***	1
	显著性（双侧）	0.000	0.277	0.000	

注：***在 0.01 水平（双侧）上显著相关；**在 0.05 水平（双侧）上显著相关；*在 0.1 水平（双侧）上显著相关。

由表 3-14 中的结果可以看出因变量（EVA）与自变量（CSR）及控制变量（LEV，SIZE）之间的相关关系，综合社会责任因子得分与企业价值创造在 1%的水平上呈正相关关系。

从相关性分析中我们得到企业综合社会责任与企业价值创造的相关性。为了进一步验证相关结论，以企业价值创造为因变量，以企业综合社会责任为自变量，运用 SPSS18.0 统计软件，测量二者之间的关系，得到的回归结果如表 3-15 所示。

表 3-15　　企业综合社会责任与价值创造的回归结果

模型	非标准化系数		标准系数		
	B	标准误差	试用版	t	Sig
（常量）	−0.552	0.178		−9.223	0.000
CSR	1.460	0.451	0.153	2.878	0.004
LEV	−0.229	0.066	−0.227	−3.412	0.001
SIZE	0.565	0.067	0.580	8.701	0.000

根据模型 2 对综合企业社会责任与企业价值创造关系的检验结果显示：回归分析得到的 F 值为 24.303，调整 R^2 为 0.257，整个模型的拟合优度比较好。从表 3-15 可以看出，企业综合社会责任与价值创造在 1%显著性水平上显著，两者呈正相关关系，说明企业在社会责任整体

方面表现良好有助于企业实现价值创造。

从表 3-14 和表 3-15 中可以看出，企业的资产负债率与企业价值创造在 1% 的水平上负相关，相关水平较高，可以得出企业的资产负债率对企业价值创造的实现起到了阻碍作用，企业的资产负债率越高，对企业价值最大化目标实现的影响越大。企业规模与企业价值创造在 1% 的水平上正相关，相关性水平较高，企业规模对企业价值创造能力的提高有一定的促进作用，因此，企业规模越大，越有利于企业实现价值创造。

3.4.7 滞后回归分析

（1）层级社会责任与滞后一期价值创造关系实证检验结果与分析

为了探究企业履行社会责任是否对未来一期实现价值创造产生一定的影响，即企业社会责任是否存在滞后性，运用 SPSS18.0 软件，对滞后一期的 $EVA_{(t+1)}$，本期的基础责任 CSR_1、关键责任 CSR_2 和道德责任 CSR_3，以及滞后一期的资产负债率 $LEV_{(t+1)}$ 和企业规模 $SIZE_{(t+1)}$ 进行相关性分析，检验本期层级企业社会责任与滞后一期价值创造的 Pearson 相关性，得到的分析结果如表 3-16 所示。

表 3-16　企业社会责任层级性与价值创造相关变量相关性分析

		$EVA_{(t+1)}$	CSR_1	CSR_2	CSR_3	$LEV_{(t+1)}$	$SIZE_{(t+1)}$
$EVA_{(t+1)}$	Pearson 相关性	1					
	显著性（双侧）						
CSR_1	Pearson 相关性	0.140**	1				
	显著性（双侧）	0.045					
CSR_2	Pearson 相关性	0.186***	0.075*	1			
	显著性（双侧）	0.008	0.288				
CSR_3	Pearson 相关性	0.120*	0.318***	0.100	1		
	显著性（双侧）	0.086	0.000	0.153			
$LEV_{(t+1)}$	Pearson 相关性	0.078	−0.110	0.072	−0.127*	1	
	显著性（双侧）	0.268	0.116	0.303	0.070		
$SIZE_{(t+1)}$	Pearson 相关性	0.422***	0.027	0.120*	−0.042	0.590***	1
	显著性（双侧）	0.000	0.699	0.086	0.545	0.0000	

注：***在 0.01 水平（双侧）上显著相关；**在 0.05 水平（双侧）上显著相关；*在 0.1 水平（双侧）上显著相关。

由表 3-16 中的结果可以看出，基础责任与滞后一期的价值创造在 5% 的水平上呈正相关关系；关键责任与滞后一期的价值创造在 1% 的水平上呈正相关关系；道德责任与滞后一期的价值创造在 10% 的水平上呈正相关关系。

通过 SPSS18.0 统计软件，采用多元线性回归的实证分析，得到的多元线性回归结果如表 3-17 所示。

表 3-17　　**企业社会责任层级结构与价值创造的回归结果**

模型		非标准化系数		标准系数		
		B	标准误差	试用版	t	Sig
1	（常量）	−0.534	0.209		−2.555	0.011
	CSR_1	0.439	0.443	0.065	0.990	0.323
	CSR_2	0.543	0.271	0.124	2.002	0.047
	CSR_3	0.590	0.479	0.080	1.233	0.219
	$LEV_{(t+1)}$	−0.238	0.077	−0.238	−3.090	0.002
	$SIZE_{(t+1)}$	0.549	0.077	0.549	7.172	0.000

根据模型 3 对层级企业社会责任与滞后一期的价值创造关系的检验结果显示：回归分析得到的 F 值为 13.629，调整 R^2 为 0.236，整个模型的拟合优度较好。基础责任对价值创造有正向影响，但不显著；关键责任对价值创造在 5% 的水平上有显著正向影响；道德责任对价值创造有正向影响，但不显著。检验结果表明：企业本期关键责任的良好表现有助于未来一期自身价值的提升，而企业本期基础责任和道德责任的良好表现对未来一期价值创造没有显著影响。

（2）综合社会责任与滞后一期价值创造关系实证检验结果与分析

为了检验企业社会责任的综合指标与滞后一期的价值创造的 Pearson 相关性，通过 SPSS18.0 统计软件，得到的结果如表 3-18 所示。

表 3-18　　**企业综合社会责任与价值创造相关变量相关性分析**

		EVA $_{(t+1)}$	CSR	LEV $_{(t+1)}$	SIZE $_{(t+1)}$
EVA $_{(t+1)}$	Pearson 相关性 显著性（双侧）	1			
CSR	Pearson 相关性 显著性（双侧）	0.234*** 0.001	1		
LEV $_{(t+1)}$	Pearson 相关性 显著性（双侧）	0.078 0.268	−0.043 0.540	1	
SIZE $_{(t+1)}$	Pearson 相关性 显著性（双侧）	0.422*** 0.000	0.077 0.273	0.590*** 0.000	1

注：***在 0.01 水平（双侧）上显著相关；**在 0.05 水平（双侧）上显著相关；*在 0.1 水平（双侧）上显著相关。

由表 3-18 中的结果可以看出综合社会责任因子得分与滞后一期的价值创造在 1%的水平上呈正相关关系。通过 SPSS18.0 统计软件，测量综合社会责任与滞后一期的价值创造之间的关系，得到的回归结果如表 3-19 所示。

表 3-19　　**企业综合社会责任与价值创造的回归结果**

模型	非标准化系数		标准系数		
	B	标准误差	试用版	t	Sig
（常量）	−0.534	0.191		−2.798	0.006
CSR	1.574	0.533	0.181	2.951	0.004
LEV $_{(t+1)}$	−0.238	0.076	−0.238	−3.141	0.002
SIZE $_{(t+1)}$	0.549	0.076	0.549	7.218	0.000

根据模型 4 对综合企业社会责任与滞后一期的价值创造关系的检验结果显示：回归分析得到的 F 值为 22.980，调整 R^2 为 0.244，整个模型的拟合优度比较好。从表 3-19 可以看出，企业综合社会责任与价值创造在 1%显著性水平上显著，两者呈正相关关系。检验结果表明：企业在社会责任整体方面表现良好有助于企业未来一期价值创造的实现。

3.4.8　研究结果及原因分析

通过回归分析及滞后回归分析可以看出，虽然从总体上看，综合社会责任对当期及未来一期价值创造的实现存在正向影响，但不同层级社会责任对价值创造的影响是存在差异的。其中，基础责任和道德责任对本期价值创造有正向影响，但不显著；关键责任对本期价值创造有显著正向影响；基础责任和道德责任对未来一期价值创造有正向影响，但不显著；关键责任对未来一期价值创造有显著正向影响。研究结果表明：综合社会责任对价值创造的影响具有连续效应，究其原因，在企业社会责任层级结构中，关键责任对价值创造存在连续效应，而基础责任和道德责任对价值创造的影响不具有滞后性。因此，假设检验结果如表 3-20 所示。

表 3-20　　　　　　　　　　　假设检验结果

假设	回归结果
H1：企业更好地履行基础责任对企业价值创造会产生正向影响	不支持假设
H2：企业更好地履行关键责任对企业价值创造会产生正向影响	支持假设
H3：企业更好地履行道德责任对企业价值创造会产生正向影响	不支持假设
H4：企业更好地履行整体社会责任对企业价值创造会产生正向影响	支持假设

实证检验结果表明：即使更好地履行对投资者、员工、消费者、供应商等利益相关者的基础责任，如能够及时分配股利并偿付债权人的本息、完善投资者的关系管理，能够为员工提供合理的工资及福利待遇、提供职业培训与发展的机会，对于消费者能够建立有效沟通制度、重视消费者满意度，对于供应商能够致力于建立稳定的业务合作关系并及时偿还货款，但并不能显著提升企业的价值创造能力，这也是导致大部分文献研究中企业社会责任履行水平比较低的主要原因。近年来出现了较多的劳资纠纷、股权权益保护、消费者权益等问题也反映出企业履行相关社会责任的动力不足。

企业更好地履行关键责任，如企业能够更好地保障投资者参事议事权，更好地履行劳动合同，保障产品安全，遵守国家法律、法规等，能够给企业带来显著的价值创造能力。关键责任是企业生产经营活动正常运行的保障，和谐稳定的社会环境为企业价值创造提供了良好的氛围，正所谓"和气生财"。

企业较好地履行道德责任，也不会带来企业价值创造能力的显著提升。较好地履行道德责任，虽然能通过提高企业的声誉、增加企业在社会上的影响力等方式帮助企业获得更多的潜在收益，但是，这是一个时间较长的过程。因此，企业的道德责任行为对企业长期经营利润的影响会更为明显，相较而言，对企业短期经营利润的影响则不太明显。本书仅以各样本公司2014年的企业社会责任数据为研究对象，探究其对企业本期以及滞后一期价值创造的影响，而仅对滞后一期价值创造的研究不能充分解释企业的道德责任行为对未来价值创造的影响。从长远来看，企业的道德责任行为是可以通过提升企业自身形象、社会影响力等增加企业未来收益来实现企业价值创造的。

3.5 不同行业社会责任层级结构与价值创造关系

如表3-22所示，本书所选取的205家样本企业分别来自于房地产业，计算机、通信和其他电子设备制造业，电气机械及器材制造业，化学原料及化学制品制造业，酒、饮料和精制茶制造业，汽车制造业，通用设备制造业，医药制造业，专用设备制造业，零售业，土木工程建筑业，软件和信息技术服务业等12个行业，其中有144家样本企业属于制造业企业，所占比重较大（见表3-21）。同时，在分析不同行业企业社会责任层级结构划分时，为了确保行业内样本量充足，从而将12个行业分为制造业行业和非制造行业两部分。在制造业行业内，根据相近行业原则，再次划分为四小类，即第一小类为计算机、通信和其他电子设备制造业，第二小类为通用设备以及专用设备制造业，第三小类为电气机械及器材以及汽车制造业，第四小类为化学原料及化学制品，酒、饮料和精制茶以及医药制造业；在非制造业行业内，按照相近行业原则再次划分为两小类，即第一小类为房地产业，第二小类为其他非制造行业。

表 3-21 样本公司行业

行业类型	行业内样本公司数量
房地产业	27
计算机、通信和其他电子设备制造业	35
电气机械及器材制造业	15
化学原料及化学制品制造业	21
酒、饮料和精制茶制造业	7
汽车制造业	13
通用设备制造业	11
医药制造业	22
专用设备制造业	20
零售业	8
土木工程建筑业	11
软件和信息技术服务业	15

具体行业划分情况如表 3-22 所示。

表 3-22 行业划分

行业类型	行业分类	数量
制造业	计算机、通信和其他电子设备制造业	35
	通用设备制造业，专用设备制造业	31
	电气机械及器材制造业，汽车制造业	28
	化学原料及化学品制造业，酒、饮料和精制茶制造业，医药制造业	50
非制造业	房地产业	27
	零售业，软件和信息技术服务业，土木工程建筑业	34

3.5.1 房地产业社会责任层级性与价值创造关系

（1）房地产业社会责任层级结构划分

为了得到房地产业社会责任层级结构模型，使用 SPSS18.0 统计分析软件包，采用"Furthest Neighbor"聚类方法，对评价样本企业社会责任水平的 20 个指标进行聚类分析。图 3-3 为企业社会责任各指标聚类分析的树形图，将企业社会责任划分为三类时的类间距离最大。

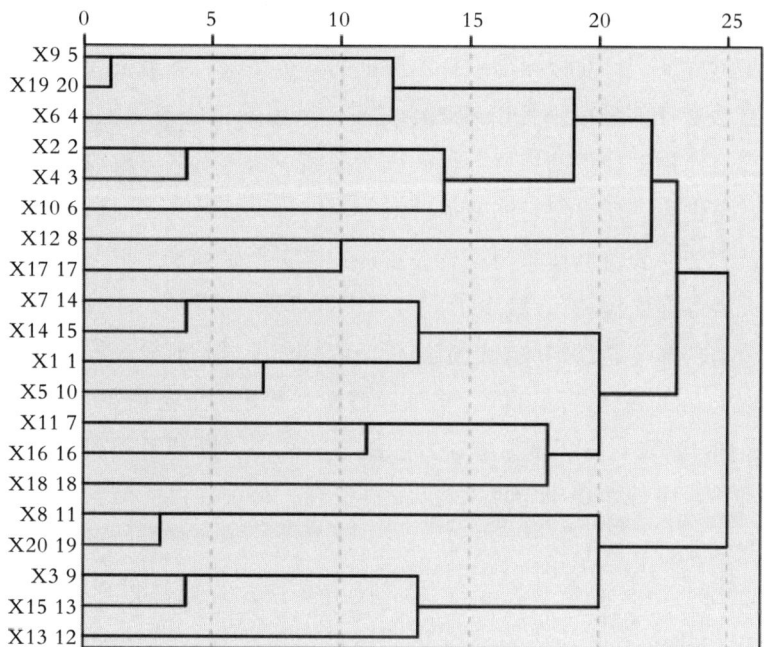

图 3-3　房地产业企业社会责任各因子聚类分析的树形图

从聚类分析的树形图看出，可以将企业对七类利益相关者的责任内容划分为三个不同层次，其中，X2、X4、X6、X9、X10、X12、X17 以及 X19 同属一个层次，其中包含的内容为：完善投资者关系管理、为员工提供合理的工资福利待遇、为员工提供职业培训与发展、主动与消费者建立有效沟通、衡量消费者满意度、及时足额偿还供应商的货款、实施了能源节约或环境保护项目、提供公益性捐助与赞助项目。

X3、X8、X13、X15 以及 X20 同属一个层次，其中包含的内容为：保障投资者参事议事权、为消费者提供安全合格的产品、依法照章纳税、废物排放严格遵守国家标准、为残疾人和少数民族等提供援助。

X1、X5、X7、X11、X14、X16 以及 X18 同属一个层次，其中包

含的内容为：及时分配股利并偿还本息、与员工签订劳动合同、为员工提供安全舒适的工作环境、与供应商建立稳定的业务关系、从未涉及商业贿赂事件、生产或提供环保型产品或服务、回收利用废旧原料。

根据房地产行业数据与总样本数据的分析结果，我们发现，房地产行业社会责任的基础责任中增加了"实施了能源节约或环境保护项目、提供公益性捐助与赞助项目"等内容，而减少了"及时分配股利并偿还本息、与供应商建立稳定的业务关系"等内容，涉及员工、供应商、环境以及弱势与公益群体等利益相关者；关键责任中增加了"为残疾人和少数民族等提供援助"，减少了"与员工签订劳动合同"，涉及员工、弱势与公益群体等利益相关者；道德责任中增加了"及时分配股利并偿还本息、与员工签订劳动合同、与供应商建立稳定的业务关系"，减少了"实施了能源节约或环境保护项目、提供公益性捐助与赞助项目、为残疾人和少数民族等提供援助"，涉及投资者、员工、供应商、环境以及弱势与公益群体等利益相关者。

近些年，房地产开发企业为了吸引客户，开始注重对生态环境的保护和建设，尤其注重建筑物的密度、容积率、绿色空间等。因此，房地产业的"实施了能源节约或环境保护项目"社会责任指数较高。房地产企业由于生产安全事故频发，虽然近年来我国房地产施工事故总量和死亡人数均呈下降趋势，但形势仍不容乐观，因此，将"为残疾人和少数民族等提供援助"上升至法律层面，由此确保因企业生产而致残员工的利益。房地产业不同于其他的行业在于其投资巨大，需要有足额的资金支撑，房地产业在发展过程中往往要承担很大的债务，容易产生未能及时分配股利并偿还本息的情况。当前我国房地产行业的人才培养机制普遍不成熟。由于缺少劳动合同的保护，损害职工特别是进行项目建设的农民工利益是房地产企业普遍存在的问题。

同时，通过采用熵权法分别对房地产业三个层级社会责任进行评价，得到企业社会责任层级指标体系的权重。房地产业企业社会责任层级评价指标体系及权重如表 3-23 所示。

表 3-23　　**房地产业企业社会责任层级评价指标体系及权重**

房地产业企业社会责任层级	具体指标描述	层级权重	综合权重
基础责任	完善投资者关系管理	0.126	0.050
	为员工提供合理的工资福利待遇	0.121	0.048
	为员工提供职业培训与发展	0.126	0.050
	主动与消费者建立有效沟通	0.127	0.050
	衡量消费者满意度	0.129	0.051
	及时足额偿还供应商的货款	0.122	0.048
	实施了能源节约或环境保护项目	0.127	0.050
	提供公益性捐助与赞助项目	0.122	0.048
关键责任	保障投资者参事议事权	0.199	0.050
	为消费者提供安全合格的产品	0.202	0.051
	依法照章纳税	0.197	0.049
	废物排放严格遵守国家标准	0.202	0.051
	为残疾人和少数民族等提供援助	0.199	0.050
道德责任	及时分配股利并偿还本息	0.138	0.048
	与员工签订劳动合同	0.148	0.052
	为员工提供安全舒适的工作环境	0.145	0.051
	与供应商建立稳定的业务关系	0.141	0.050
	从未涉及商业贿赂事件	0.144	0.051
	生产或提供环保型产品或服务	0.143	0.050
	回收利用废旧原料	0.142	0.050

　　同时，通过熵权法对各项社会责任评价指数进行计算和处理，得到企业对各项社会责任评价指标的熵值和权重，分别计算出 2014 年房地产业样本公司三个层级社会责任的综合得分以及综合社会责任得分。

　　（2）房地产业社会责任层级结构与价值创造关系的检验

　　为了更加清晰地认识房地产业各层级社会责任、综合社会责任以及价值创造数据的分布特点和变化特征，通过 SPSS18.0 软件对样本数据进行描述性统计分析，得到结果如表 3-24 所示。

表 3-24　房地产业企业社会责任与价值创造相关变量描述性统计分析

变量	N	最小值	最大值	均值	标准差	偏度	峰度
EVA	27	−0.662	4.815	4.815	1.000	4.607	22.693
EVA $_{(t+1)}$	27	−0.677	4.789	4.789	1.000	4.539	22.144
CSR$_1$	27	0.21	0.79	0.442	0.165	0.609	−0.455
CSR$_2$	27	0.07	1.00	0.402	0.247	0.547	−0.393
CSR$_3$	27	0.00	0.72	0.282	0.178	0.587	0.126
CSR	27	0.21	0.61	0.375	0.106	0.762	0.251
LEV	27	−2.042	1.193	0.000	1.000	−0.960	−0.415
LEV $_{(t+1)}$	27	−2.554	2.593	0.000	1.000	−0.132	1.640
SIZE	27	−2.059	1.130	0.000	1.000	−0.932	−0.414
SIZE $_{(t+1)}$	27	−1.938	2.615	0.000	1.000	0.241	0.702

从表 3-24 样本描述性统计数据中可以看出，房地产业综合社会责任水平为 0.375，总体样本综合社会责任水平为 0.337，房地产业层级社会责任水平中基础责任为 0.442、关键责任为 0.402、道德责任为 0.282，总体样本层级社会责任中基础责任为 0.381、关键责任为 0.332、道德责任为 0.309。可以看出，在综合社会责任上，房地产业与总体样本相差不大。与总体样本相比，房地产业的基础责任和关键责任履行水平较高，而道德责任履行水平较低。

房地产业企业 EVA 最大值为 4.815，最小值为−0.662；EVA $_{(t+1)}$ 最大值为 4.789，最小值为−0.667。总体样本 EVA 最大值为 9.364，最小值为−1.461；EVA $_{(t+1)}$ 最大值为 8.560，最小值为−1.591。可以看出，房地产业 EVA 水平与总体样本相比，波动幅度较小，但房地产业企业间价值创造能力还存在一定的差异，同时一些企业处于价值侵蚀的状态。

为了了解变量间的相关关系和关联程度，分别检验房地产业层级社会责任、综合社会责任与企业价值创造的 Pearson 相关性，得到的分析结果如表 3-25 和表 3-26 所示。

表 3-25　**房地产业企业社会责任层级性与价值创造相关变量相关性分析**

		EVA	CSR_1	CSR_2	CSR_3	LEV	SIZE
EVA	Pearson 相关性	1					
	显著性（双侧）						
CSR_1	Pearson 相关性	0.432**	1				
	显著性（双侧）	0.025					
CSR_2	Pearson 相关性	0.165	0.119	1			
	显著性（双侧）	0.410	0.553				
CSR_3	Pearson 相关性	−0.140	0.134	−0.123	1		
	显著性（双侧）	0.487	0.506	0.542			
LEV	Pearson 相关性	0.076	0.029	−0.162	−0.007	1	
	显著性（双侧）	0.706	0.887	0.419	0.973		
SIZE	Pearson 相关性	0.479**	0.344*	−0.075	0.024	0.757***	1
	显著性（双侧）	0.012	0.097	0.709	0.907	0.0000	

注：***在 0.01 水平（双侧）上显著相关；**在 0.05 水平（双侧）上显著相关；*在 0.1 水平（双侧）上显著相关。

表 3-26　**房地产业综合社会责任与价值创造相关变量相关性分析**

		EVA	CSR	LEV	SIZE
EVA	Pearson 相关性	1			
	显著性（双侧）				
CSR	Pearson 相关性	0.281	1		
	显著性（双侧）	0.156			
LEV	Pearson 相关性	0.076	−0.080	1	
	显著性（双侧）	0.706	0.690		
SIZE	Pearson 相关性	0.479***	0.183	0.757***	1
	显著性（双侧）	0.012	0.360	0.000	

注：***在 0.01 水平（双侧）上显著相关；**在 0.05 水平（双侧）上显著相关；*在 0.1 水平（双侧）上显著相关。

由表 3-25 和表 3-26 中的结果可以看出，基础责任（CSR_1）与价值创造在 10% 水平上呈正相关关系；关键责任（CSR_2）以及道德责任

（CSR_3）与企业价值创造呈不相关关系；资产负债率与企业价值创造呈不相关关系；企业规模与企业价值创造在 5% 水平上呈正相关关系；综合社会责任因子得分与企业价值创造呈不相关关系。

为了进一步确定房地产业层级社会责任、综合社会责任对价值创造的影响，以企业价值创造为因变量，以房地产业层级社会责任以及综合社会责任为自变量，运用 SPSS18.0 统计软件，进行多元线性回归的实证分析，得到的多元线性回归结果如表 3-27 和表 3-28 所示。

表 3-27　房地产业企业社会责任层级结构与价值创造的回归结果

模型	非标准化系数		标准系数		
	B	标准误差	试用版	t	Sig
（常量）	−0.503	0.651		−0.772	0.449
CSR_1	1.225	1.106	0.203	1.108	0.280
CSR_2	0.585	0.656	0.144	0.892	0.382
CSR_3	−0.970	0.891	−0.172	−1.089	0.288
LEV	−0.534	0.263	−0.534	−2.028	0.055
SIZE	0.828	0.277	0.828	2.990	0.007

表 3-28　　　房地产业综合社会责任与价值创造的回归结果

模型	非标准化系数		标准系数		
	B	标准误差	试用版	t	Sig
（常量）	−0.195	0.627		−0.311	0.758
CSR	0.521	1.621	0.055	0.322	0.751
LEV	−0.641	0.258	−0.641	−2.487	0.021
SIZE	0.953	0.261	0.953	3.650	0.001

其中，层级社会责任与价值创造回归分析得到的 F 值为 4.050，调整 R^2 为 0.370；综合社会责任与价值创造回归分析得到的 F 值为 5.620，调整 R^2 为 0.348。从表 3-27 以及表 3-28 可以看出三个层级社会责任（CSR_1，CSR_2，CSR_3）以及综合社会责任对价值创造均存在正

向影响，但不显著。因此，检验结果表明：房地产业层级社会责任以及综合社会责任对价值创造的实现没有显著影响。

与总体样本相比，房地产业的关键责任和综合社会责任对企业价值创造的影响存在差异。房地产业的关键责任和综合社会责任对价值创造存在正向影响，但不显著。产生这种差异的主要原因是：房地产业的关键责任中减少了"与员工签订劳动合同"，而在总体样本的关键责任中"与员工签订劳动合同"社会责任指数的权重为0.383，其权重值在关键责任层级中最高。同时，企业在"与员工签订劳动合同"上履行水平不高，会导致企业员工缺乏向心力、凝聚力，缺乏对企业的归属感，从而影响员工工作的积极性以及工作效率。因此，房地产业的关键责任中缺少了"与员工签订劳动合同"指标，导致了关键责任对价值创造影响的不显著。并且，与其他行业相比，房地产业的样本数量较少，可能不能完全说明行业内企业社会责任的履行水平以及社会责任对价值创造的影响程度，因此导致了综合社会责任对价值创造影响的不显著。

3.5.2 其他非制造行业社会责任层级性与价值创造关系

（1）其他非制造行业社会责任层级结构划分

为了得到零售业、软件和信息技术服务业以及土木工程建筑业社会责任层级结构模型，使用SPSS18.0统计分析软件包，采用"Furthest Neighbor"聚类方法，对评价样本企业社会责任水平的20个指标进行聚类分析。图3-4为企业社会责任各指标聚类分析的树形图，将企业社会责任划分为三类时的类间距离最大。

从聚类分析的树形图看出，可以将企业对七类利益相关者的责任内容划分为三个不同层次。其中，X1、X2、X4、X5、X6、X8、X9、X10、X11以及X18同属一个层次，其中包含的内容为：及时分配股利并偿还本息、完善投资者关系管理、为员工提供合理的工资福利待遇、与员工签订劳动合同、为员工提供职业培训与发展、为消费者提供安全合格的产品、主动与消费者建立有效沟通、衡量消费者满意度。

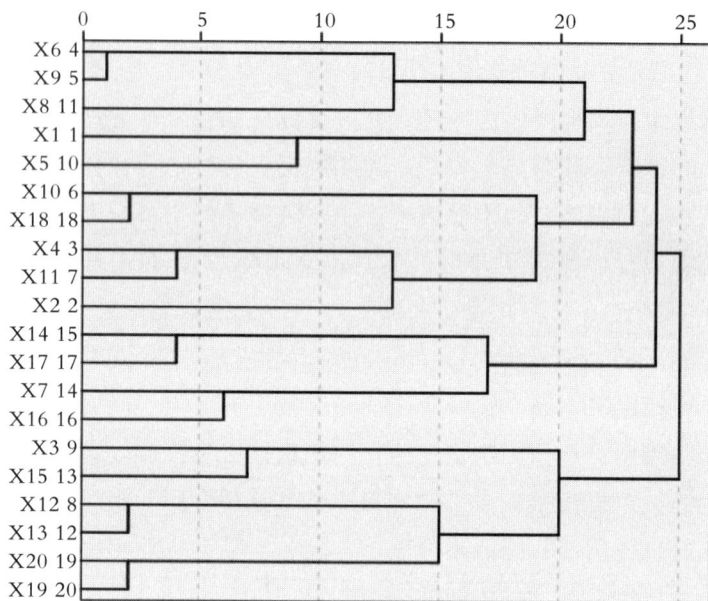

图 3-4 其他非制造业企业社会责任各因子聚类分析的树形图

X3、X12、X13、X15、X19 以及 X20 同属一个层次，其中包含的内容为：保障投资者参事议事权、及时足额偿还供应商的货款、依法照章纳税、废物排放严格遵守国家标准、提供公益性捐助与赞助项目、为残疾人和少数民族等提供援助。

X7、X14、X16 以及 X17 同属一个层次，其中包含的内容为：为员工提供安全舒适的工作环境、从未涉及商业贿赂事件、生产或提供环保型产品或服务、实施了能源节约或环境保护项目。

根据其他制造行业数据与总样本数据的分析结果，我们发现，其他制造行业社会责任的基础责任中增加了"与员工签订劳动合同、为消费者提供安全合格的产品、回收利用废旧原料"，减少了"及时足额偿还供应商的货款"，涉及员工、消费者、供应商以及环境等利益相关者；关键责任中增加了"及时足额偿还供应商的货款、提供公益性捐助与赞助项目以及为残疾人和少数民族等提供援助"，减少了"与员工签订劳动合同、为消费者提供安全合格的产品"，涉及员工、消费者、供应商以及弱势与公益群体；道德责任中减少了"回收利用废旧原料、提供公益性捐助与赞助项目以及为残疾人和少数民族等提供援助"，涉及环境以及弱势与公益群体。

在其他非制造行业中，尤其在土木工程建筑业中，易产生较多的建筑垃圾，为了提高资源利用率，降低成本，很多企业将垃圾变废为宝，提高了其他非制造行业"回收利用废旧原料"的社会责任指数。同时，在其他非制造行业中，尤其是零售业与土木工程建筑业注重与下游供应商的合作关系，提高供应链管理水平，使企业降低库存，从而降低经营成本，因此，应以法律的形式对其进行规范。

同时，通过采用熵权法分别对其他非制造业的三个层级社会责任进行评价，得到企业社会责任层级指标体系的权重。其他非制造业企业社会责任层级评价指标体系及权重如表3-29所示。

表3-29　　其他非制造业企业社会责任层级评价指标体系及权重

其他非制造业企业社会责任层级	具体指标描述	层级权重	综合权重
基础责任	及时分配股利并偿还本息	0.100	0.050
	完善投资者关系管理	0.100	0.050
	为员工提供合理的工资福利待遇	0.100	0.050
	与员工签订劳动合同	0.106	0.053
	为员工提供职业培训与发展	0.097	0.049
	为消费者提供安全合格的产品	0.099	0.049
	主动与消费者建立有效沟通	0.097	0.048
	衡量消费者满意度	0.100	0.050
	与供应商建立稳定的业务关系	0.100	0.050
	回收利用废旧原料	0.100	0.050
关键责任	保障投资者参事议事权	0.168	0.050
	及时足额偿还供应商的货款	0.167	0.050
	依法照章纳税	0.164	0.049
	废物排放严格遵守国家标准	0.166	0.050
	提供公益性捐助与赞助项目	0.169	0.050
	为残疾人和少数民族等提供援助	0.165	0.049
道德责任	为员工提供安全舒适的工作环境	0.249	0.051
	从未涉及商业贿赂事件	0.249	0.051
	生产或提供环保型产品或服务	0.250	0.051
	实施了能源节约或环境保护项目	0.252	0.051

同时，通过熵权法对各项社会责任评价指数进行计算和处理，得到企业对各项社会责任评价指标的熵值和权重，分别计算出 2014 年其他非制造业样本公司三个层级社会责任的综合得分以及综合社会责任得分。

（2）其他非制造行业社会责任层级结构与价值创造关系的检验

通过 SPSS18.0 软件对样本数据进行描述性统计分析，得到的结果如表 3-30 所示。

表 3-30　其他非制造业企业社会责任与价值创造相关变量描述性统计分析

变量	N	最小值	最大值	均值	标准差	偏度	峰度
EVA	34	−0.390	5.302	0.000	1.000	4.867	25.558
EVA $_{(t+1)}$	34	−0.577	5.144	0.000	1.000	4.524	22.468
CSR$_1$	34	0.13	0.76	0.443	0.140	−0.035	−0.017
CSR$_2$	34	0.17	0.94	0.532	0.183	0.105	−0.571
CSR$_3$	34	0.00	0.58	0.250	0.182	−0.165	−1.195
CSR	34	0.25	0.67	0.430	0.085	0.532	1.206
LEV	34	−1.927	1.342	0.000	1.000	−0.386	−0.978
LEV $_{(t+1)}$	34	−1.476	2.234	0.000	1.000	1.003	0.400
SIZE	34	−2.123	1.427	0.000	1.000	−0.185	−0.928
SIZE $_{(t+1)}$	34	−1.490	2.270	0.000	1.000	1.032	0.472

从表 3-30 样本描述性统计数据中可以看出，零售业、软件和信息技术服务业以及土木工程建筑业综合社会责任均值为 0.430，总体样本综合社会责任均值为 0.337，与总体样本相比，社会责任整体履行水平较高。企业承担的三个层级的社会责任平均值分别为：CSR$_1$ 为 0.443，CSR$_2$ 为 0.532，CSR$_3$ 为 0.250，而总体样本层级社会责任平均值为：CSR$_1$ 为 0.381，CSR$_2$ 为 0.332，CSR$_3$ 为 0.309。可以看出，零售业、软件和信息技术服务业以及土木工程建筑业的基础责任和关键责任高于总体样本，而道德责任则低于总体样本，并且在层级社会责任中，关键责任的履行水平高于基础责任和道德

责任。

零售业、软件和信息技术服务业以及土木工程建筑业企业 EVA 最大值为 5.302，最小值为 -0.390，EVA $_{(t+1)}$ 最大值为 5.144，最小值为 -0.557，总体样本 EVA 最大值为 9.364，最小值为 -1.461，EVA $_{(t+1)}$ 最大值为 8.560，最小值为 -1.591，说明其他非制造业 EVA 水平与总体样本相比，波动幅度较小，但其他非制造业企业间价值创造能力还存在一定的差异，同时一些企业处于价值侵蚀的状态。

为了了解变量间的相关关系和关联程度，分别检验其他非制造业企业层级社会责任、综合社会责任与企业价值创造的 Pearson 相关性，得到的分析结果如表 3-31 和表 3-32 所示。

表 3-31　其他非制造业企业社会责任层级性与价值创造相关变量相关性分析

		EVA	CSR_1	CSR_2	CSR_3	LEV	SIZE
EVA	Pearson 相关性 显著性（双侧）	1					
CSR_1	Pearson 相关性 显著性（双侧）	0.133 0.455	1				
CSR_2	Pearson 相关性 显著性（双侧）	0.498*** 0.003	-0.268 0.126	1			
CSR_3	Pearson 相关性 显著性（双侧）	0.081 0.649	0.219* 0.095	-0.368** 0.032	1		
LEV	Pearson 相关性 显著性（双侧）	0.315* 0.070	-0.258 0.141	0.330* 0.057	-0.287* 0.100	1	
SIZE	Pearson 相关性 显著性（双侧）	0.603*** 0.000	-0.315* 0.070	0.564*** 0.001	-0.202 0.251	0.683*** 0.0000	1

注：***在 0.01 水平（双侧）上显著相关；**在 0.05 水平（双侧）上显著相关；*在 0.1 水平（双侧）上显著相关。

由表 3-31 和表 3-32 中的结果可以看出，关键责任（CSR_2）与价值创造在 1%水平上呈正相关关系；基础责任（CSR_1）以及道德责任（CSR_3）与企业价值创造呈不相关关系；企业规模与价值创造在 1%水平上呈正相关关系；资产负债率与价值创造在 10%水平上呈正相关关系；综合社会责任与价值创造在1%水平上呈正相关关系。

表 3-32　其他非制造业综合社会责任与价值创造相关变量相关性分析

		EVA	CSR	LEV	SIZE
EVA	Pearson 相关性 显著性（双侧）	1			
CSR	Pearson 相关性 显著性（双侧）	0.463*** 0.006	1		
LEV	Pearson 相关性 显著性（双侧）	0.315** 0.070	−0.126 0.476	1	
SIZE	Pearson 相关性 显著性（双侧）	0.603*** 0.000	0.013 0.942	0.683*** 0.000	1

注：***在 0.01 水平（双侧）上显著相关；**在 0.05 水平（双侧）上显著相关；*在 0.1 水平（双侧）上显著相关。

为了进一步确定其他非制造业层级社会责任、综合社会责任对价值创造的影响，以企业价值创造为因变量，以层级社会责任以及综合社会责任为自变量，运用 SPSS18.0 统计软件，进行多元线性回归的实证分析，得到的多元线性回归结果如表 3-33 和表 3-34 所示。

表 3-33　其他非制造业企业社会责任层级结构与价值创造的回归结果

模型		非标准化系数		标准系数	t	Sig
		B	标准误差	试用版		
1	（常量）	−2.377	0.697		−3.412	0.002
	CSR_1	2.395	0.955	0.336	2.508	0.018
	CSR_2	1.919	0.871	0.351	2.205	0.036
	CSR_3	1.183	0.766	0.216	1.545	0.134
	LEV	−0.058	0.175	−0.058	−0.334	0.741
	SIZE	0.594	0.198	0.594	2.992	0.006

表 3-34   **其他非制造业综合社会责任与价值创造的回归结果**

模型	非标准化系数		标准系数	t	Sig
	B	标准误差	试用版		
（常量）	−2.256	0.626		−3.607	0.001
CSR	5.249	1.429	0.446	3.673	0.001
LEV	−0.069	0.166	−0.069	−0.415	0.681
SIZE	0.644	0.165	0.644	3.906	0.000

其中，层级社会责任与价值创造回归分析得到的 F 值为 7.618，调整 R^2 为 0.501；综合社会责任与价值创造回归分析得到的 F 值为 13.392，调整 R^2 为 0.530。从表 3-33 和表 3-34 可以看出，基础责任（CSR_1）与关键责任（CSR_2）对价值创造在 5%的水平上有显著正向影响；道德责任（CSR_3）对价值创造存在正向影响，但不显著；综合社会责任（CSR）对价值创造在 1%的水平上有显著正向影响。检验结果表明：零售业、软件和信息技术服务业以及土木工程建筑业企业更好地履行基础责任和关键责任有助于企业实现价值创造。

与总体样本相比，其他非制造业的基础责任对价值创造的影响存在差异。其他非制造业的基础责任对价值创造在 5%的水平上有显著正向影响。究其原因，由于其他非制造业的行业特性，在对企业社会责任进行层级划分时，基础责任中增加了"与员工签订劳动合同、为消费者提供安全合格的产品、回收利用废旧原料"等内容，说明其他非制造业在这三方面履行水平较高，其中，企业与员工签订劳动合同有利于增加员工对企业的归属感，提高员工工作效率，因此可以促进企业价值提升；通过为消费者提供安全合格的产品可以提高消费者对企业的信赖程度，增强消费者的购买意向，而且有利于企业获得良好的声誉，从而促进企业价值提升；通过回收利用废旧原料，提高企业资源的利用率，节约企业成本，从而提升企业价值。所以，与总体样本相比，其他非制造业的基础责任对价值创造有显著正向影响。

3.5.3 计算机、通信和其他电子设备制造业社会责任层级性与价值创造关系检验

（1）计算机、通信和其他电子设备制造业社会责任层级结构划分

为了得到企业社会责任层级结构模型，使用SPSS18.0统计分析软件包，采用"Furthest Neighbor"聚类方法，对计算机、通信和其他电子设备制造业社会责任的20个衡量指标进行聚类分析。图3-5为企业社会责任各指标聚类分析的树形图，我们发现，在聚类分析中将企业社会责任划分为三类时的类间距离最大。

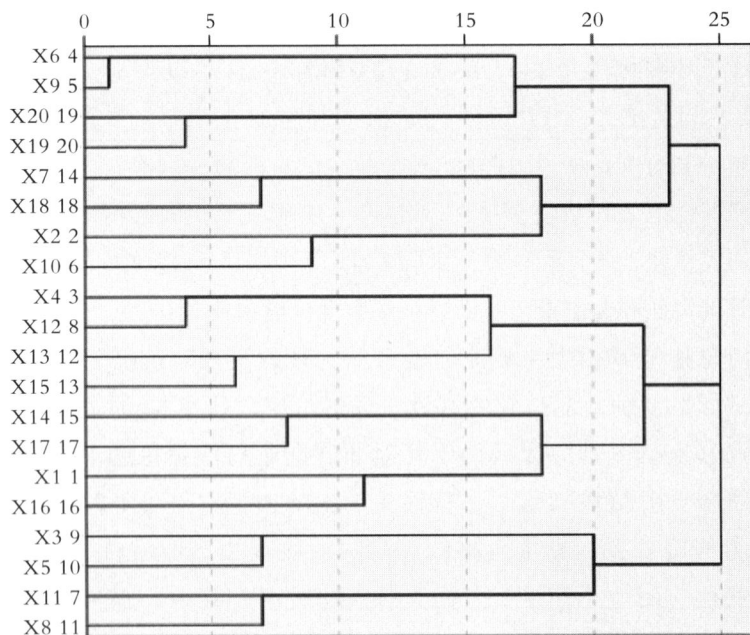

图3-5　计算机、通信和其他电子设备制造业企业社会责任各因子聚类分析的树形图

从聚类分析的树形图看出，可以将企业对利益相关者的责任内容划分为三个不同层次。其中，X2、X6、X7、X9、X10、X18、X19以及X20同属一个层次，包含的内容为：完善投资者关系管理、为员工提供职业培训与发展、为员工提供安全舒适的工作环境、主动与消费者建立有效沟通、衡量消费者满意度、回收利用废旧原料、提供公益性捐助与赞助项目以及为残疾人和少数民族等提供援助。

X3、X5、X8 以及 X11 同属一个层次，包含的内容为：保障投资者参事议事权、与员工签订劳动合同、为消费者提供安全合格的产品以及与供应商建立稳定的业务关系。

X1、X4、X12、X13、X14、X15、X16 以及 X17 同属一个层次，包含的内容为：及时分配股利并偿还本息、为员工提供合理的工资福利待遇、及时足额偿还供应商的货款、依法照章纳税、从未涉及商业贿赂事件、废物排放严格遵守国家标准、生产或提供环保型产品或服务以及实施了能源节约或环境保护项目。

根据计算机、通信和其他电子设备制造业的数据与总样本数据的分析结果，我们发现，计算机、通信和其他电子设备制造业社会责任的基础责任中增加了"为员工提供安全舒适的工作环境、提供公益性捐助与赞助项目以及为残疾人和少数民族等提供援助"等内容，而减少了"为员工提供合理的工资及福利待遇、主动与消费者建立有效沟通、与供应商建立稳定的业务关系、及时足额偿还供应商的货款"等内容，涉及员工、消费者、供应商以及弱势与公益群体；关键责任中增加了"与供应商建立稳定的业务关系"等内容，而减少了"依法照章纳税、废物排放严格遵守国家标准"等内容，涉及供应商、政府以及环境等利益相关者；道德责任中增加了"及时分配股利并偿还本息、为员工提供合理的工资福利待遇、及时足额偿还供应商的货款、依法照章纳税、废物排放严格遵守国家标准"等内容，而减少了"为员工提供安全舒适的工作环境、为残疾人和少数民族等提供援助、提供公益性捐助与赞助项目、回收利用废旧原料"等内容，涉及投资者、员工、供应商、政府、环境以及弱势与公益群体。

计算机、通信和其他电子设备制造业是朝阳产业，是一个组织密集、资金密集、技术密集，更新换代频率极快的产业。在集成化供应链管理环境下，为了降低供应链总成本、降低库存水平，企业应通过与供应商建立良好的合作伙伴关系的方式，获得更大的竞争优势。

随着电子信息制造业的发展，为了追求自身的利益，剥夺员工福利、损害员工健康等损害员工权益的事情时有发生，尽管各地政府公布了当地的最低工资标准，有些企业仍然采取各种方式和理由，支付低于最低标准的工资和加班费。同时，企业普遍存在超时加班加点，甚至强迫工人加班加点，对工人身心造成很大的伤害。电子产品在原料和生产工艺流程中，常常会产生很多有毒害的物质，如重金属、有机合成物等。如果不加处理就排放，将严重污染环境，因此要确保废物排放严格遵守国家标准。随着我国劳动成本的不断上升，国家优惠政策的减少，我国本土的电子信息制造企业与跨国电子制造企业的利润不同程度地受到成本上升的冲减，为了追求更多的利润，许多企业存在偷税漏税的问题。

采用熵权法分别对计算机、通信和其他电子设备制造业的三个社会责任层级进行评价，得到企业社会责任层级指标体系及权重如表 3-35 所示。

表 3-35　　**计算机、通信和其他电子设备制造业企业社会责任层级指标体系及权重**

计算机、通信和其他电子设备制造业企业社会责任层级	具体指标描述	层级权重	综合权重
基础责任	完善投资者关系管理	0.129	0.051
	为员工提供职业培训与发展	0.125	0.050
	为员工提供安全舒适的工作环境	0.125	0.050
	主动与消费者建立有效沟通	0.125	0.050
	衡量消费者满意度	0.125	0.050
	回收利用废旧原料	0.124	0.049
	提供公益性捐助与赞助项目	0.123	0.049
	为残疾人和少数民族等提供援助	0.123	0.049
关键责任	保障投资者参事议事权	0.247	0.049
	与员工签订劳动合同	0.262	0.052
	为消费者提供安全合格的产品	0.243	0.049
	与供应商建立稳定的业务关系	0.248	0.050
道德责任	及时分配股利并偿还本息	0.127	0.051
	为员工提供合理的工资福利待遇	0.125	0.050
	及时足额偿还供应商的货款	0.124	0.050
	依法照章纳税	0.124	0.050
	从未涉及商业贿赂事件	0.125	0.050
	废物排放严格遵守国家标准	0.123	0.049
	生产或提供环保型产品或服务	0.128	0.051
	实施了能源节约或环境保护项目	0.125	0.050

同时，通过熵权法对各项社会责任评价指数进行计算和处理，得到企业对各项社会责任评价指标的熵值和权重，分别计算出 2014 年计算机、通信和其他电子设备制造业内样本公司三个层级社会责任的综合得分以及综合社会责任得分。

（2）计算机、通信和其他电子设备制造业社会责任层级结构与价值创造关系的检验

通过 SPSS18.0 软件对样本数据进行描述性统计分析，得到结果如表 3-36 所示。

表 3-36　　**计算机、通信和其他电子设备制造业企业社会责任**

与价值创造相关变量描述性统计分析

变量	N	最小值	最大值	均值	标准差	偏度	峰度
EVA	35	−2.459	4.086	0.000	1.000	1.998	8.977
EVA $_{(t+1)}$	35	−3.482	3.805	0.000	1.000	0.426	9.803
CSR$_1$	35	0.17	0.83	0.424	0.15598	0.385	−0.047
CSR$_2$	35	0.00	0.92	0.402	0.26007	0.510	−0.744
CSR$_3$	35	0.16	0.75	0.384	0.13802	0.484	−0.042
CSR	35	0.22	0.66	0.403	0.10250	0.183	−0.364
LEV	35	−1.734	1.650	0.000	1.000	−0.027	−1.232
LEV $_{(t+1)}$	35	−2.316	2.046	0.000	1.000	0.114	0.040
SIZE	35	−2.096	1.438	0.000	1.000	−0.314	−1.034
SIZE $_{(t+1)}$	35	−1.921	2.114	0.000	1.000	0.297	−0.112

从表 3-36 中可以看出，计算机、通信和其他电子设备制造业综合社会责任均值为 0.403，总体样本综合社会责任均值为 0.337，与总体样本相比，企业社会责任整体履行水平较高，企业承担的三个层级的社会责任平均值分别为：CSR$_1$ 为 0.424，CSR$_2$ 为 0.402，CSR$_3$ 为 0.384，而总体样本层级社会责任平均值为：CSR$_1$ 为 0.381，CSR$_2$ 为 0.332，CSR$_3$ 为 0.309。可以看出，计算机、通信和其他电子设备制造业三个层级社会责任均高于总体样本。

计算机、通信和其他电子设备制造业企业 EVA 最大值为 4.086，最小值为 -2.459，EVA $_{(t+1)}$ 最大值为 3.805，最小值为 -3.482，总体样本 EVA 最大值为 9.364，最小值为 -1.461，EVA $_{(t+1)}$ 最大值为 8.560，最小值为 -1.591，说明计算机、通信和其他电子设备制造业 EVA 水平与总体样本相比，波动幅度较小，但计算机、通信和其他电子设备制造业企业间价值创造能力还存在一定的差异，并且价值侵蚀程度较高。

为了了解变量间的相关关系和关联程度，分别检验计算机、通信和其他电子设备制造业企业层级社会责任、综合社会责任与企业价值创造的 Pearson 相关性，得到的分析结果如表 3-37 和表 3-38 所示。

表 3-37　计算机、通信和其他电子设备制造业企业社会责任层级性与价值创造相关变量相关性分析

		EVA	CSR$_1$	CSR$_2$	CSR$_3$	LEV	SIZE
EVA	Pearson 相关性 显著性（双侧）	1					
CSR$_1$	Pearson 相关性 显著性（双侧）	0.226 0.192	1				
CSR$_2$	Pearson 相关性 显著性（双侧）	-0.051 0.772	0.072 0.680	1			
CSR$_3$	Pearson 相关性 显著性（双侧）	0.029 0.867	0.025 0.887	0.039 0.822	1		
LEV	Pearson 相关性 显著性（双侧）	-0.196 0.260	0.059 0.737	0.125 0.473	-0.047 0.788	1	
SIZE	Pearson 相关性 显著性（双侧）	0.212 0.220	0.229 0.186	-0.048 0.784	-0.086 0.624	0.639*** 0.0000	1

注：***在 0.01 水平（双侧）上显著相关；**在 0.05 水平（双侧）上显著相关；*在 0.1 水平（双侧）上显著相关。

表 3-38　　**计算机、通信和其他电子设备制造业综合社会责任**

与价值创造相关变量相关性分析

		EVA	CSR	LEV	SIZE
EVA	Pearson 相关性	1			
	显著性（双侧）				
CSR	Pearson 相关性	0.127	1		
	显著性（双侧）	0.466			
LEV	Pearson 相关性	−0.196	−0.73	1	
	显著性（双侧）	0.260	0.677		
SIZE	Pearson 相关性	0.212	0.068	0.639***	1
	显著性（双侧）	0.220	0.698	0.000	

注：***在 0.01 水平（双侧）上显著相关；**在 0.05 水平（双侧）上显著相关；*在 0.1 水平（双侧）上显著相关。

由表 3-37 和表 3-38 中的结果可以看出基础责任（CSR_1）、关键责任（CSR_2）、道德责任（CSR_3）以及综合社会责任（CSR）与价值创造呈不相关关系；资产负债率与企业价值创造呈不相关关系；企业规模与企业价值创造呈不相关关系。

为了进一步确定计算机、通信和其他电子设备制造业层级社会责任、综合社会责任对价值创造的影响，以企业价值创造为因变量，以层级社会责任以及综合社会责任为自变量，运用 SPSS18.0 统计软件，进行多元线性回归的实证分析，得到的多元线性回归结果如表 3-39 和表 3-40 所示。

表 3-39　　**计算机、通信和其他电子设备制造业企业社会责任**

层级结构与价值创造的回归结果

模型	非标准化系数		标准系数		
	B	标准误差	试用版	t	Sig
（常量）	−0.533	0.670		−0.795	0.433
CSR_1	0.842	1.073	0.131	0.784	0.439
CSR_2	0.126	0.636	0.033	0.198	0.844
CSR_3	0.327	1.170	0.045	0.279	0.782
LEV	−0.549	0.215	−0.549	−2.551	0.016
SIZE	0.539	0.220	0.539	2.446	0.021

表 3-40　　**计算机、通信和其他电子设备制造业综合社会责任**

与价值创造的回归结果

模型	非标准化系数		标准系数		
	B	标准误差	试用版	t	Sig
（常量）	-0.513	0.634		-0.809	0.424
CSR	1.272	1.525	0.130	0.834	0.410
LEV	-0.566	0.203	-0.566	-2.794	0.009
SIZE	0.565	0.203	0.565	2.790	0.009

其中，层级社会责任与价值创造回归分析得到的 F 值为 1.946，调整 R^2 为 0.122；综合社会责任与价值创造回归分析得到的 F 值为 3.397，调整 R^2 为 0.175。从表 3-39 和表 3-40 可以看出，基础责任（CSR_1）、关键责任（CSR_2）、道德责任（CSR_3）以及综合社会责任（CSR）对价值创造均存在正向影响，但不显著。检验结果表明：计算机、通信和其他电子设备制造业内企业社会责任履行情况对价值创造无明显影响。

与总体样本相比，计算机、通信和其他电子设备制造业的关键责任和综合责任对价值创造的影响存在差异。计算机、通信和其他电子设备制造业的关键责任和综合责任对价值创造存在正向影响，但不显著。产生这种差异的主要原因可能是：在计算机、通信和其他电子设备制造业的关键责任中减少了"依法照章纳税、废物排放严格遵守国家标准"等内容，在总体样本的关键责任中，"依法照章纳税""废物排放严格遵守国家标准"所占权重分别为 0.237、0.115，比重较大，因此，缺少这两个指标可能使计算机、通信和其他电子设备制造业的关键责任对价值创造的影响存在差异。同时，实证检验结果表明：计算机、通信和其他电子设备制造业更好地履行对投资者、员工、消费者、供应商等利益相关者的关键责任，例如，保障投资者参事议事权、与员工签订劳动合同、为消费者提供安全合格的产品以及与供应商建立稳定的业务关系，并不能显著提升企业价值。

3.5.4　通用设备制造业以及专用设备制造业社会责任层级性与价值创造关系

（1）通用设备制造业以及专用设备制造业社会责任层级结构划分

为了得到企业社会责任层级结构模型，使用 SPSS18.0 统计分析软件包，采用"Furthest Neighbor"聚类方法，对企业社会责任的 20 个衡量指标进行聚类分析。图 3-6 为企业社会责任各指标聚类分析的树形图，将企业社会责任划分为三类时的类间距离最大。

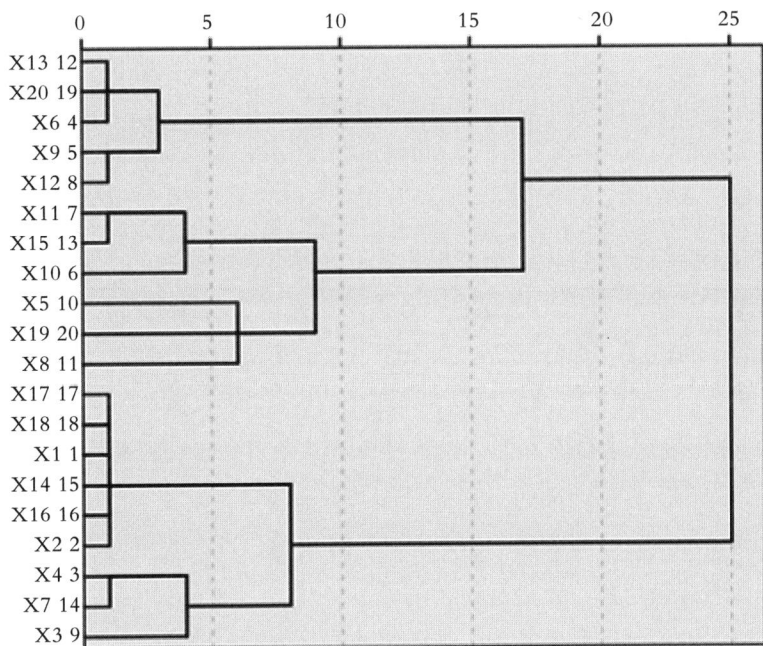

图 3-6　通用设备制造业以及专用设备制造业企业社会责任各因子聚类分析的树形图

从聚类分析的树形图看出，可以将企业对利益相关者的责任内容划分为三个不同层次。其中，X6、X9、X12、X13 以及 X20 同属一个层次，包含的内容为：为员工提供职业培训与发展、主动与消费者建立有效沟通、及时足额偿还供应商的货款、依法照章纳税以及为残疾人和少数民族等提供援助。

X5、X8、X10、X11、X15 以及 X19 同属一个层次，包含的内容为：与员工签订劳动合同、为消费者提供安全合格的产品、衡量消费者满意度、与供应商建立稳定的业务关系、废物排放严格遵守国家标准以及提供公益性捐助与赞助项目。

X1、X2、X3、X4、X7、X14、X16、X17 以及 X18 同属一个层次，包含的内容为：及时分配股利并偿还本息、完善投资者关系管理、保障投资者参事议事权、为员工提供合理的工资福利待遇、为员工提供安全舒适的工作环境、从未涉及商业贿赂事件、生产或提供环保型产品或服务、实施了能源节约或环境保护项目以及回收利用废旧原料。

根据通用设备制造业以及专业设备制造业数据与总样本数据的分析结果，我们发现，通用设备制造业以及专业设备制造业社会责任的基础责任中增加了"依法照章纳税以及为残疾人和少数民族等提供援助"等内容，减少了"为员工提供合理的工资及福利待遇、为员工提供职业培训与发展、主动与消费者建立有效沟通、完善投资者关系管理以及与供应商建立稳定的业务关系"等内容，涉及投资者、员工、消费者、供应商以及弱势与公益群体等利益相关者；关键责任中增加了"衡量消费者满意度、与供应商建立稳定的业务关系、提供公益性捐助与赞助项目"等内容，减少了"保障投资者参事议事权、依法照章纳税"等内容，涉及投资者、消费者、供应商以及弱势与公益群体；道德责任中增加了"及时分配股利并偿还本息、完善投资者关系管理、保障投资者参事议事权、为员工提供合理的工资福利待遇"等内容，减少了"提供公益性捐助与赞助项目、回收利用废旧原料"等内容，涉及投资者、员工、环境以及弱势与公益群体等利益相关者。

通用设备制造业以及专用设备制造业是为国民经济各部门以及基础设施建设提供装备的先进制造产业。受投资快速增长、国家对自主创新产业大力支持以及产业技术升级趋势加快的影响，我国通用设备制造业以及专用设备制造业目前呈现良好的增长趋势，因此行业内企业纳税逐年稳定增长。

通用设备制造业以及专用设备制造业是典型的下游行业需求拉动型行业，消费者满意度直接影响企业的发展情况，有必要以法律的形式要求企业衡量消费者满意度，确保行业整体能持续稳健地发展。同时，通用设备制造业以及专用设备制造业的发展与其下游行业发展状况息息相关，有必要通过法律形式要求企业与供应商建立稳定的业务关系。

从行业经营特点看，通用设备制造业和专业设备制造业固定资产一次性投入，产品生产周期相对较长，对流动资金的充裕度要求较高，因此在短期内无法满足投资者要求的经济利益的回报。

采用熵权法分别对通用设备制造业以及专用设备制造业的三个层级社会责任进行评价，得到的企业社会责任层级指标体系及权重如表3-41所示。

表 3-41　　　　通用设备制造业以及专用设备制造业企业

社会责任层级指标体系及权重

通用设备制造业以及专用设备制造业企业社会责任层级	具体指标描述	层级权重	综合权重
基础责任	为员工提供职业培训与发展	0.202	0.050
	主动与消费者建立有效沟通	0.203	0.050
	及时足额偿还供应商的货款	0.198	0.049
	依法照章纳税	0.198	0.048
	为残疾人和少数民族等提供援助	0.199	0.049
关键责任	与员工签订劳动合同	0.174	0.052
	为消费者提供安全合格的产品	0.168	0.050
	衡量消费者满意度	0.162	0.048
	与供应商建立稳定的业务关系	0.166	0.049
	废物排放严格遵守国家标准	0.164	0.049
	提供公益性捐助与赞助项目	0.166	0.049
道德责任	及时分配股利并偿还本息	0.114	0.052
	完善投资者关系管理	0.116	0.053
	保障投资者参事议事权	0.109	0.050
	为员工提供合理的工资福利待遇	0.111	0.051
	为员工提供安全舒适的工作环境	0.111	0.051
	从未涉及商业贿赂事件	0.111	0.051
	生产或提供环保型产品或服务	0.111	0.051
	实施了能源节约或环境保护项目	0.108	0.050
	回收利用废旧原料	0.110	0.050

同时，通过熵权法对各项社会责任评价指数进行计算和处理，得到企业对各项社会责任评价指标的熵值和权重，分别计算出 2014 年通用设备制造业以及专用设备制造业样本公司三个层级社会责任的综合得分以及综合社会责任得分。

（2）通用设备制造业以及专用设备制造业社会责任层级结构与价值创造关系的检验

通过 SPSS18.0 软件对样本数据进行描述性统计分析，得到结果如表 3-42 所示。

表 3-42　　　通用设备制造业以及专用设备制造业企业社会责任
与价值创造相关变量描述性统计分析

变量	N	最小值	最大值	均值	标准差	偏度	峰度
EVA	31	−2.354	4.435	0.000	1.000	2.644	13.794
EVA $_{(t+1)}$	31	−2.228	4.600	0.000	1.000	3.018	16.000
CSR$_1$	31	0.27	1.00	0.574	0.19223	0.337	−0.044
CSR$_2$	31	0.22	0.67	0.422	0.11604	0.455	−0.608
CSR$_3$	31	0.11	0.55	0.306	0.10399	0.042	−0.260
CSR	31	0.25	0.53	0.406	0.07174	−0.268	−0.528
LEV	31	−2.353	1.702	0.000	1.000	−0.378	−0.378
LEV $_{(t+1)}$	31	−1.240	2.535	0.000	1.000	0.832	−0.062
SIZE	31	−2.467	1.490	0.000	1.000	−0.499	−0.364
SIZE $_{(t+1)}$	31	−1.355	2.526	0.000	1.000	0.783	−0.052

从表 3-42 样本描述性统计数据中可以看出，通用设备制造业以及专用设备制造业综合社会责任均值为 0.406，总体样本综合社会责任均值为 0.337，与总体样本相比，企业社会责任整体履行水平较高，企业承担的三个层级的社会责任平均值分别为：CSR$_1$ 为 0.574，CSR$_2$ 为 0.422，CSR$_3$ 为 0.306；而总体样本层级社会责任平均值为：CSR$_1$ 为 0.381，CSR$_2$ 为 0.332，CSR$_3$ 为 0.309。可以看出，通用设备制造业以及专用设备制造业的基础责任和关键责任高于总体样本，而道德责任与总

体样本相差不大。其中，通用设备制造业以及专用设备制造业的基础责任的履行水平高于关键责任和道德责任。

通用设备制造业以及专用设备制造业企业 EVA 最大值为 4.435，最小值为 -2.354，EVA $_{(t+1)}$ 最大值为 4.600，最小值为 -2.228，总体样本 EVA 最大值为 9.364，最小值为 -1.461，EVA $_{(t+1)}$ 最大值为 8.560，最小值为 -1.591，说明通用设备制造业以及专用设备制造业 EVA 水平与总体样本相比，波动幅度较小，但通用设备制造业以及专用设备制造业企业间价值创造能力还存在一定的差异，并且价值侵蚀程度较高。

为了了解变量间的相关关系和关联程度，分别检验通用设备制造业以及专用设备制造业层级社会责任、综合社会责任与企业价值创造的 Pearson 相关性，得到的分析结果如表 3-43 和表 3-44 所示。

表 3-43　　通用设备制造业以及专用设备制造业企业社会责任

层级性与价值创造相关变量相关性分析

		EVA	CSR$_1$	CSR$_2$	CSR$_3$	LEV	SIZE
EVA	Pearson 相关性 显著性（双侧）	1					
CSR$_1$	Pearson 相关性 显著性（双侧）	0.198 0.286	1				
CSR$_2$	Pearson 相关性 显著性（双侧）	0.289 0.115	0.141 0.449	1			
CSR$_3$	Pearson 相关性 显著性（双侧）	-0.015 0.936	0.077 0.680	-0.406** 0.024	1		
LEV	Pearson 相关性 显著性（双侧）	0.126 0.500	0.249 0.177	-0.025 0.892	0.117 0.532	1	
SIZE	Pearson 相关性 显著性（双侧）	0.295 0.107	0.270 0.142	0.099 0.596	0.342* 0.059	0.563*** 0.001	1

注：***在 0.01 水平（双侧）上显著相关；**在 0.05 水平（双侧）上显著相关；*在 0.1 水平（双侧）上显著相关。

表 3-44　　通用设备制造业以及专用设备制造业综合社会责任

与价值创造相关变量相关性分析

		EVA	CSR	LEV	SIZE
EVA	Pearson 相关性 显著性（双侧）	1			
CSR	Pearson 相关性 显著性（双侧）	0.259 0.159	1		
LEV	Pearson 相关性 显著性（双侧）	0.126 0.500	0.229 0.216	1	
SIZE	Pearson 相关性 显著性（双侧）	0.295 0.107	0.452** 0.011	0.563*** 0.001	1

注：***在 0.01 水平（双侧）上显著相关；**在 0.05 水平（双侧）上显著相关；*在 0.1 水平（双侧）上显著相关。

由表 3-43 和表 3-44 中的结果可以看出，基础责任（CSR_1）、关键责任（CSR_2）、道德责任（CSR_3）以及综合社会责任（CSR）与企业价值创造呈不相关关系；资产负债率与企业价值创造呈不相关关系；企业规模与企业价值创造呈不相关关系。

为了进一步确定通用设备制造业以及专用设备制造业层级社会责任、综合社会责任对价值创造的影响，以企业价值创造为因变量，以层级社会责任以及综合社会责任为自变量，运用 SPSS18.0 统计软件，进行多元线性回归的实证分析，得到的多元线性回归结果如表 3-45 和表 3-46 所示。

表 3-45　　通用设备制造业以及专用设备制造业企业社会责任

层级结构与价值创造的回归结果

模型	非标准化系数		标准系数		
	B	标准误差	试用版	t	Sig
（常量）	−1.138	1.309		−0.869	0.393
CSR_1	0.532	1.006	0.102	0.529	0.601
CSR_2	2.070	1.838	0.240	1.126	0.271
CSR_3	−0.136	2.153	−0.014	−0.063	0.950
LEV	−0.047	0.228	−0.047	−0.206	0.839
SIZE	0.275	0.249	0.275	1.104	0.280

表 3-46　通用设备制造业以及专用设备制造业综合社会责任与价值创造的回归结果

模型	非标准化系数		标准系数		
	B	标准误差	试用版	t	Sig
（常量）	−0.883	1.167		−0.757	0.456
CSR	2.176	2.841	0.156	0.766	0.450
LEV	−0.053	0.220	−0.053	−0.243	0.810
SIZE	0.255	0.240	0.255	1.061	0.298

其中，层级社会责任与价值创造回归分析得到的 F 值为 1.927，调整 R^2 为 0.134；综合社会责任与价值创造回归分析得到的 F 值为 0.004，调整 R^2 为 0.963。从表 3-45 和表 3-46 可以看出，基础责任（CSR_1）、关键责任（CSR_2）和道德责任（CSR_3）对价值创造存在正向影响，但不显著；综合社会责任对价值创造存在正向影响，但不显著。检验结果表明：更好地履行道德责任有助于通用设备制造业以及专用设备制造业企业实现价值创造。

与总体样本相比，通用设备制造业和专用设备制造业的关键责任和综合社会责任对价值创造的影响存在差异。通用设备制造业和专用设备制造业的关键责任和综合社会责任对价值创造存在正向影响，但不显著。产生这种差异的主要原因是：关键责任中减少了"保障投资者参事议事权、依法照章纳税"等内容，在总体样本的关键责任中，"依法照章纳税""保障投资者参事议事权"所占权重分别为 0.237、0.210，比重较大，因此，缺少这两方面会导致通用设备制造业和专用设备制造业的关键责任对价值创造影响相对于总体样本会产生一定的差异。同时，实证检验结果表明：通用设备制造业和专用设备制造业更好地履行对投资者、员工、消费者、供应商等利益相关者的关键责任，例如，与员工签订劳动合同、为消费者提供安全合格的产品、衡量消费者满意度、与供应商建立稳定的业务关系、废物排放严格遵守国家标准以及提供公益性捐助与赞助项目等，并不能显著提升企业价值。

3.5.5 电气机械及器材制造业和汽车制造业社会责任层级性 与价值创造关系

（1）电气机械及器材制造业和汽车制造业社会责任层级划分

为了得到企业社会责任层级结构模型，使用 SPSS18.0 统计分析软件包，采用"Furthest Neighbor"聚类方法，对企业社会责任的 20 个衡量指标进行聚类分析。图 3-7 为企业社会责任各指标聚类分析的树形图，将企业社会责任划分为三类时的类间距离最大。

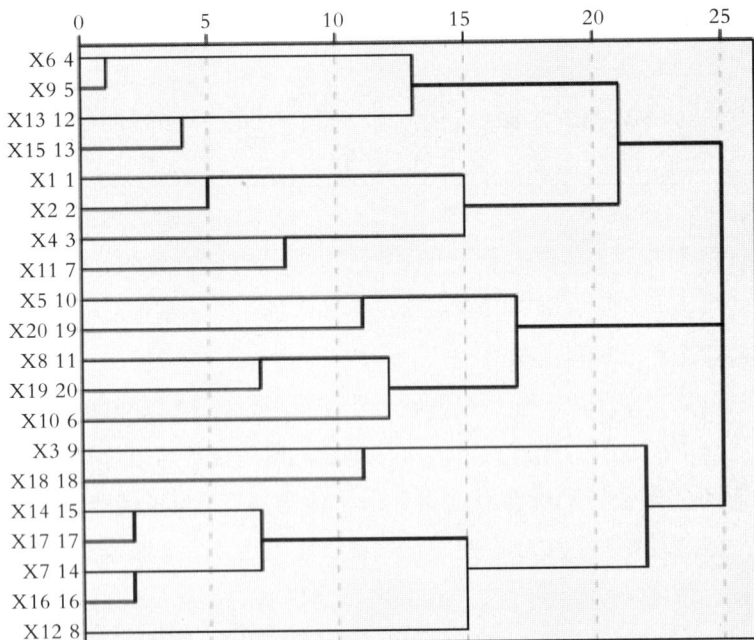

图 3-7　电气机械及器材制造业和汽车制造业企业社会责任各因子聚类分析的树形图

从聚类分析的树形图看出，可以将企业对利益相关者的责任内容划分为三个不同层次。其中，X1、X2、X4、X6、X9、X11、X13 以及 X15 同属一个层次，包含的内容为：及时分配股利并偿还本息、完善投资者关系管理、为员工提供合理的工资福利待遇、为员工提供职业培训与发展、主动与消费者建立有效沟通、与供应商建立稳定的业务关系、依法照章纳税以及废物排放严格遵守国家标准。

X5、X8、X10、X19 以及 X20 同属一个层次，包含的内容为：与员工签订劳动合同、为消费者提供安全合格的产品、衡量消费者满意度、提供公益性捐助与赞助项目以及为残疾人和少数民族等提供援助。

X3、X7、X12、X14、X16、X17以及X18同属一个层次，包含的内容为：保障投资者参事议事权、为员工提供安全舒适的工作环境、及时足额偿还供应商的货款、从未涉及商业贿赂事件、生产或提供环保型产品或服务、实施了能源节约或环境保护项目以及回收利用废旧原料。

根据电气机械及器材制造业和汽车制造业数据与总样本数据的分析结果，我们发现，电气机械及器材制造业和汽车制造业社会责任的基础责任中增加了"依法照章纳税以及废物排放严格遵守国家标准"等内容，减少了"完善投资者关系管理、及时足额偿还供应商的货款"等内容，涉及投资者、供应商、政府以及环境等利益相关者；关键责任中增加了"衡量消费者满意度、提供公益性捐助与赞助项目以及为残疾人和少数民族等提供援助"等内容，减少了"保障投资者参事议事权、依法照章纳税以及废物排放严格遵守国家标准"等内容，涉及投资者、消费者、政府、环境以及弱势与公益群体等利益相关者；道德责任中增加了"保障投资者参事议事权、及时足额偿还供应商的货款"等内容，减少了"提供公益性捐助与赞助项目、回收利用废旧原料"等内容，涉及投资者、供应商、环境以及弱势与公益群体等利益相关者。

目前，伴随着我国在电力、装备制造以及高新技术领域的政策支持和引导，我国电器机械及器材制造业仍然处于较快增长阶段。遵守国家税收法律、法规，合法纳税，每年给当地政府上交很大比例的税收，大大促进了当地经济的发展，很好地承担了政府税收责任。而汽车制造业作为经济社会的核心构成部分之一，不仅为国民经济的发展贡献力量，也为税收增长做出了重要贡献。汽车尾气是我国大中城市空气的主要污染物，为了解决这个问题，越来越多的汽车制造企业加大研发投入力度，研发新能源汽车，这也是企业履行社会责任最好的行动的证明。

电气机械及器材制造业和汽车制造业中的很多企业积极参与到各种慈善公益活动、捐款、建立基金会、支教等，但是有些活动仅仅是"面子"工程，企业并不关心实施的结果和真正解决多少社会问题，因此，应通过法律形式提升企业对社会责任的认识。

  汽车制造业供应链被公认为最复杂、最专业的领域。虽然汽车制造业日益重视供应链管理，但在业内管理者千方百计降低成本以提高供应链效率时，往往会忽视供应商的利益，容易产生不能及时足额偿还供应商货款的情况。

  采用熵权法分别对电气机械及器材制造业和汽车制造业层级社会责任以及综合社会责任进行评价，得到企业社会责任层级指标体系及权重如表 3-47 所示。

表 3-47 **电气机械及器材制造业和汽车制造业企业**

社会责任层级指标体系及权重

电气机械及器材制造业和汽车制造业企业社会责任层级	具体指标描述	层级权重	综合权重
基础责任	及时分配股利并偿还本息	0.125	0.050
	完善投资者关系管理	0.127	0.051
	为员工提供合理的工资福利待遇	0.127	0.051
	为员工提供职业培训与发展	0.123	0.049
	主动与消费者建立有效沟通	0.124	0.050
	与供应商建立稳定的业务关系	0.122	0.049
	依法照章纳税	0.125	0.050
	废物排放严格遵守国家标准	0.126	0.050
关键责任	与员工签订劳动合同	0.210	0.053
	为消费者提供安全合格的产品	0.204	0.051
	衡量消费者满意度	0.192	0.048
	提供公益性捐助与赞助项目	0.193	0.049
道德责任	为残疾人和少数民族等提供援助	0.201	0.051
	保障投资者参事议事权	0.144	0.051
	为员工提供安全舒适的工作环境	0.140	0.049
	及时足额偿还供应商的货款	0.142	0.050
	从未涉及商业贿赂事件	0.142	0.050
	生产或提供环保型产品或服务	0.146	0.051
	实施了能源节约或环境保护项目	0.141	0.049
	回收利用废旧原料	0.145	0.051

同时，通过熵权法对各项社会责任评价指数进行计算和处理，得到企业对各项社会责任评价指标的熵值和权重，分别计算出 2014 年电气机械及器材制造业和汽车制造业样本公司三个层级社会责任的综合得分以及综合社会责任得分。

（2）电气机械及器材制造业和汽车制造业层级结构与价值创造关系的检验

通过 SPSS18.0 软件对样本数据进行描述性统计分析，得到结果如表 3-48 所示。

表 3-48　　电气机械及器材制造业和汽车制造业企业社会责任

与价值创造相关变量描述性统计分析

变量	N	最小值	最大值	均值	标准差	偏度	峰度
EVA	28	-0.468	4.674	0.000	1.000	4.112	18.824
EVA $_{(t+1)}$	28	-0.715	4.482	0.000	1.000	3.721	15.621
CSR$_1$	28	0.210	0.830	0.473	0.152	0.402	-0.217
CSR$_2$	28	0.190	0.870	0.466	0.192	0.480	-0.586
CSR$_3$	28	0.140	0.710	0.377	0.152	0.588	-0.252
CSR	28	0.260	0.670	0.439	0.105	0.379	-0.200
LEV	28	-2.166	1.433	0.000	1.000	-0.526	-0.951
LEV $_{(t+1)}$	28	-1.692	2.252	0.000	1.000	0.340	-0.643
SIZE	28	-1.943	1.834	0.000	1.000	-0.349	-0.963
SIZE $_{(t+1)}$	28	-1.710	2.322	0.000	1.000	0.432	-0.491

从表 3-48 样本描述性统计数据中可以看出，电气机械及器材制造业和汽车制造业综合社会责任均值为 0.439，总体样本综合社会责任均值为 0.337，与总体样本相比，企业社会责任整体履行水平较高，企业承担的三个层级的社会责任履行情况相差不大，平均值分别为：CSR$_1$ 为 0.473，CSR$_2$ 为 0.466，CSR$_3$ 为 0.377，而总体样本层级社会责任平

均值为：CSR_1 为 0.381，CSR_2 为 0.332，CSR_3 为 0.309。可以看出，电气机械及器材制造业和汽车制造业三个层级社会责任均高于总体样本的层级社会责任。

电气机械及器材制造业和汽车制造业企业 EVA 最大值为 4.674，最小值为 −0.469；EVA $_{(t+1)}$ 最大值为 4.482，最小值为 −0.715。总体样本 EVA 最大值为 9.364，最小值为 −1.461，EVA $_{(t+1)}$ 最大值为 8.560，最小值为 −1.591，说明样本企业之间价值创造能力 EVA 水平与总体样本相比，波动幅度较小，但还有部分企业处于价值侵蚀的状态。

为了了解变量间的相关关系和关联程度，分别检验电气机械及器材制造业和汽车制造业层级社会责任、综合社会责任与企业价值创造的 Pearson 相关性，得到的分析结果如表 3−49 和表 3−50 所示。

表 3−49　**电气机械及器材制造业和汽车制造业企业社会责任**

层级性与价值创造相关变量相关性分析

		EVA	CSR_1	CSR_2	CSR_3	LEV	SIZE
EVA	Pearson 相关性 显著性（双侧）	1					
CSR_1	Pearson 相关性 显著性（双侧）	0.389** 0.041	1				
CSR_2	Pearson 相关性 显著性（双侧）	0.456** 0.015	0.269 0.166	1			
CSR_3	Pearson 相关性 显著性（双侧）	0.269 0.166	0.013 0.947	0.091 0.135	1		
LEV	Pearson 相关性 显著性（双侧）	0.151 0.442	−0.010 0.959	0.290 0.135	0.023 0.906	1	
SIZE	Pearson 相关性 显著性（双侧）	0.639*** 0.000	0.293 0.130	0.492*** 0.008	−0.006 0.977	0.516*** 0.005	1

注：***在 0.01 水平（双侧）上显著相关；**在 0.05 水平（双侧）上显著相关；*在 0.1 水平（双侧）上显著相关。

表 3-50　　电气机械及器材制造业和汽车制造业综合社会责任

与价值创造相关变量相关性分析

		EVA	CSR	LEV	SIZE
EVA	Pearson 相关性 显著性（双侧）	1			
CSR	Pearson 相关性 显著性（双侧）	0.572*** 0.001	1		
LEV	Pearson 相关性 显著性（双侧）	0.151 0.442	0.140 0.478	1	
SIZE	Pearson 相关性 显著性（双侧）	0.639*** 0.000	0.394** 0.038	0.516*** 0.005	1

注：***在 0.01 水平（双侧）上显著相关；**在 0.05 水平（双侧）上显著相关；*在 0.1 水平（双侧）上显著相关。

由表 3-49 和表 3-50 中的结果可以看出，基础责任（CSR_1）和关键责任（CSR_2）与企业价值创造在 5%水平上呈正相关关系；道德责任（CSR_1）与企业价值创造呈不相关关系；资产负债率与企业价值创造呈不相关关系；企业规模与企业价值创造在 1%水平上呈正相关关系。

为了进一步确定电气机械及器材制造业和汽车制造业层级社会责任、综合社会责任对价值创造的影响，以企业价值创造为因变量，以层级社会责任以及综合社会责任为自变量，运用 SPSS18.0 统计软件，进行多元线性回归的实证分析，得到的多元线性回归结果如表 3-51 和表 3-52 所示。

表 3-51　　电气机械及器材制造业和汽车制造业企业社会责任

层级结构与价值创造的回归结果

模型	非标准化系数		标准系数		
	B	标准误差	试用版	t	Sig
常量	−1.486	0.655		−2.268	0.033
CSR_1	1.039	0.995	0.158	1.044	0.308
CSR_2	0.728	0.851	0.140	0.855	0.402
CSR_3	1.735	0.926	0.263	1.874	0.074
LEV	−0.224	0.167	−0.224	−1.345	0.192
SIZE	0.641	0.186	0.641	3.441	0.002

表 3-52　　电气机械及器材制造业和汽车制造业综合社会责任

与价值创造的回归结果

模型	非标准化系数		标准系数	t	Sig
	B	标准误差	试用版		
常量	−1.527	0.631		−2.421	0.023
CSR	3.479	1.405	0.365	2.476	0.021
LEV	−0.211	0.158	−0.211	−1.337	0.194
SIZE	0.604	0.170	0.604	3.550	0.002

其中，层级社会责任与价值创造回归分析得到的 F 值为 5.862，调整 R^2 为 0.474；综合社会责任与价值创造回归分析得到的 F 值为 10.294，调整 R^2 为 0.508。从表 3-51 和表 3-52 可以看出，基础责任和关键责任对价值创造存在正向影响，但不显著；道德责任对价值创造在 10%水平上有显著正向影响；综合社会责任对价值创造在 5%的水平上有显著正向影响。检验结果表明：电气机械及器材制造业和汽车制造业企业更好地履行道德责任有助于企业实现价值创造。

与总体样本相比，电气机械及器材制造业和汽车制造业的关键责任和道德责任对价值创造的影响存在差异。电气机械及器材制造业和汽车制造业的关键责任对价值创造存在正向影响，但不显著，而道德责任对价值创造在 10%的水平上有显著正向影响。导致这种差异的原因是：在关键责任中减少了"保障投资者参事议事权、依法照章纳税以及废物排放严格遵守国家标准"等内容。在总体样本的关键责任中，"保障投资者参事议事权""依法照章纳税""废物排放严格遵守国家标准"的权重值分别为 0.210、0.237、0.115，三个指标的权重合计较大，因此，缺少这三方面会导致电气机械及器材制造业和汽车制造业的关键责任对价值创造的影响相对于总体样本产生一定的差异。同时，实证检验结果表明：电气机械及器材制造业和汽车制造业更好地履行对投资者、员工、消费者、供应商等利益相关者的关键责任，如与员工签订劳动合同、为消费者提供安全合格的产品、衡量消费者满意度、提供公益性捐助与赞助项目以及为残疾人和少数民族等提供援助等，并不能显著提升企业价值。行业的道德责任中增加了"保障投资者参事议事权、及时足额偿还供应商的货款"等内容，企业在这三方面的良好表现有助于企业获得投资者的资金支持、保持供应链的稳定运行，从而可以提升企业价值。

3.5.6　其他制造业企业社会责任层级性与价值创造关系

（1）其他制造业企业社会责任层级结构划分

为了得到化学原料及化学制品制造业、医药制造业以及酒、饮料和精制茶制造业社会责任层级结构模型，使用 SPSS18.0 统计分析软件包，采用"Furthest Neighbor"聚类方法，对企业社会责任的 20 个衡量指标进行聚类分析。图 3-8 为企业社会责任各指标聚类分析的树形图，将企业社会责任划分为三类时的类间距离最大。

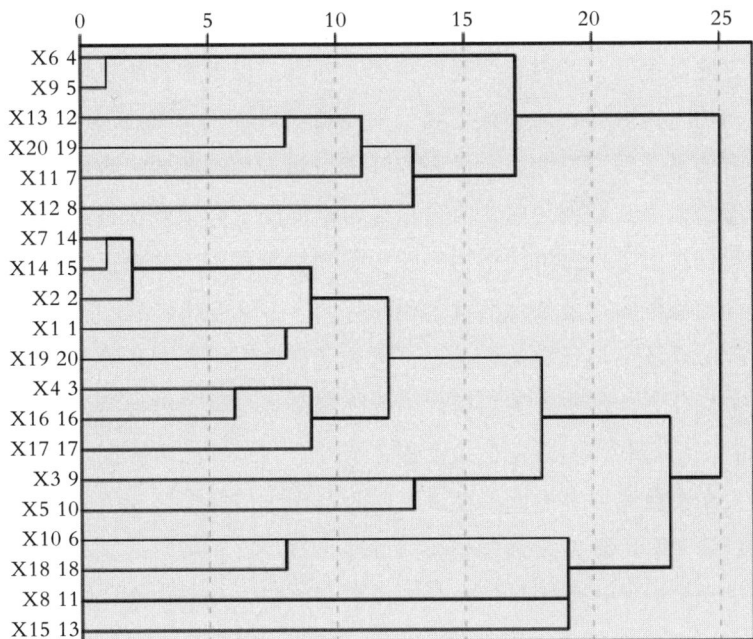

图 3-8　其他制造业企业社会责任各因子聚类分析的树形图

从聚类分析的树形图看出，可以将企业对利益相关者的责任内容划分为三个不同层次。其中，X6、X9、X11、X12、X13 以及 X20 同属一个层次，包含的内容为：为员工提供职业培训与发展、主动与消费者建立有效沟通、与供应商建立稳定的业务关系、及时足额偿还供应商的货款、依法照章纳税以及为残疾人和少数民族等提供援助。

X8、X10、X15 以及 X18 同属一个层次,包含的内容为:为消费者提供安全合格的产品、衡量消费者满意度、废物排放严格遵守国家标准以及回收利用废旧原料。

X1、X2、X3、X4、X5、X7、X14、X16、X17 以及 X19 同属一个层次,包含的内容为:及时分配股利并偿还本息、完善投资者关系管理、保障投资者参事议事权、为员工提供合理的工资福利待遇、与员工签订劳动合同、为员工提供安全舒适的工作环境、从未涉及商业贿赂事件、生产或提供环保型产品或服务、实施了能源节约或环境保护项目、提供公益性捐助与赞助项目。

根据其他制造业数据与总样本数据的分析结果,我们发现,其他制造业社会责任的基础责任中增加了"依法照章纳税以及为残疾人和少数民族等提供援助"等内容,而减少了"为员工提供合理的工资及福利待遇、为员工提供职业培训与发展、主动与消费者建立有效沟通以及完善投资者关系管理"等内容,涉及投资者、员工、消费者、政府以及弱势与公益群体等利益相关者;关键责任中增加了"衡量消费者满意度以及回收利用废旧原料"等内容,而减少了"保障投资者参事议事权、与员工签订劳动合同以及依法照章纳税"等内容,涉及投资者、员工、消费者、政府以及环境等利益相关者;道德责任中增加了"及时分配股利并偿还本息、完善投资者关系管理、保障投资者参事议事权、为员工提供合理的工资福利待遇以及与员工签订劳动合同"等内容,而减少了"为残疾人和少数民族等提供援助以及回收利用废旧原料"等内容,涉及投资者、员工、环境以及弱势与公益群体。

化学原料及化学制品制造业、医药制造业以及酒、饮料和精制茶制造业在国家政策鼓励、新技术引进和科研能力提升的多重力量共同作用下,迈上了飞速发展的道路,因此,纳税比例也随着行业的发展而提高。在其他制造业中,医药制造业所占比重较大,因其行业特性,个别医药制造企业通过对灾区或残疾人等弱势群体捐赠药品,从而提高了其他制造业的"为残疾人和少数民族等提供援助"社会责任指数。

在化学原料及化学制品制造业、医药制造业以及酒、饮料和精制茶制造业普遍存在为了追逐短期经济效益，以次充好，进行虚假广告宣传，质量问题出现后，售后服务不力，甚至消极应对投诉问题，侵害消费者知情权。为了保护消费者权益，应以法律形式要求企业衡量消费者满意度。同时，其他制造业严重缺乏对垃圾的处置能力和利用能力，垃圾资源化效果并不显著，因此，应以法律形式要求企业回收利用废旧原料。

由于化学原料及化学制品制造业、医药制造业以及酒、饮料和精制茶制造业的行业特性，相比于其他行业，员工的工作环境充满了对身体健康有害的化学物质，但很多企业无法在此方面对员工的利益加以更多的保障。

采用熵权法分别对其他制造业层级社会责任以及综合社会责任进行评价，得到企业社会责任层级指标体系及权重如表3-53所示。

表3-53　　其他制造业企业社会责任层级指标体系及权重

其他制造业企业 社会责任层级	具体指标描述	层级权重	综合权重
基础责任	为员工提供职业培训与发展	0.165	0.050
	主动与消费者建立有效沟通	0.165	0.049
	与供应商建立稳定的业务关系	0.164	0.049
	及时足额偿还供应商的货款	0.169	0.050
	依法照章纳税	0.170	0.051
	为残疾人和少数民族等提供援助	0.168	0.050
关键责任	为消费者提供安全合格的产品	0.249	0.050
	衡量消费者满意度	0.244	0.049
	废物排放严格遵守国家标准	0.249	0.050
	回收利用废旧原料	0.257	0.052
道德责任	及时分配股利并偿还本息	0.096	0.048
	完善投资者关系管理	0.098	0.049
	保障投资者参事议事权	0.102	0.051
	为员工提供合理的工资福利待遇	0.097	0.049
	与员工签订劳动合同	0.108	0.054
	为员工提供安全舒适的工作环境	0.102	0.051
	从未涉及商业贿赂事件	0.100	0.050
	生产或提供环保型产品或服务	0.095	0.048
	实施了能源节约或环境保护项目	0.099	0.050
	提供公益性捐助与赞助项目	0.102	0.051

同时，通过熵权法对各项社会责任评价指数进行计算和处理，得到企业对各项社会责任评价指标的熵值和权重，分别计算出 2014 年其他制造业样本公司三个层级社会责任的综合得分以及综合社会责任得分。

（2）其他制造业企业社会责任层级结构与价值创造关系的检验

通过 SPSS18.0 软件对样本数据进行描述性统计分析，得到结果如表 3-54 所示。

表 3-54　　其他制造业企业社会责任与价值创造相关变量描述性统计分析

变量	N	最小值	最大值	均值	标准差	偏度	峰度
EVA	50	−3.654	4.284	0.000	1.000	0.653	9.708
EVA $_{(t+1)}$	50	−3.007	3.874	0.000	1.000	0.487	5.740
CSR$_1$	50	0.11	0.89	0.556	0.158	−0.363	0.159
CSR$_2$	50	0.00	0.91	0.449	0.234	0.178	−0.850
CSR$_3$	50	0.10	0.54	0.322	0.120	0.057	−1.163
CSR	50	0.25	0.60	0.417	0.099	−0.219	−0.927
LEV	50	−1.820	2.027	0.000	1.000	−0.019	−0.657
LEV $_{(t+1)}$	50	−1.584	2.225	0.000	1.000	0.557	−0.454
SIZE	50	−1.784	2.050	0.000	1.000	0.104	−0.596
SIZE $_{(t+1)}$	50	−1.767	2.181	0.000	1.000	0.551	−0.357

从表 3-54 样本描述性统计数据中可以看出，其他制造业企业社会责任均值为 0.417，总体样本综合社会责任均值为 0.337，与总体样本相比，企业社会责任整体履行水平较高，企业承担的三个层级的社会责任平均值分别为：CSR$_1$ 为 0.556，CSR$_2$ 为 0.449，CSR$_3$ 为 0.322，而总体样本层级社会责任平均值为：CSR$_1$ 为 0.381，CSR$_2$ 为 0.332，CSR$_3$ 为 0.309。可以看出，其他制造业三个层级社会责任均高于总体样本的层级社会责任。

其他制造业企业 EVA 最大值为 4.284，最小值为−3.654，EVA $_{(t+1)}$ 最大值为 3.874，最小值为−3.007，总体样本 EVA 最大值为 9.364，最小值为−1.461，EVA $_{(t+1)}$ 最大值为 8.560，最小值为−1.591，说明样本企业之间价值创造能力存在较大差异，但与总体样本相比，有较多的企业处于价值侵蚀的状态。

为了了解变量间的相关关系和关联程度，分别检验其他制造业企业层级社会责任、综合社会责任与企业价值创造的 Pearson 相关性，得到的分析结果如表 3-55 和表 3-56 所示。

表 3-55　其他制造业企业社会责任层级性与价值创造相关变量相关性分析

		EVA	CSR$_1$	CSR$_2$	CSR$_3$	LEV	SIZE
EVA	Pearson 相关性	1					
	显著性（双侧）						
CSR$_1$	Pearson 相关性	−0.001	1				
	显著性（双侧）	0.996					
CSR$_2$	Pearson 相关性	0.041	0.140	1			
	显著性（双侧）	0.775	0.333				
CSR$_3$	Pearson 相关性	−0.008	0.079	0.100	1		
	显著性（双侧）	0.957	0.585	0.490			
LEV	Pearson 相关性	−0.363***	0.110	−0.056	−0.198	1	
	显著性（双侧）	0.010	0.446	0.700	0.169		
SIZE	Pearson 相关性	0.101	0.146	0.180	0.054	0.445***	1
	显著性（双侧）	0.485	0.312	0.211	0.710	0.001	

注：***在 0.01 水平（双侧）上显著相关；**在 0.05 水平（双侧）上显著相关；*在 0.1 水平（双侧）上显著相关。

表 3-56　其他制造业综合社会责任与价值创造相关变量相关性分析

		EVA	CSR	LEV	SIZE
EVA	Pearson 相关性	1			
	显著性（双侧）				
CSR	Pearson 相关性	0.015	1		
	显著性（双侧）	0.919			
LEV	Pearson 相关性	−0.363***	−0.095	1	
	显著性（双侧）	0.010	0.511		
SIZE	Pearson 相关性	0.101	0.189	0.445***	1
	显著性（双侧）	0.485	0.189	0.001	

注：***在 0.01 水平（双侧）上显著相关；**在 0.05 水平（双侧）上显著相关；*在 0.1 水平（双侧）上显著相关。

由表 3-55 和表 3-56 中的结果可以看出，基础责任（CSR_1）、关键责任（CSR_2）、道德责任（CSR_3）以及综合社会责任（CSR）与企业价值创造呈不相关关系；企业规模与企业价值创造呈不相关关系；资产负债率与企业价值创造在 1%水平上呈负相关关系。

为了进一步确定其他制造业层级社会责任、综合社会责任对价值创造的影响，以企业价值创造为因变量，以层级社会责任以及综合社会责任为自变量，运用 SPSS18.0 统计软件，进行多元线性回归的实证分析，得到的多元线性回归结果如表 3-57 和表 3-58 所示。

表 3-57　其他制造业企业社会责任层级结构与价值创造的回归结果

模型	非标准化系数		标准系数		
	B	标准误差	试用版	t	Sig
（常量）	0.358	0.614		0.582	0.563
CSR_1	0.156	0.853	0.025	0.183	0.856
CSR_2	−0.189	0.583	−0.044	−0.324	0.747
CSR_3	−1.117	1.137	−0.134	−0.982	0.331
LEV	−0.555	0.154	−0.555	−3.608	0.001
SIZE	0.360	0.153	0.360	2.351	0.023

表 3-58　其他制造业综合社会责任与价值创造的回归结果

模型	非标准化系数		标准系数		
	B	标准误差	试用版	t	Sig
（常量）	0.437	0.585		0.748	0.458
CSR	−1.049	1.368	−0.103	−0.766	0.447
LEV	−0.532	0.148	−0.532	−3.600	0.001
SIZE	0.357	0.150	0.357	2.385	0.021

其中，层级社会责任与价值创造回归分析得到的 F 值为 2.734，调整 R^2 为 0.150；综合社会责任与价值创造回归分析得到的 F 值为 4.522，调整 R^2 为 0.177。从表 3-57 和表 3-58 可以看出，基础责任

（CSR₁）对价值创造存在正向影响，但不显著；关键责任（CSR₂）、道德责任（CSR₃）以及综合社会责任（CSR）对价值创造存在负向影响，但不显著。检验结果表明：其他制造业企业履行社会责任对价值创造无明显影响。

与总体样本相比，其他制造行业的关键责任和综合社会责任对价值创造的影响存在差异。其他制造行业的关键责任和综合社会责任对价值创造存在负向影响，但不显著。可能的原因是：在其他制造行业的关键责任中减少了"保障投资者参事议事权、与员工签订劳动合同以及依法照章纳税"等内容，在总体样本的关键责任中，这三个指标所占的比重分别为 0.210、0.383、0.237，比重很大，其他制造行业的关键责任缺少这三个指标可能直接导致其对价值创造的影响程度出现差异。同时，实证检验结果表明：其他制造行业更好地履行对投资者、员工、消费者、供应商等利益相关者的关键责任，例如，为消费者提供安全合格的产品、衡量消费者满意度、废物排放严格遵守国家标准以及回收利用废旧原料等，并不能显著提升企业价值。

第 4 章　企业社会责任与可持续增长的关系

4.1　研究内容与思路

4.1.1　研究内容

本书先从理论上分析企业履行各个利益相关者责任对企业财务可持续增长的影响，进一步分析创业板上市公司社会责任的履行情况。以利益相关者理论为基础，分股东、债权人等七个方面设计企业社会责任指标，并将这些指标进行因子分析，进而找出代表企业社会责任履行情况的主要因子，以希金斯的财务可持续增长指标衡量企业的财务可持续增长情况。运用多元回归分析法分析不同利益相关者责任因子以及社会责任总体表现对可持续增长指标的影响。以实际增长率与可持续增长率之差的绝对值为因变量与社会责任各指标进行回归，最后对所得结果进行分析，找出可实施的路径及方案。

4.1.2 研究思路

研究的技术路线如图 4-1 所示。

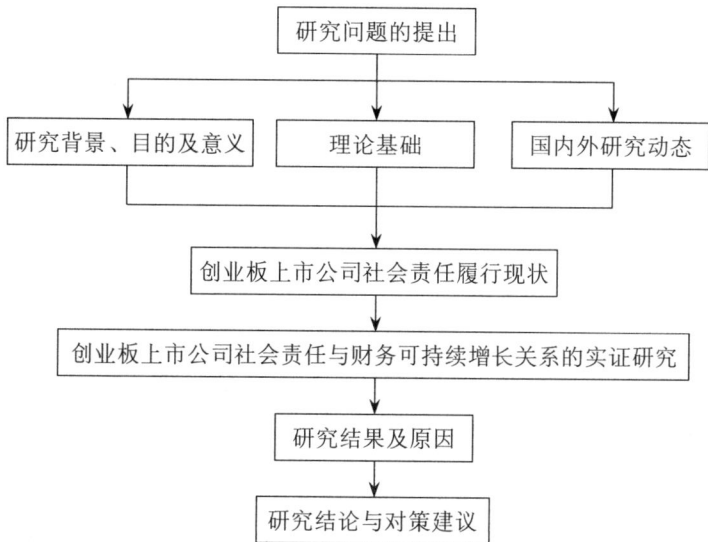

```
              ┌──────────────────┐
              │  研究问题的提出   │
              └──────────────────┘
      ┌───────────────┼───────────────┐
      ▼               ▼               ▼
┌──────────────┐ ┌──────────┐ ┌──────────────┐
│研究背景、目的 │ │ 理论基础 │ │ 国内外研究动态│
│  及意义      │ │          │ │              │
└──────────────┘ └──────────┘ └──────────────┘
                      │
                      ▼
       ┌──────────────────────────────┐
       │ 创业板上市公司社会责任履行现状 │
       └──────────────────────────────┘
                      │
                      ▼
  ┌────────────────────────────────────────────┐
  │创业板上市公司社会责任与财务可持续增长关系的实证研究│
  └────────────────────────────────────────────┘
                      │
                      ▼
            ┌──────────────────┐
            │  研究结果及原因   │
            └──────────────────┘
                      │
                      ▼
            ┌──────────────────┐
            │ 研究结论与对策建议│
            └──────────────────┘
```

图 4-1 研究的技术路线

4.2 研究方法

4.2.1 演绎法

本书采用理论演绎法对国内外学者关于企业社会责任理论、利益相关者理论、利益平衡理论等加以收集、整理、综合和分析，并结合本章所要解决的主要问题，进行逐步分析演绎，最终解决问题。通过对相关理论文献的回顾、总结与分析，为本书的研究提供理论基础，特别是为实证研究部分研究假设的提出提供理论前提。

4.2.2 归纳法

本书除了对相关理论的回顾采用了演绎法外，在对创业板上市公司社会责任研究中采用了对相关研究文献进行归纳的方法，这也是本书写作的前提。采用文献归纳法，进一步明确问题的研究背景与前沿，进行总结归纳，最终形成本书的基本观点。

4.2.3　因子分析法

在构建了创业板上市公司社会责任指标体系后，需要根据企业对不同利益相关者的责任进行分类，因子分析法可以客观地将全体指标分为不同利益相关者的责任因子，能够很好地体现企业对不同利益主体的社会责任。本章利用因子分析法，从 14 个具体指标中概括和推论出 7 个不可观测潜变量，即股东责任因子、债权人责任因子、供应商责任因子、员工责任因子、消费者责任因子、政府责任因子、公益责任因子，这 7 个因子能够很好地反映 7 个原始小类指标所包含的信息。

4.2.4　相关分析和多元回归分析法

在进行实证分析时，本书对创业板上市公司总体社会责任以及各利益相关者责任因子与财务可持续增长率之间进行相关分析和多元回归分析，最终得出体现创业板上市公司自身特点的结论。

4.3　创业板市场的性质及特征

4.3.1　创业板市场的发展历程

（1）创业板市场的定义

创业板市场（growth enterprise market，GEM）是指专门协助高成长的新兴创新公司特别是高科技公司筹资并进行资本运作的市场，也称为二板市场、另类股票市场、增长型股票市场等。创业板市场是一个高风险的市场，因此更加注重公司的信息披露，以美国纳斯达克（NASDAQ）市场为代表，而后还有英国的另类投资市场（AIM）、韩国的科斯达克市场以及日本的佳斯达克市场。在我国，创业板是指 2009 年推出的在深圳证券交易所上市的市场板块。创业板市场又称为二板市场，即第二股票交易市场，这是为了区别于我们的主板市场而言的。创业板市场推出的主要目的是加快发展中小企业，尤其是具有高成长性的中小企业，为自主创新国家战略和中小企业提供融资渠道，促进多层次的资本市场体系建设更加完善。我国的创业板是资本市场的重要组成部分，是对主板市场的重要补充，在资本市场中发挥着不可或缺的重要作用。首先，创业板市场的建立意义重大，有利于完善我国资本市场层次与结构，能够为数量众多的具有高成长性的创业企业提供资本市场服务与融资的平台，推动民间投资，促进产业结构调整。其次，创业板的推出不但丰富了我国的资本市场，也为投资者的投资提供了更多选择，而且创业板的推出直接为中小企业和新兴产业提供了一个融资平台，这在一定程度上缓解了中小企业融资难的问题，有利于高新企业的发展，丰富资本市场。创业板市场实行优胜劣汰机制和奖励机制，从而使整个资本市场运作效率有所提升，同时实行严格的退市制度，一旦企业破产将会快速退市，不允许借壳上市，这也在一定程度上保护了投资者的利益。

我国设立创业板的必要性：美国的纳斯达克市场建立之后，英国的另类投资市场、日本的佳斯达克市场和韩国的科斯达克市场也相继建立，丰富了整个世界的资本市场，并使资本市场的结构有了新的发展。事实证明，只有主板市场是不能满足所有投资者需要的，是不完善的，因为：

①主板市场门槛相对太高。对于那些处于成长阶段的高新技术企业和具有较高成长性的中小企业来讲，进入主板市场门槛太高。按照主板市场和创业板市场上市标准的不同要求，分别在盈利要求、资产要求、股本要求、主营业务要求、董事会与管理层、实际控制人等方面具有不同的标准，而且主板市场相对于创业板市场比较严格。

②主板市场是一个限制性的市场，法人股和国家股并不能流通和交易。风险投资通过股权转让，一次性撤出实现回报在主板市场不能实现。而创业板市场一般是全流通的市场，这是对主板市场的一种补充。

③现在很多高新技术企业和具有成长性但刚刚起步、发展不稳定的中小企业很难进入主板市场。因为主板市场的准入门槛较高，而对于起步较晚的高新技术企业来说，在成长阶段资金主要用于研究支出，回报

时间较长，不能满足主板市场上市的盈利能力要求，所以很难进入主板市场。但创业板市场的准入门槛较低，而成立的目的主要是服务于高新技术企业，因此，在主板市场严格的上市标准要求下，即使高新技术企业和中小企业能够进入主板市场，也无法满足其融资要求。

④创业板市场设立的目的是为中小型的高新技术企业以及具有成长性的企业建立融资渠道，打造良好的融资平台，这不但有利于中小型的高新技术企业的发展，也可以为具有成长性但因为资金不足不能进入主板市场的企业提供机会，既丰富了资本市场，也有利于资本市场更健康地发展。

（2）创业板市场的发展历程

最早成立的二板市场是香港创业板市场。1999 年 11 月 25 日，酝酿 10 年之久的香港创业板终于成立。其定位是为处于创业阶段的中小高成长性公司尤其是高科技公司服务。一家公司若想在香港联交所上市，最近三年必须有 5 000 万港元的盈利，但创业板不设盈利底线，只需公司有两年的"活跃业务记录"。如果创始人在业界已是名声鹊起，那么这个两年的"记录"也可以不要。香港联交所权威人士曾风趣地说，如果比尔·盖茨出来重新注册一家公司，创业板会马上愉快地接纳。

在证券发展历史的长河中，创业板刚开始是对应于具有大型成熟公司的主板市场，以中小型公司为主要对象的市场形象而出现的。19 世纪末期，一些不符合大型交易所上市标准的小公司只能选择场外市场和地方性交易所作为上市场所。到了 20 世纪，众多地方性交易所逐步消亡，而场外市场也存在很多不规范之处。自 20 世纪 60 年代起，以美国为代表的一些国家和地区为了解决中小型企业的融资问题，开始大力创建各自的创业板市场。发展至今，创业板已经发展成为帮助中小型新兴企业，特别是高成长性科技公司融资的市场。

回顾创业板的发展历史，20 世纪 60 年代可以被称为创业板的萌芽起步时期。1961 年，为了推进证券业的全面规范，美国国会要求美国证券交易委员会对所有证券市场进行特定的研究。两年之后，美国证券交易委员会放弃了对全面证券市场的研究，而将目光盯在了当时处于朦胧和分割状态的场外市场。美国证券交易委员会提出了"自动操作系统"作为解决途径的设想，并由全国证券商协会（NASD）来进行管理。1968 年，自动报价系统研制成功，NASD 改称为全国证券商协会自动报价体系（NASDAQ 系统）。1971 年 2 月 8 日，NASDAQ 市场正式成立，当日完成了 NASDAQ 系统的全面操作，中央牌价系统显示出 2 500 只证券的行情。直到 1975 年，NASDAQ 建立了新上市标准，要求所有的上市公司必须将在 NASDAQ 市场上市的公司和 OTC 证券分离开来。

与美国 NASDAQ 市场几乎同步，日本开始了创业板的发展历程。1963 年，日本东京证券交易所设立了针对中小公司的第二板，并正式启用了场外市场制度。不过，在其后相当长一段时间内，日本的场外市场一直萎靡不振。

创业板公司应是具备一定的盈利基础，拥有一定的资产规模，且需存续一定期限，具有较高的成长性的企业。创业板市场最大的特点就是低门槛进入，严要求运作，有助于有潜力的中小企业获得融资机会。在中国发展创业板市场是为了给中小企业提供更方便的融资渠道，为风险资本营造一个正常的退出机制。同时，这也是中国调整产业结构、推进经济改革的重要手段。对投资者来说，创业板市场的风险要比主板市场高得多。当然，回报可能也会高很多。各国政府对二板市场的监管更为严格，其核心就是"信息披露"。除此之外，监管部门还通过"保荐人"制度来帮助投资者选择高素质企业。

创业板市场一般是为了满足新经济发展的要求和促进高新技术产业发展而设立的。它能发挥弥补现有证券市场不足的功能，其上市服务的对象大多数是处于成长阶段初期的创新型企业，尤其是高科技企业。创业板市场是不同于主板市场（main-board market）的另一类证券市场，又被称为第二板市场（second-board market），主要为中小型企业、创业型企业以及创新能力强的高科技产业企业提供融资服务，是针对中小企业的资本市场，为这些企业提供了一条直接融资渠道。创业板在资本市场占据着重要的位置，是对主板市场的重要补充，丰富了我国的资本市场体系。美国的纳斯达克市场在世界上主要的股票市场中成长速度最快，现已成为全球第二大的证券交易市场。20 世纪 90 年代后，各国政府加强了对高新技术产业发展的重视，于是纷纷向美国学习开辟创业板市场，这时各国和地区的创业板市场如雨后春笋一样纷纷出现，主要包括新加坡股票交易所自动报价市场、伦敦证券交易所、德国新市场、法国新市场、中国香港创业板市场、中国台湾柜台交易所等，创业板市场也相应进入了迅速发展阶段。

4.3.2 创业板市场的特征

创业板市场不同于主板市场，主板市场上主要以发展稳定、成熟的大中型企业为主，而创业板市场多为高新技术企业以及具有高成长性的中小企业，它注重的是企业未来的发展前景和潜力，为其提供融资渠道和机会。其上市标准低于成熟的主板市场。创业板市场具有"三高"特点，即高收益性、高风险性和高成长性，其在企业上市条件、流通机制及监督机制等方面与主板市场有很大差别，主要具有以下特点：

（1）上市公司多为高新技术企业

我国成立创业板市场的主要目的是为高科技领域中运作良好、成长性强的新兴中小公司提供融资场所。我国出台的关于股票在创业板市场公开发行的相关政策规定指出，创业板的目的之一就是为具有创新能力的中小企业和其他具有成长性的企业服务。但从目前的发展状况来看，有很多企业并不"高新"，因此在未来的发展中，政府应该完善创业板市场的准入机制，使之更好地为中小企业提供融资渠道，促进规范化、健康发展。

（2）企业规模较小

创业板市场主要为中小企业和新兴产业服务，上市条件所要求的公司规模比主板市场要小，这并不表明创业板市场只接受中小企业，成长性较高、发展潜力大的大型企业也属于创业板市场的服务对象，这有利于尽快树立企业的高成长科技股形象，为企业的交易、发展奠定更为坚实的基础，同时也为创业板市场的不断完善和成熟提供有利条件。

（3）高成长性

在创业板市场上市的企业多为高新技术企业，未来的发展潜力较大，因此具有较强的成长性。高成长性的企业会吸引众多的投资者进行长期投资，注重未来的收益而不是眼前的利益，这在一定程度上推动了高新技术企业的发展，也促进了创业板市场的稳步发展。

（4）高收益性

主板市场上一般都是成熟企业，收益相对稳定，而创业板市场上基本都是高新技术企业，具有较强的成长性，这些企业可以通过某一技术领域的创新或者突破带来巨大的收益，或者直接开拓出一个全新的领域，成为行业的"领头羊"。因此，创业板市场具有很大的成长空间，具有爆发性成长的机会，使投资者获取高额的回报。

（5）高风险性

与高收益性相对应的创业板市场的另一个特点就是具有高风险性。为了适度控制风险，我国在对创业板上市公司信息披露方面具有更严格的要求。由于创业板市场本身起步较晚，没有形成一套完善的体系，创业板市场上一般为高新技术企业以及一些具有高成长性的企业，它们经营的时间较短，新技术的可靠性和未来业绩的增长都具有较大的不确定性。一方面，现代企业新技术发展迅速，不断推陈出新，投资回收期长，产品的生命周期短，基础业务的稳定性较差，核心技术是否能长期占有市场份额具有很大的不确定性；另一方面，其经营管理层通常都是高新技术人员，公司运营链上可能存在较多的薄弱环节。另外，市场本身没有形成一套完善的体系来规范企业的发展，在自身运营方面有可能出现一些问题。这些存在的问题势必影响企业未来经营业绩的提升，这就使得创业板上市公司风险更高。

4.3.3　创业板与主板、中小板的区别

主板市场作为一板市场，是国家证券、股票上市的重要交易场所。我国的证券交易所主要有上海证券交易所和深圳证券交易所。有些企业的条件达不到主板市场的上市要求，所以只能在中小板市场上市。创业板市场作为第二股票交易市场在我国的资本市场中扮演着重要的角色，主要为暂时不能满足主板市场的上市要求的中小企业以及新兴产业提供融资渠道。虽然创业板市场上市门槛比较低，但是对上

市之后的运作要求很严格,尤其在信息披露方面有更严格的要求,这样不仅有利于有潜力的中小企业获得融资机会,而且有助于资本市场的规范化发展。

我国创业板与主板、中小板的区别主要表现在以下几个方面:

(1)上市企业类型不同。主板市场发展较早,有很长的一段历史,因此在主板市场上市的企业多为大中型企业,且行业相对稳定,如制造业、金融业、通信业等行业中成长相对稳定的企业;而在创业板市场上市的企业多为新兴的高新技术企业以及具有成长性的中小型企业,创业板市场具有"三高"的特点,即高成长性、高风险性、高收益性。这些企业虽然具有一定的风险,但未来的发展潜力大,可能给投资者带来高额的回报。

(2)上市条件不同。在主体资格方面,主板市场要求必须是依法设立且合法存续的股份有限公司,而创业板市场则要求依法设立且持续经营三年以上的股份有限公司。在盈利要求方面,主板市场要求:企业最近三个会计年度净利润均为正数且累计超过人民币 3 000 万元,净利润以扣除非经常性损益前后孰低者为计算依据;最近三个会计年度经营活动产生的现金流量净额累计超过人民币 5 000 万元,或者最近三个会计年度营业收入累计超过人民币 3 亿元;最近一期不存在未弥补亏损。而创业板市场要求:企业最近两年连续盈利,最近两年净利润累计不少于人民币 1 000 万元;或者最近一年盈利,最近一年营业收入不少于人民币 5 000 万元。净利润以扣除非经常性损益前后孰低者为计算依据。在资产要求方面,主板市场要求企业最近一期末无形资产(扣除土地使用权、水面养殖权和采矿权等后)占净资产的比例不高于20%,而创业板市场要求企业最近一期末净资产不少于人民币 2 000 万元。在股本要求方面,主板市场要求公司发行前股本总额不少于人民币 3 000 万元,而创业板市场要求企业发行后的股本总额不少于人民币 3 000 万元。在主营业务要求方面,主板市场要求企业最近三年内主营业务没有发生重大变化,创业板市场要求发行人应当主营业务突出,同时要求募集资金只能用于发展主营业务。在董事会与管理层要求方面,主板市场要求企业最近三年内没有发生重大变化，创业板市场要求企业最近两年内未发生重大变化。在实际控制人方面，主板市场要求企业最近三年内实际控制人未发生变更，创业板市场要求最近两年内实际控制人未发生变更。

可以看出，创业板市场相对于主板市场来讲，上市的门槛较低，对于盈利方面的要求以及资产方面的要求都要低很多。

（3）功能定位不同。主板市场主要是为成熟的、发展比较稳定的大中型企业服务，它的目的是为这些企业提供融资机会，改善公司治理结构；而创业板市场主要为新兴的高新技术企业以及不能在主板市场立足但具有很强的成长性的企业服务，它设立的目的首先是作为对主板市场的补充，丰富中国的资本市场，其次是为中小企业提供融资渠道，发掘它们的潜力，促进其发展。

（4）市场流通性不同。主板市场是限制流通市场，分为公众股、国家股和法人股，其中国家股和法人股不能进行市场流通；而创业板市场一个全流通的市场，并不区分公众股、国家股和法人股。

（5）退市制度不同。在退市机制安排上，创业板市场比主板市场更为严格，一旦达不到规定的要求，上市公司就会被摘牌，这样可以避免上市公司再次借壳上市，进行壳资源的炒作，但也加大了投资者的投资风险。

4.3.4　创业板市场的定位

市场人士都有这样的愿望，希望创业板市场定位宽松，具有弹性。从交易所的角度来思考这个问题，创业板市场的定位应重点突出以下几个方面：

（1）创业板市场是为中国新经济服务的市场

1990 年以来，美国以计算机、因特网、基因工程等高新技术为代表的新经济群体迅速崛起，引起了整个西方经济增长方式、经济结构以及经济运行规则的改变。在新经济的带动下，整个 20 世纪 90 年代成为美国第二次世界大战后最长的景气周期，创造了美国经济"双低一高"的神话。以美国为代表的新经济何以能发展如此迅速？其中一个重要原因是得力于美国 NASDAQ 市场的迅速崛起和蓬勃发展。NASDAQ 市场为美国新经济的发展开辟了新的动力源，为企业的创新和持续发展提供了强有力的支持和保障。

在中国，随着市场化进程的逐步加快，一大批新兴企业、科技企业得到了蓬勃发展，展示出中国新经济良好的发展前景。据统计，中国现有新兴企业超过 7 万家，经科技部和省市科技部门认证的高新技术企业就有 2 万余家。此外，全国已建立 100 多个高科技企业孵化器、30 多个大学科技园、20 多个留学生创业园、500 多家为中小企业服务的生产力促进中心。大批成长性企业正源源不断地涌现，成为促进中国产业结构调整、升级与国民经济持续发展的新生力量。然而，随着这批新兴企业的迅速发展和壮大，需要提供与其相适应的经济金融环境，需要不断补充新的发展动力，而中国的金融证券市场还不能满足它们迅速成长的需要。因此，开设创业板市场是中国新经济发展的必然要求。开设创业板市场，就是要为中国新经济创造一个生长和发展的宽松环境；就是要为这批新兴创业企业提供可持续发展的资金动力，提供比商业银行和传统证券市场更加灵活、方便而有效的融资安排。一言以蔽之，就是要为代表着新的生产力的新经济提供新的发展平台。

尽管新经济正以几何级数般的速度在发展，尽管新经济已在传统经济面前显示出无与伦比的生命力，但如果急功近利，急于求成，甚至拔苗助长，只能是欲速则不达，弄巧成拙，对新经济、创业板市场有百害而无一利。面对新经济、面对创业板市场，应该满怀激动但不能一时冲动，应该满腔热情但不应该过火发烧。新经济也是经济，创业板市场也是市场，它们都有自身的运行规律。只有把握其发展规律，从中国的实际出发，稳妥、审慎地运作，才能充分发挥创业板市场对新经济的服务作用。

（2）创业板市场是注重上市公司成长性、讲求上市公司质量的市场

创业板市场要以上市公司的成长性与质量为核心，这已成为业内共识。NASDAQ 市场之所以成功，根本原因在于它有一批类似于微软、思科、英特尔这样成长性强、质量高的优秀企业，而不完全在于低门槛的诱惑。如果不顾质量而一味追求上市数量，只会加速市场的死亡。如

欧洲有一个新市场一开始什么企业都上，连茶叶店、美容店都可以上市，最后导致关门歇业。这一教训值得借鉴。因此，能否成功地吸引发展潜力大、成长性强的企业在创业板市场上市就成为中国创业板能否持续发展、保持永久生命力的关键。

（3）创业板市场是培育创业者理念、催生创新机制的市场

创业板将使创业的理念风行；创业板将造就一大批知识经济的神话；创业一旦与创业板对接，将焕发出令人惊异的力量。由于创业板的主体是高科技成长型企业，创业板的启动将催生出无数创业者，催生出无数高科技成果走出实验室，走进市场。一批新经济的弄潮儿将在创业板创造的氛围中迅速壮大。相信，在不远的将来，一大批像微软、思科和美国在线这样的超高速成长、超大规模的高新技术企业群体必将在创业板市场上出现。创业板担负着制度创新的角色。人们对微软借NASDAQ市场一飞冲天的财富效应津津乐道，但 NASDAQ 市场带给微软制度上的创新和经营管理上的不断完善是我们最需要的他山之石。由于创业板在中国将是一个相对充分的市场，它的各个要素将经受市场化的考验和洗礼，这个市场将会催生出一个全新的现代企业制度，整个中国经济也会因此而生机勃勃。

4.3.5　创业板市场的功能定位

（1）创业板市场为处于成长期的企业提供融资渠道

资本市场的基本功能是服务于经济实体。就微观而言，金融制度以及金融产品均应服务于企业主体。所以，讨论创业板市场功能定位之前应首先了解微观企业的发展规律。从 20 世纪 60 年代提出的生命周期理论来看，企业生命周期尽管受到一些质疑，但也同样受到了很多人的关注，大量学者基于生命周期理论提出了一系列企业成长模型。该理论认为，企业是一个动态发展的有机体，并且发展时期是能够被一些特有特征识别的。

企业在不同的阶段的技术能力、产品规模、市场占有水平、人才依赖程度以及综合管理水平等要素呈现出不同的特点，要素之间的相互影响和组合形式也不同。在初创期，企业技术成熟度较低而产品仍处于初

级的研发阶段，同时市场对产品的需求反应也存在较强的不确定性，因此企业在这一时期还没有形成稳定的现金流，此时的经营风险很大，故无法从银行获得贷款支持，也无法在资本市场发行股票募集资金。然而在此阶段，向研发部门和营销部门投入资金的量又是较大的，因此资金需求与供给之间的差异构成了这一时期的主要矛盾。初创期的融资来源主要是天使投资、风险投资等创业资金，而与此相对应的资本市场层次主要是私募股权市场。在成长期，伴随着新型技术的不断成熟，基于技术创新的产品也随之被市场接受，盈利模式稳定后已能为企业提供较为稳定的现金流，但此时的企业规模仍然较小，财务数据显示出的总体风险仍较高，所以技术研发和产品开发所需的资金仍较难从银行部门获得，同时也受到过强的上市条件约束而无法在资本市场上市，所以创业投资基金仍然是主要融资来源。随着企业不断成长壮大，创业投资的资金支持能力已无法满足企业发展对资金的需求。同时，竞争不断加剧也迫切要求企业采用更为公开化的治理手段以提高整体管理水平。创业板市场作为进入门槛较低的资本市场层次，能够满足处于成长期的企业的融资需求。在成熟期，企业产品的市场占有率趋于稳定，技术研发的意义已相对初创期和成长期较弱，因此企业能够维持稳定的现金流。此时，企业资产规模较大，经营风险较小，所以企业能够从多渠道获得融资，既可以取得较高的银行信贷，又可以选择在资本市场 IPO，抑或是发行公司债券。由于此时企业可能告别了高速成长的可能，因而这类公司对创业板投资者并没有太强的吸引力。所以，可以认为，成熟期企业的主要融资来源是银行和主板市场。在衰退期，由于产品需求较低，生产能力相对过剩，现金流逐渐减少，企业面临着较大的财务风险。此时企业的融资主要通过资产重组获得。

由以上分析可知，微观企业自身发展具有阶段性特征，这导致了企业在不同阶段具有不同的融资策略，因此，需要有一个多层次的资本市场体系予以支持。创业板市场的推出无疑为优化资本市场结构提供了强有力的支持。

（2）创业板市场为创新型企业提供融资渠道

企业产品在市场上的接受程度是决定企业生命周期的最重要因素。

当企业产品具有巨大市场潜力时，企业便可迅速成长壮大。为创新型企业提供融资平台是创业板市场功能定位的关键问题。创业板市场作为资本市场的一个重要层次，也应该致力于满足这一类型企业的融资需求。

（3）创业板市场与中小板市场的功能差异

我国主板市场上设立了中小板块，主要服务于中小企业，以满足它们的融资需求。尽管创业板与中小板一样，都为中小企业提供融资服务，但服务对象的规模不尽相同，这是因为创业板与中小板在功能定位上存在着本质的不同。对于创业板市场而言，其主要是为了满足处于成长期、某方面具有创新能力的企业的融资需求，这类企业创办时间较短，因此企业规模在形式上就表现为中小企业。

而对于中小板中的上市公司，由于其必须满足主板上市要求才可 IPO 发行上市，所以一般都已经处于成熟期，其盈利稳定性相对于创业板上市公司更强。同时，这类企业在技术与盈利模式创新等方面也不具有鲜明的特色。据此，服务对象在成长机会和创新能力上的差异决定了创业板市场的功能定位，以及其与中小板具有本质的区别。

4.3.6 创业板市场的主要模式

（1）附属市场模式

第二板市场附属于主板市场，和主板市场拥有相同的交易系统；有的和主板市场有相同的监管标准和监察队伍，所不同的只是上市标准的差别。

（2）独立运作模式

第二板市场和主板市场相比有独立的交易管理系统和上市标准，完全是另外一个市场。采用这种模式的有美国 NASDAQ、日本 JASDAQ、中国台湾的场外证券市场（ROSE）等。

（3）新市场模式

新市场模式是由小盘股市场连接而成，其会员市场达成最低运作标准，具有实时的市场行情，承认彼此的会员资格。

4.3.7 创业板市场的进入与退出

根据证监会 2014 年 5 月 14 日公布的《首次公开发行股票并在创业板上市管理办法》的规定，企业到创业板上市融资，需满足以下主要条件：

（1）发行人是依法设立且持续经营三年以上的股份有限公司。有限责任公司按原账面净资产值折股整体变更为股份有限公司的，持续经营时间可以从有限责任公司成立之日起计算。

（2）发行人的注册资本已足额缴纳，发起人或者股东用作出资的资产的财产权转移手续已办理完毕；发行人的主要资产不存在重大权属纠纷；发行人的股权清晰，控股股东和受控股股东、实际控制人支配的股东所持发行人的股份不存在重大权属纠纷。

（3）发行人应当主要经营一种业务，其生产经营活动符合法律、行政法规和公司章程的规定，符合国家产业政策及环境保护政策；发行人最近两年内主营业务和董事、高级管理人员均没有发生重大变化，实际控制人没有发生变更。

（4）最近两年连续盈利，最近两年净利润累计不少于 1 000 万元；或最近一年盈利，最近一年营业收入不少于 5 000 万元（净利润以扣除非经常性损益前后孰低者为计算依据，以上两条满足其一即可）。最近一期末净资产不少于 2 000 万元，且不存在未弥补亏损；发行后股本总额不少于 3 000 万元。

创业板的特点是股权总量虽然不大，但由于成长性良好，其估值水平往往高于主板市场，其中优质公司的股权增值幅度尤甚，非常有利于 VC、PE 等创业资本的退出。"退出"是为谁服务的？是为部分产业资本和创投资本服务的。为什么它们都急于退出？是因为已投资了很长时间，要"摘桃子"了；是因为所投资的企业在上市后能够获得足够的溢价，这足以收回它们包括沉没项目成本的所有投资，甚至有几倍乃至几十倍的收益。"退出"当然是资本获取回报的一个重要途径，事关资本活力和投资效率，但"退出"不应该反客为主，这里需掌握一个度的平衡。一个市场也好，一个行业或者企业也好，不能让投机色彩过于浓烈，不能让"不劳而获"的暴利来得太过简单和疯狂，否则必定会导致失衡或灾难，反过来会影响其本身的持续发展。2008 年发生的百年一遇的全球金融危机，足以说明不劳而获的金融放纵和过度投机会严重破坏虚拟经济与实体经济的平衡。

4.4 创业板上市公司财务现状分析

4.4.1 创业板上市公司基本情况

根据对创业板上市公司的界定和样本选择范围的确定，最终获得的 24 家样本公司基本情况如表 4-1 所示。

从创业板上市公司的上市时间看，有 18 家公司上市时间最早，上市时间为 2009 年 10 月 30 日，占所选样本创业板上市公司总数的75%。2009 年 12 月 25 日上市的有 6 家，占所选样本创业板上市公司总数的 25%。从上市地点看，24 家创业板上市公司均在深圳证券交易所上市。

从区域分布看，如图 4-2 所示，创业板上市公司的区域分布不均衡，分布在华东地区的有 9 家，占所选样本创业板上市公司总数的37%，其股票名称分别是特锐德、上海佳豪、安科生物、新宁物流、网宿科技、银江股份、华星创业、宝通带业、金龙机电；分布在华北地区的有 5 家，占所选样本创业板上市公司总数的 21%，其股票名称分别是神州泰岳、乐普医疗、北陆药业、钢研高纳、超图软件；分布在中南地区的有 5 家，占所选样本创业板上市公司总数的 21%，其股票名称分别是南风股份、汉威电子、华测检测、阳普医疗、中科电气；分布在西南地区的有 3 家，占所选样本创业板上市公司总数的 13%，其股票名称分别是莱美药业、硅宝科技、金亚科技；分布在西北地区的有 1 家，占所选样本创业板上市公司总数的 4%，其股票名称是大禹节水；分布在东北地区的有 1 家，占所选样本创业板上市公司总数的 4%，其股票名称是机器人。

表 4-1　　　　　　创业板上市公司持股与地区分布情况表　　　　单位：万股

股票简称	公司全称	上市时间	总股数	流通A股	流通B股	地区分布
特锐德	青岛特锐德电气股份有限公司	2009/10/30	3 360	3 360	0	华东
神州泰岳	北京神州泰岳软件股份有限公司	2009/10/30	3 160	3 160	0	华北
乐普医疗	乐普（北京）医疗器械股份有限公司	2009/10/30	4 100	4 100	0	华北
南风股份	南方风机股份有限公司	2009/10/30	2 400	2 400	0	中南
莱美药业	重庆莱美药业股份有限公司	2009/10/30	2 300	2 300	0	西南
汉威电子	河南汉威电子股份有限公司	2009/10/30	1 500	1 500	0	中南
上海佳豪	上海佳豪船舶工程设计股份有限公司	2009/10/30	1 260	1 260	0	华东
安科生物	安徽安科生物工程（集团）股份有限公司	2009/10/30	2 100	2 100	0	华东
华测检测	深圳市华测检测技术股份有限公司	2009/10/30	2 100	2 100	0	中南
新宁物流	江苏新宁现代物流股份有限公司	2009/10/30	1 500	1 500	0	华东
北陆药业	北京北陆药业股份有限公司	2009/10/30	1 700	1 700	0	华北
网宿科技	网宿科技股份有限公司	2009/10/30	2 300	2 300	0	华东
硅宝科技	成都硅宝科技股份有限公司	2009/10/30	1 300	1 300	0	西南
银江股份	银江股份有限公司	2009/10/30	2 000	2 000	0	华东
大禹节水	甘肃大禹节水集团股份有限公司	2009/10/30	1 800	1 800	0	西北
机器人	沈阳新松机器人自动化股份有限公司	2009/10/30	1 550	1 550	0	东北
华星创业	杭州华星创业通信技术股份有限公司	2009/10/30	1 000	1 000	0	华东
金亚科技	金亚科技股份有限公司	2009/10/30	3 700	3 700	0	西南
阳普医疗	广州阳普医疗科技股份有限公司	2009/12/25	1 860	1 860	0	中南
宝通带业	无锡宝通带业股份有限公司	2009/12/25	1 250	1 250	0	华东
金龙机电	金龙机电股份有限公司	2009/12/25	3 570	3 570	0	华东
钢研高纳	北京钢研高纳科技股份有限公司	2009/12/25	3 000	3 000	0	华北
中科电气	湖南中科电气股份有限公司	2009/12/25	1 550	1 550	0	中南
超图软件	北京超图软件股份有限公司	2009/12/25	1 900	1 900	0	华北

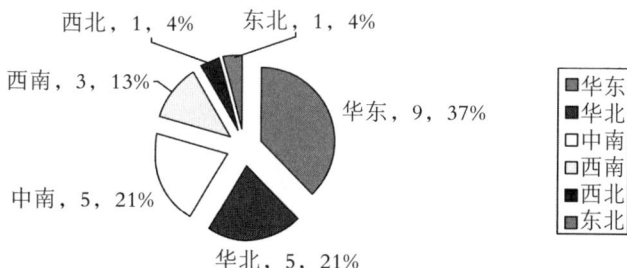

图 4-2 创业板上市公司区域分布图

从发行股票情况看，24 家创业板上市公司平均发行股数 2 178 万股，其中发行规模最大的是乐普医疗，发行 4 100 万股，发行规模最小的是华星创业，发行 1 000 万股；平均发行价格 25 元，其中发行价格最高的是神州泰岳，发行价格为 58 元，发行价格最低的是金亚科技，发行价格为 11.3 元。

从行业分布看，24 家创业板上市公司主要分布在电子信息、现代服务、设备制造业、电气机械和器材制造业、生物医药业及其他行业。其中，电子信息、现代服务业有 7 家，占所选样本创业板上市公司总数的 29.17%，分别为神州泰岳、上海佳豪、华测检测、网宿科技、银江股份、华星创业、超图软件；设备制造业有 7 家，占所选样本创业板上市公司总数的 29.17%，分别为乐普医疗、南风股份、汉威电子、机器人、金亚科技、阳普医疗、中科电气；电气机械和器材制造业有 2 家，占所选样本创业板上市公司总数的 8.33%，分别为特锐德、金龙机电；生物医药业有 3 家，占所选样本创业板上市公司总数的 12.5%，分别为莱美药业、安科生物、北陆药业；其他行业有 5 家，占所选样本创业板上市公司总数的 20.83%，分别为新宁物流、硅宝科技、大禹节水、宝通带业、钢研高纳。

4.4.2 创业板上市公司规模分析

为了更好地分析创业板上市公司的规模情况，本研究根据所选 24 家创业板上市公司 2010—2013 年的数据，做初步统计分析。

从资产规模看，创业板上市公司在 2010—2013 年间呈现了逐年增长的趋势。2010 年创业板上市公司的资产总额累计为 21 967 483 354

元，平均资产总额为 915 311 806.4 元；2011 年创业板上市公司的资产总额累计为 25 316 816 745 元，平均资产总额为 1 054 867 364 元；2012 年创业板上市公司的资产总额累计为 29 051 491 528 元，平均资产总额为 1 210 478 814 元；2013 年创业板上市公司的资产总额累计为 35 085 181 956 元，平均资产总额为 1 461 882 581 元。这表明，无论是资产总额，还是平均资产总额，创业板上市公司在 2010—2013 年间整体上呈逐年增长的趋势，如图 4-3 和图 4-4 所示。

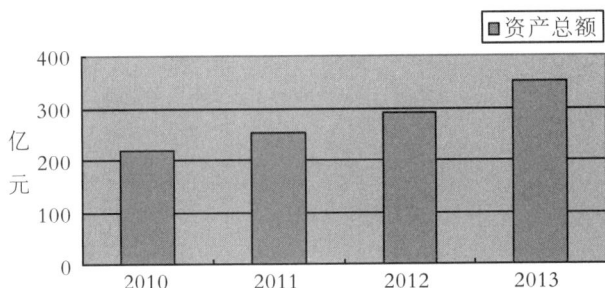

图 4-3　2010—2013 年创业板上市公司资产总额变化趋势图

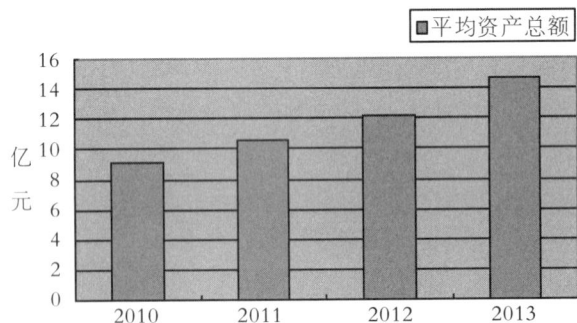

图 4-4　2010—2013 年创业板上市公司平均资产总额变化趋势图

在 24 家创业板上市公司中，上海佳豪 1 家公司在 2011 年资产规模增加，但在 2012 年资产规模缩减，在 2013 年资产规模又增加，占样本公司的 4.17%；特锐德、神州泰岳、乐普医疗、南风股份、莱美药业、汉威电子、安科生物、华测检测、新宁物流、北陆药业、网宿科技、硅宝科技、银江股份、大禹节水、机器人、华星创业、金亚科技、阳普医疗、宝通带业、金龙机电、钢研高纳、中科电气、超图软件 23 家公司在 2010—2013 年间资产总额递增，占样本公司的 95.83%，表明大部分创业板上市公司的资产规模是逐年扩大的。

从员工人数看，创业板上市公司在 2010—2013 年间也呈现逐年增长的趋势。2010 年创业板上市公司的员工总数累计为 18 879 人，公司平均员工人数为 787 人；2011 年创业板上市公司的员工总数累计为 23 980 人，公司平均员工人数为 999 人；2012 年创业板上市公司的员工总数累计为 28 699 人，公司平均员工人数为 1 196 人；2013 年创业板上市公司的员工总数累计为 34 782 人，公司平均员工人数为 1 563 人。这表明，从员工人数看，创业板上市公司在 2010—2013 年间呈现逐年增长的趋势，但就个别创业板上市公司而言，在 4 年间的变化不同。在 24 家创业板上市公司中，特锐德、阳普医疗 2 家公司在 2011 年员工人数减少，但 2012 年员工人数增加，占样本公司的 8.33%；神州泰岳、乐普医疗、南风股份、莱美药业、汉威电子、上海佳豪、安科生物、华测检测、新宁物流、北陆药业、网宿科技、硅宝科技、银江股份、大禹节水、机器人、华星创业、金亚科技、宝通带业、金龙机电、钢研高纳、中科电气、超图软件 22 家公司在 2010—2013 年间员工人数逐年递增，占样本公司的 91.67%，表明大部分创业板上市公司的员工规模是逐年扩大的。神州泰岳、莱美药业、华测检测、大禹节水 4 家公司在 2010—2013 年间员工人数为 1 000 人以上，占样本公司的 16.67%；特锐德、乐普医疗、南风股份、汉威电子、上海佳豪、安科生物、新宁物流、北陆药业、网宿科技、硅宝科技、银江股份、机器人、华星创业、金亚科技、阳普医疗、宝通带业、金龙机电、钢研高纳、中科电气、超图软件 20 家公司在 2010—2013 年间员工人数为 1 000 人以下，占样本公司的 83.33%。可见，截至 2013 年，有 22 家创业板上市公司员工人数在增加，占样本公司的 91.67%，有 2 家创业板上市公司员工人数先减少后增加，呈波动变化。

4.4.3 创业板上市公司财务状况分析

（1）创业板上市公司经营管理能力分析

从总资产周转率看，2010 年创业板上市公司总资产周转率累计 9.98 次，公司平均总资产周转率 0.42 次；2011 年创业板上市公司总资产周转率累计 11.88 次，公司平均总资产周转率 0.5 次，相比 2010 年平均增加了 0.08 次；2012 年创业板上市公司总资产周转率累计 12.33 次，公司平均总资产周转率 0.51 次，相比 2011 年平均增加 0.01 次；2013 年创业板上市公司总资产周转率累计 13.09 次，公司平均总资产周转率 0.55 次，相比 2012 年平均增加 0.04 次。因此，可以看出在 2010—2013 年间创业板上市公司总资产周转率是逐年递增的，如图 4-5 所示。

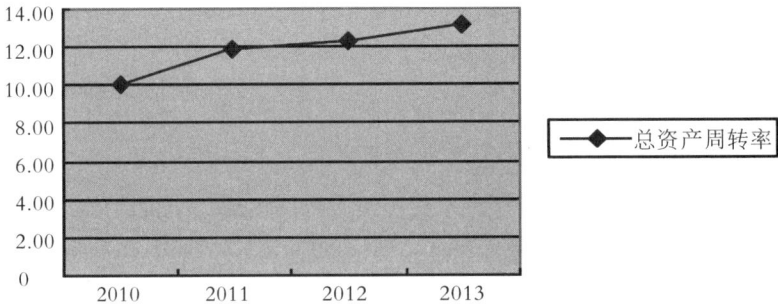

图 4-5　2010—2013 年创业板上市公司总资产周转率变化趋势图

从应收账款周转率看，2010 年创业板上市公司应收账款周转率累计 129.9 次，公司平均应收账款周转率为 5.41 次；2011 年创业板上市公司应收账款周转率累计 120.59 次，公司平均应收账款周转率为 5.02 次，相比 2010 年平均减少 0.39 次；2012 年创业板上市公司应收账款周转率累计 100.64 次，公司平均应收账款周转率为 4.19 次，相比 2011 年平均减少 0.83 次；2013 年创业板上市公司应收账款周转率累计 92.93 次，公司平均应收账款周转率为 3.87 次，相比 2012 年平均减少 0.32 次。因此，在 2010—2013 年间应收账款周转率是逐年递减的，如图 4-6 所示。

从存货周转率看，2010 年创业板上市公司存货周转率累计 570 次，公司平均存货周转率为 25.91 次；2011 年创业板上市公司存货周转率累计 580 次，公司平均存货周转率为 25.24 次，相比 2010 年平均减少 0.67 次；2012 年创业板上市公司存货周转率累计 458 次，公司平均存货周转率为 19.9 次，相比 2010 年平均减少 5.34 次；2013 年创业板上市公司存货周转率累计 602 次，公司平均存货周转率为 26.19 次，相比 2010 年平均增加 6.29 次。可见，在 2010—2013 年间应收账款周转率是波动变化的，如图 4-7 所示。

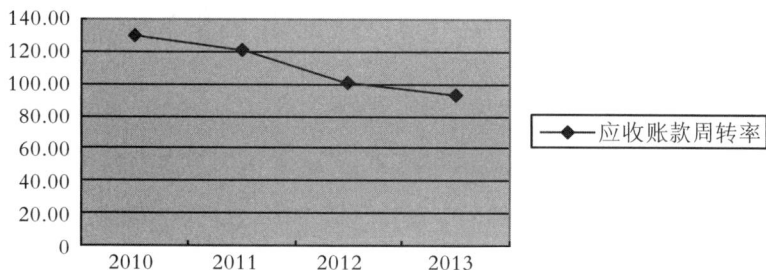

图 4-6　2010—2013 年创业板上市公司应收账款周转率变化趋势图

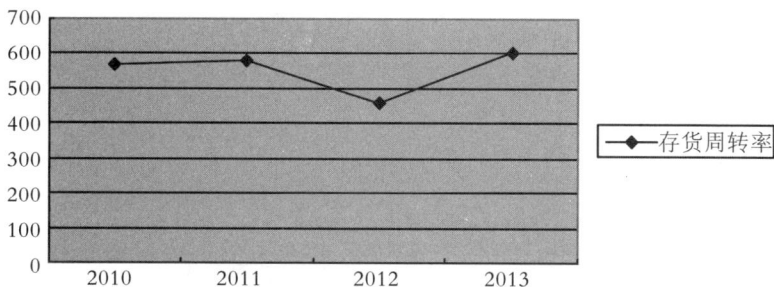

图 4-7　2010—2013 年创业板上市公司存货周转率变化趋势图

（2）创业板上市公司盈利能力分析

从净资产收益率看，在 2010—2013 年间，创业板上市公司的整体盈利能力是逐年波动的。其中，2010 年创业板上市公司的净资产收益率累计达到 225.45%，公司平均净资产收益率为 9.39%；2011 年创业板上市公司的净资产收益率累计达到 240.51%，公司平均净资产收益率为 10.02%，相比 2010 年提高了 0.63%；2012 年创业板上市公司的净资产收益率累计达到 218%，公司平均净资产收益率为 9.08%，相比 2011 年下降了 0.94%；2013 年创业板上市公司的净资产收益率累计达到 217.87%，公司平均净资产收益率为 9.08%，与 2012 年持平。因此，从整体来看，2011 年创业板上市公司盈利能力较强，发展趋势较好，2012 年、2013 年发展较为稳定。但就个别创业板上市公司而言，盈利能力差别比较大。在 24 家创业板上市公司中，神州泰岳、安科生物、华测检测、网宿科技、硅宝科技、银江股份、机器人、钢研高纳 8 家公司在 2010—2013 年间净资产收益率是逐年递增的，占样本公司的 33.33%；乐普医疗、新宁物流、大禹节水、金亚科技、金龙机电 5 家公司的净资产收益率在 2010—2013 年间是逐年递减的，占样本公司的 20.83%；特锐德、华星创业、中科电气、超图软件 4 家公司的净资产收益率在 2010—2013 年间，2011 年相比 2010 年是降低的，2012 年相比 2011 年是降低的，但 2013 年相比 2012 年是提高的，降低幅度较小，提高幅度较大，这部分公司占样本公司的 16.67%；莱美药业、汉威电子、上海佳豪 3 家公司的净资产收益率在 2010—2013 年间，2011 年相比 2010 年是提高的，2012 年相比 2011 年是降低的，2013 年相比 2012 年是降低的，提高幅度较小，降低幅度较大，这部分公司占样本公司的 12.5%。在 24 家创业板上市公司中，2013 年金亚科技 1 家公司的净资产收益率是负值，占样本公司的 4.17%。2010—2012 年，金亚科技净资产收益率逐年下降，到 2013 年变为负值，盈利能力明显下降。

从主营业务利润率看，2010 年主营业务利润率累计 476.57%，公司平均主营业务利润率为 19.86%；2011 年主营业务利润率累计 417.75%，公司平均主营业务利润率为 17.41%，相比 2010 年降低了 58.82%，平均主营业务利润率降低了 2.45%；2012 年主营业务利润率累计 342.21%，公司平均主营业务利润率为 14.26%，相比 2011 年降低了 75.54%，平均主营业务利润率降低了 3.15%；2013 年主营业务利润率累计 313.61%，公司平均主营业务利润率为 13.07%，相比 2012 年降低了 28.6%，平均主营业务利润率降低了 1.19%。可见，在 2010—2013 年间创业板上市公司的主营业务经营情况呈逐年下降趋势。

创业板上市公司盈利能力情况如图 4-8 所示。

（3）创业板上市公司偿债能力分析

从长期偿债能力看，创业板上市公司在 2010—2013 年间的长期偿债能力逐年增强。2010 年创业板上市公司的资产负债率累计为 374.56%，公司平均资产负债为 15.61%；2011 年创业板上市公司的资产负债率累计为 469.78%，公司平均资产负债率为 19.57%，相比 2010

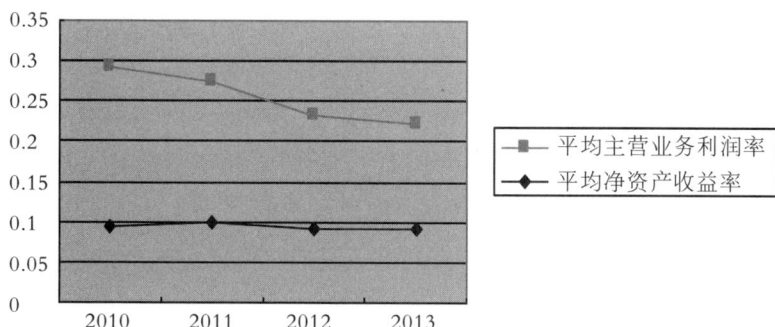

图 4-8　2010—2013 年创业板上市公司盈利能力变化趋势图

年提高了 3.97%；2012 年创业板上市公司的资产负债率累计为
565.25%，公司平均资产负债率为 23.55%，相比 2011 年提高了 3.98%；
2013 年创业板上市公司的资产负债率累计为 666.09%，公司平均资产负
债率为 27.75%，相比 2012 年提高 4.2%，且幅度大于 2010 年和 2011
年。因此，在 2010—2013 年间创业板上市公司的长期偿债能力整体上
有所提高。就个别创业板上市公司而言，阳普医疗、华测检测、钢研高
纳、网宿科技、硅宝科技、宝通带业、特锐德、中科电气、金龙机电、
机器人、新宁物流、金亚科技和大禹节水 13 家公司在 2010—2013 年间
的资产负债率是逐年递增的，这部分公司占样本公司的 54.17%；神州
泰岳、南风股份、汉威电子 3 家公司 2011 年的资产负债率相比 2010 年
是提高的，但 2012 年的资产负债率相比 2011 年是降低的，2013 年的
资产负债率相比 2012 年又是提高的，且整体呈上涨趋势，这部分公司
占样本公司的 12.5%；莱美药业、北陆药业、银江股份、华星创业、超
图软件 5 家公司 2011 年的资产负债率相比 2010 年是提高的，2012 年
的资产负债率相比 2011 年是提高的，但 2013 年的资产负债率相比
2012 年是降低的，整体上提高幅度较大，降低幅度较小，这部分公司
占样本公司的 16.67%。可见，截至 2013 年，24 家创业板上市公司的资
产负债率相对于 2010 年整体上有所提高。

　　从短期偿债能力看，创业板上市公司在 2010—2013 年间的短期偿
债能力是逐年递减的。2010 年创业板上市公司的流动比率累计为
234.11，公司平均流动比率为 9.75；2011 年创业板上市公司的流动比率

累计为 168.11，公司平均流动比率为 7，相比 2010 年平均流动比率降低了 2.75；2012 年创业板上市公司的流动比率累计为 124.85，公司平均流动比率为 5.2，相比 2011 年平均流动比率降低了 1.8；2013 年创业板上市公司的流动比率累计为 91.83，公司平均流动比率为 3.83，相比 2012 年平均流动比率减低了 1.38，2013 年公司平均流动比率比前 3 年平均有所降低。就个别创业板上市公司而言，阳普医疗、莱美药业、华测检测、钢研高纳、北陆药业、硅宝科技、银江股份、宝通带业、特锐德、中科电气、金龙机电、机器人、新宁物流、金亚科技 14 家公司在 2010—2013 年间流动比率是逐年递减的，占样本公司的 58.33%；网宿科技、华星创业、大禹节水、超图软件 4 家公司 2011 年的流动比率相比 2010 年是降低的，2012 年的流动比率相比 2011 年是降低的，2013 年的流动比率相比 2012 年是提高的，降低幅度大于提高幅度。

创业板上市公司偿债能力分析如图 4-9 所示。

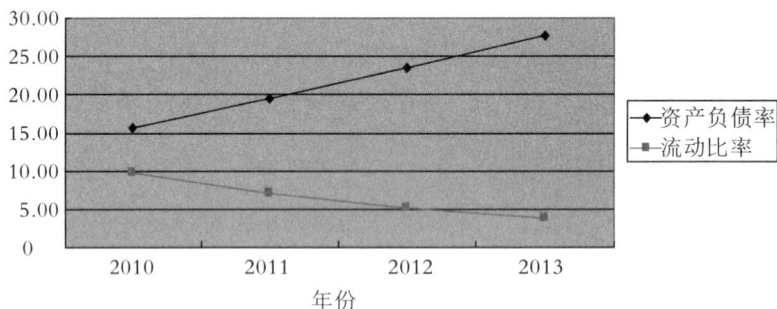

图 4-9　2010—2013 年创业板上市公司偿债能力变化趋势图

（4）创业板上市公司发展能力分析

从总资产增长率来看，创业板上市公司的总资产整体上有一定程度的增长。2010 年创业板上市公司的总资产增长率累计 386.63%，公司平均总资产增长率为 16.11%；2011 年创业板上市公司的总资产增长率累计 386.63%，公司平均总资产增长率为 16.11%，相比 2010 年提高了 3.01%；2012 年创业板上市公司的总资产增长率累计 345.76%，公司平均总资产增长率为 14.41%，相比 2012 年降低了 1.7%；2013 年创业板上市公司的总资产增长率累计 465.98%，公司平均总资产增长率为 19.42%，相比 2012 年提高了 5.01%，上涨幅度较大。就个别创业板上

市公司而言,华测检测、新宁物流、网宿科技、钢研高纳 4 家公司在
2010—2013 年间的总资产增长率是逐年增加的,占样本公司的
16.67%;神州泰岳、汉威电子、上海佳豪、华星创业、金亚科技、阳普
医疗、中科电气 7 家公司 2011 年的总资产增长率相比 2010 年是增加
的,但 2012 年相比 2011 年是降低的,2013 年相比 2012 年是增加的,
总资产增长率呈波动变化,这部分公司占样本公司的 29.17%,增长幅
度较小,下降幅度较大。另外,在 24 家创业板上市公司中,上海佳
豪、阳普医疗、金龙机电 3 家公司在 2010—2013 年间的总资产增长率
出现负值,占样本公司的 12.5%。

从可持续增长率看,创业板上市公司的可持续增长能力在 2010—
2013 年间是稳定变化的。2010 年创业板上市公司的可持续增长率累计
146.66%,公司平均可持续增长率为 6.11%;2011 年创业板上市公司的
可持续增长率累计 179.01%,公司平均可持续增长率为 7.46%,相比
2010 年提高了 1.35%;2012 年创业板上市公司的可持续增长率累计
150.40%,公司平均可持续增长率为 6.27%,相比 2011 年降低了
1.19%;2013 年创业板上市公司的可持续增长率累计 154.56%,公司平
均可持续增长率为 6.44%,相比 2012 年提高了 0.17%。就个别创业板上
市公司而言,安科生物、网宿科技、银江股份、阳普医疗 4 家公司在
2010—2013 年间的可持续增长率是逐年递增的,占样本公司的
16.67%;乐普医疗、莱美药业、汉威电子、上海佳豪、大禹节水、机器
人、华星创业、金亚科技 8 家公司 2011 年的可持续增长率相比 2010 年
是提高的,但 2012 年的可持续增长率相比 2011 年是降低的,2013 年
相比 2012 年又是降低的,这部分公司占样本公司的 33.33%;新宁物流
1 家公司在 2010—2013 年间可持续增长率是逐年递减的,占样本公司
的 4.17%。另外,在 24 家创业板上市公司中,上海佳豪、金亚科技、
金龙机电 3 家公司在 2010—2013 年间的可持续增长率出现负值,占样
本公司的 12.5%。

创业板上市公司发展能力分析如图 4-10 所示。

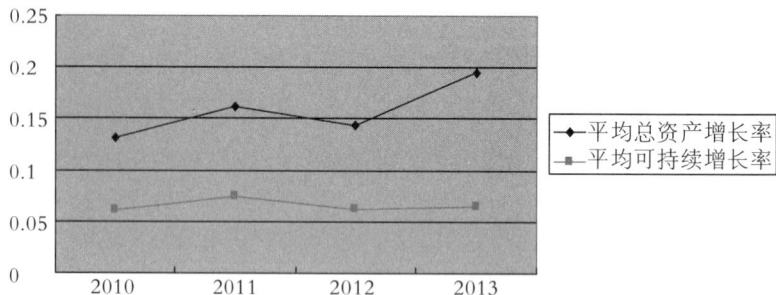

图 4-10 2010—2013 年创业板上市公司发展能力变化趋势图

（5）创业板上市公司现金能力分析

从创业板上市公司的每股经营现金流量来看，2010 年每股经营现金流量累计为 5.95 元，公司平均每股经营现金净流量为 0.25 元；2011 年每股经营现金流量累计为 1.77 元，公司平均每股经营现金净流量为 0.07 元，相比 2010 年每股经营现金流量下降 0.17 元；2012 年每股经营现金流量累计为 6.34 元，公司平均每股经营现金净流量为 0.26 元，相比 2011 年每股经营现金流量增加了 0.19 元；2013 年每股经营现金流量累计为 8.39 元，公司平均每股经营现金净流量为 0.35 元，相比 2012 年每股经营现金流量增加了 0.09 元。因此，创业板上市公司的现金能力呈波动变化，整体上来说是增强的。同时，在 2010—2013 年间创业板上市公司营业利润经营现金比率也表明现金能力是增强的。从营业利润经营现金比率来看，2010 年营业利润经营现金比率累计为 11.28，公司平均营业利润经营现金比率为 0.47；2011 年营业利润经营现金比率累计为 6.16，公司平均营业利润经营现金比率为 0.26，相比 2010 年平均营业利润经营现金比率降低了 0.21；2012 年营业利润经营现金比率累计为 19.86，公司平均营业利润经营现金比率为 0.83，相比 2011 年平均营业利润经营现金比率增加了 0.57；2013 年营业利润经营现金比率累计为 31.95，公司平均营业利润经营现金比率为 1.33，相比 2012 年平均营业利润经营现金比率增加了 0.5。

就个别创业板上市公司而言，在 2010—2013 年间的现金能力有所不同。特锐德、网宿科技 2 家公司在 2010—2013 年间每股经营现金流量是逐年递增的，占样本公司的 8.33%；神州泰岳、安科生物、华测检测、银江股份、机器人、钢研高纳 6 家公司 2011 年的每股经营现金流量相比 2010 年是降低的，2012 年相比 2011 年是增加的，2013 年相比 2012 年是降低的，这部分公司占样本公司的 25%；南风股份、莱美药业、汉威电子、硅宝科技、大禹节水、华星创业、宝通带业、超图软件 8 家公司 2011 年每股经营现金流量相比 2010 年是降低的，2012 年相比 2011 年是增加的，2013 年相比 2012 年是增加的，这部分公司占样本公司的 33.33%；北陆药业、金龙机电 2 家公司在 2010—2013 年间每股经营现金流量是逐年递减的，占样本公司的 8.33%。

创业板上市公司现金能力分析如图 4-11 所示。

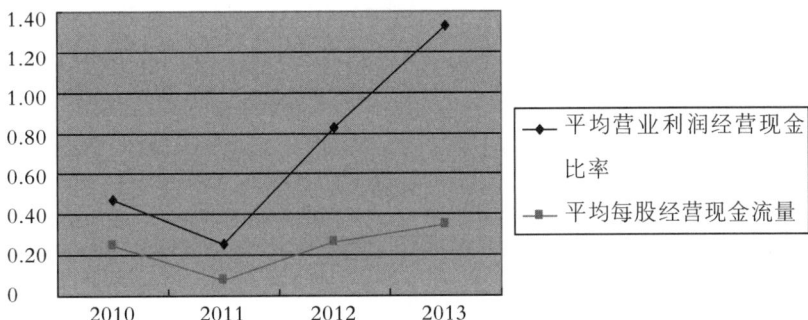

图 4-11　2010—2013 年创业板上市公司现金能力变化趋势图

4.5　创业板上市公司社会责任概况

4.5.1　企业社会责任内容界定

创业板上市公司作为新兴的中小企业，在获得社会各界资金支持的同时，也应当积极回报社会，履行应负的社会责任。本书在利益相关者理论指导下，结合创业板自身特点，界定创业板上市公司履行社会责任的主要内容。主要利益相关者责任内容如下：

（1）股东责任

股东是企业的重要支持者。首先，创业板市场对企业财务信息披露的要求高于其他板块企业，因此创业板上市公司要严格履行信息披露义务，及时向股东反映企业的财务状况、经营成果和现金流量情况；其次，创业板上市公司要建立健全投资者沟通机制，积极与股东沟通，使股东了解企业的经营现状和未来发展规划；最后，创业板上市公司保持稳定的、源源不断的利润回报也是对股东负责的基本表现，同时企业要平等对待股东，使小股东的权益不受损害。

（2）客户责任

客户是企业的重要资源，企业除了生产绿色无污染的高质量产品外，还应当做好客户维护工作。创业板上市公司履行客户责任主要体现在产品质量与创新和客户服务上。在产品生产方面，企业应严格遵守产品质量管理体系要求，在采购、生产与销售过程中严把质量关，实行保障和改进产品质量的措施；创新能力强是创业板上市公司的基本特征和优势，国家提供融资平台就是要企业利用现有资金提高创新能力，生产出更好、更环保的产品，因此加大研发投入是企业对客户必须履行的责任。在客户服务方面，企业应完善产品售后服务体系，积极应对客户投诉，接收产品信息反馈，建立客户沟通交流平台，定期进行客户满意度调查并对客户的信息完全保密。

（3）合作伙伴责任

债权人、供应商和竞争对手是企业的合作伙伴。企业应保护债权人的合法权益，按期偿还贷款；对供应商的责任主要包括按期支付货款、建立战略共享机制及平台、诚信经营，有条件的企业可以适当进行供应链社会责任的评估和调查以及建立责任采购制度；企业对待竞争对手要贯彻公平竞争的经营理念。

（4）员工责任

企业承担对员工的责任主要包括三大方面内容：第一，保护员工基本权益。创业板上市公司应当遵守国家劳动法律、法规，进行平等无歧视雇佣，与员工签订正式劳动合同，保障员工定期取得工资，提高员工福利；生产过程中要贯彻安全生产管理体系，定期进行安全教育与培训，保护员工生产安全；在企业有能力的情况下适当为残疾人提供就业岗位。第二，关注员工发展。企业应建立健全员工培训制度，加大培训力度，拓展员工职业发展通道，使员工在为企业做出贡献的同时，自身业务能力也有所提升。第三,加强员工关系管理。在员工遇到生活困难时要及时给予物质或精神方面的帮助,主动关心员工;企业要深化企务公开,实行民主管理,激发员工投入公司管理的积极性,保护员工的知情权和监督权。此外,还要定期组织文艺活动或户外旅游,让员工在紧张的工作之余享受生活的乐趣,实现工作和生活的平衡。

(5)环境责任及其他

企业履行对环境的责任主要包括以下两大方面内容:一方面,企业应定期进行环保培训与宣教,加大环保投入力度;积极进行节能环保技术设备的研发与应用以及节能环保产品的研发和销售;积极投身环保公益。另一方面,加大节能减排力度。企业要贯彻国家的环保政策,节约资源能源,正确处理企业"三废"。企业对政府的责任主要体现在税收贡献上。企业的公益责任则主要包括积极参与公益活动、进行慈善捐赠以及建立公益金等。

4.5.2 企业社会责任的一般情况分析

创业板上市公司作为市场经济的重要组成部分,同样肩负着维护相关利益团体权益的责任,披露社会责任报告可以让社会公众更好地了解企业社会责任的履行程度和效果。本研究以创业板披露社会责任报告的上市公司为样本,分析 2010—2013 年创业板上市公司履行社会责任的一般情况。

在创业板市场,2010 年有 7 家企业披露社会责任报告,2011 年有14 家企业披露社会责任报告,2012 年有 20 家企业披露社会责任报告,2013 年有 28 家企业披露社会责任报告,披露趋势如图 4-12 所示。

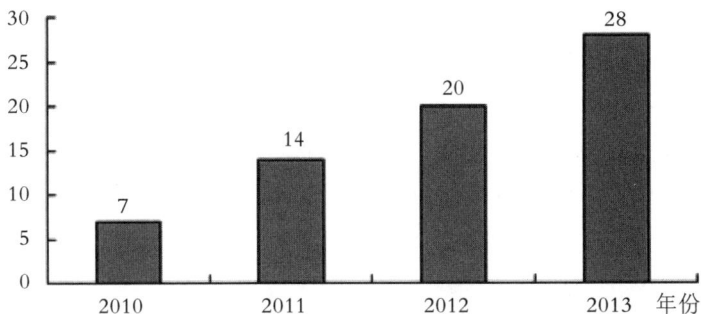

图 4-12 2010—2013 年创业板上市公司披露社会责任报告数量

可以看出，自愿披露社会责任报告的创业板上市公司数量越来越多，呈现逐年上升的趋势，这表明企业履行社会责任的意识越来越强，对社会责任的关注度也越来越高，创业板上市公司正在努力提高自身的社会责任表现。现以披露社会责任报告的企业为例，来了解创业板上市公司社会责任的履行情况。

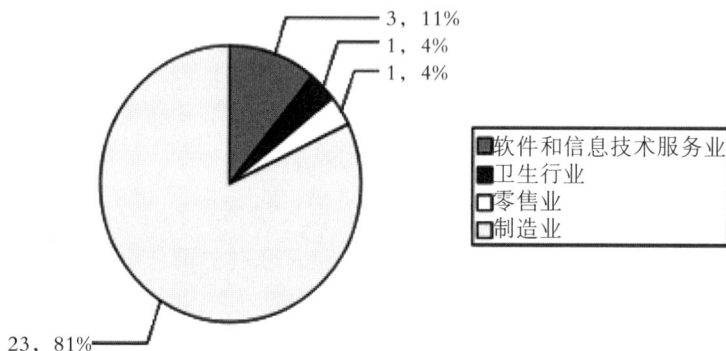

图 4-13 披露社会责任报告企业行业分布

如图 4-13 所示，在 28 家披露社会责任报告的企业中有 23 家制造业企业、3 家软件和信息服务业企业、1 家零售业企业和 1 家卫生行业企业，制造业企业所占比重最大，披露社会责任报告的数量最多，这和总体行业数量有关，在所有企业中，制造业企业数量最多。

如表 4-2 所示，这些创业板上市公司中只有 12 家企业在报告中表明了披露依据，主要有《深圳证券交易所上市公司社会责任指引》、《可持续发展报告指南》、《中国企业社会责任报告编写指南》、ISO26000 等，而且这些披露依据的内容差别较大；其他样本公司没有表明披露依据，其社会责任报告的内容如何确定无从得知；而且所有社会责任报告均无第三方检验。可见，披露社会责任报告的创业板上市公司，其内容可比性比较差，规范性不强，真实性无法验证。

本研究结合《可持续发展报告指南》第三版和《深圳证券交易所上市公司社会责任指引》等标准，从利益相关者角度来分析创业板上市公司社会责任报告的披露内容。

表 4-2　　　　　社会责任报告披露依据及第三方检验情况

代码	股票简称	披露依据	第三方检验
300003	乐普医疗	无	无
300004	南风股份	无	无
300007	汉威电子	《深圳证券交易所上市公司社会责任指引》	无
300015	爱尔眼科	无	无
300016	北陆药业	无	无
300019	硅宝科技	《深圳证券交易所上市公司社会责任指引》	无
300022	吉峰农机	联合国全球契约十项原则（UN Global Compact）和 GRI G3	无
300034	钢研高纳	《中华人民共和国公司法》《公司章程》	无
300047	天源迪科	《深圳证券交易所上市公司社会责任指引》	无
300062	中能电气	无	无
300064	豫金刚石	无	无
300067	安诺其	无	无
300070	碧水源	无	无
300077	国民技术	ISO26000、GRI G3、CASS-CSR2.0、《深圳证券交易所上市公司社会责任指引》	无
300080	新大新材	《中国企业社会责任报告编写指南》	无
300095	华伍股份	《深圳证券交易所上市公司社会责任指引》	无
300110	华仁药业	无	无
300124	汇川技术	无	无
300132	青松股份	《深圳证券交易所创业板上市公司规范运作指引》	无
300146	汤臣倍健	GRI《可持续发展报告指南》G3.1板、ISO26000、《深圳证券交易所上市公司社会责任指引》	无
300174	元力股份	无	无
300179	四方达	无	无
300181	佐力药业	无	无
300198	纳川股份	《深圳证券交易所上市公司社会责任指引》	无
300248	新开普	《深圳证券交易所上市公司社会责任指引》《可持续发展报告指南》	无
300259	新天科技	无	无
300299	富春通信	无	无
300336	新文化	无	无

（1）企业对股东履行的责任

企业对股东履行的责任分别从投资者关系管理和投资回报两方面披露，具体披露内容见表4-3。

表4-3　　　　　　　　　**股东责任披露情况**

披露内容	企业数量
完善法人治理结构	28
严格履行信息披露义务	28
投资者沟通机制	28
小股东权益保护	28
积极回报股东	28

如表4-3所示，所有披露社会责任报告的企业均在报告中表明企业严格履行信息披露义务、完善法人治理结构、建立投资者沟通机制、保护小股东利益的态度，并且积极回报股东，表明创业板上市公司非常重视保护股东的利益，积极履行对股东的责任。

（2）企业对客户的责任

关于企业对客户责任的履行情况，主要从客户服务和产品质量与创新两方面披露，具体情况见表4-4。

表4-4　　　　　　　　　**客户责任披露情况**

	披露内容	企业数量
客户服务	售后服务体系	14
	积极应对客户投诉	5
	客户信息保护	3
	产品反馈	6
	客户沟通交流平台	15
	客户满意度调查	8
产品质量与创新	产品质量管理体系认证	27
	产品质量保障、质量改进等方面的政策与措施	26
	研发投入	2
	研发人员数量及比例	3
	获得专利数	11
	产品或企业质量奖励	13
	优秀产品及项目	8
	重大创新奖项	2

从表 4-4 中可以看出，在客户服务方面披露最多的内容是建立客户沟通和交流平台，在样本公司中占 53.6%；其次是完善售后服务体系的建设，在样本公司中占 50%；披露内容最少的是企业对客户信息保护方面，只占样本公司的 10.7%，表明企业在客户信息保护方面意识比较差。另外，在积极应对客户投诉、产品反馈以及定期进行客户满意度调查等方面披露的内容也比较差，占样本公司的 17.86%。因此，可以看出，总体上创业板上市公司对客户服务方面还需要进一步加强，特别是客户信息保护、应对客户投诉、产品反馈及客户满意度调查等方面。

在产品质量与创新方面，披露内容最多的是产品质量管理体系认证、产品质量保证与质量改进等方面的政策与措施，其中有 27 家企业通过了产品质量管理体系认证，26 家企业披露了产品质量保障、质量改进等方面的政策与措施，占样本公司的 95%。研发投入、研发人员数量及比例、获得专利数、产品或企业质量奖励、优秀产品及项目、重大创新奖项等方面的内容披露均不够充分，占样本公司的比例均低于50%。披露内容最少的是研发投入、研发人员数量及比例、重大创新奖项，占样本公司的比例仅为 7.14%～10.17%。由此可见，创业板上市公司还是非常重视产品质量的保障与改进的，而对研究资金与人员投入、重大创新奖项等不够重视，表明创业板上市公司创新意识还有待加强。

（3）企业对合作伙伴的责任

企业对合作伙伴的责任，包括债权人、供应链与竞争对手两方面，具体情况见表 4-5。

表 4-5 **伙伴责任披露情况**

	披露内容	企业数量
债权人	权益保护	15
供应链与竞争对手	供应链社会责任评估和调查	2
	战略共享机制及平台	23
	责任采购制度及（或）方针	2
	诚信经营的理念与制度保障	21
	公平竞争的理念及制度保障	17

如表 4-5 所示，在企业社会责任报告中，有 15 家创业板上市公司

用简短的文字概括地表达了保护债权人权益的态度，占样本公司的53.57%，其他 13 家公司并没有披露这方面的信息，表明创业板上市公司对债权人责任的披露还不完善；对于供应链与竞争对手方面的披露中，创业板上市公司对于战略共享机制及平台的建设非常重视，有82.14%的公司披露了这方面的信息。另外，创业板上市公司也比较重视诚信经营与公平竞争方面理念与制度建设，有 75%的企业披露了这方面的内容。从表 4-5 中也可以看出，创业板上市公司在供应链社会责任评估与调查、责任采购制度及（或）方针方面做得比较差，仅有 7.14%的公司披露了这方面的内容。

（4）企业对员工的责任

企业对员工的责任，主要分为员工基本权益、员工发展和员工关系管理三大方面，具体情况见表 4-6。

表 4-6　　　　　　　　　　员工责任披露情况

披露内容		企业数量
员工基本权益	遵守国家劳动法律法规	28
	员工福利	28
	平等、无歧视雇佣	28
	残疾人雇佣情况	4
	劳动保护措施	10
	安全生产管理体系	21
	安全教育与培训	14
	定期体检	20
员工发展	员工培训制度	27
	员工培训力度	13
	员工职业发展通道	26
员工关系管理	民主管理与厂务公开	16
	困难员工帮扶	10
	确保工作生活平衡、丰富业余生活	25

如表 4-6 所示，在员工基本权益方面，所有企业都表明了遵守国家劳动法规、确保员工福利以及平等雇佣的立场和态度，这一点也说明创业板上市公司能够遵守劳动法，重视法律、法规的遵守。创业板上市公司虽然坚决表明自己的平等、无歧视雇佣态度，但对残疾人雇佣情况

披露的企业只有 4 家，占样本公司的 14.29%，表明企业平等雇佣的理念是有的，但在就业方面很少有企业能够真正做到公平对待残疾人。企业非常重视安全生产管理体系的建立，对员工进行定期体检和安全教育培训，很好地维护了员工的基本权益，对这些方面内容进行披露的公司占样本公司的 50%～75%，但在采取有效的劳动保护措施方面做得还不够，对这项内容进行披露的公司占样本公司的 35.71%。

在员工发展方面，有 92% 以上的公司披露了完善的员工培训制度和建立员工职业发展通道，使员工在为企业做出贡献的同时也提高了自己的职业技能，但培训力度还需加强，要将制度落到实处。

在员工关系管理方面，企业非常重视丰富员工业余生活，确保员工工作生活平衡，对这方面的信息进行披露的公司占样本公司的 89.29%。也有相当一部分企业鼓励员工进行民主管理，增进了企业与员工的沟通。总体来看，企业对员工的责任履行得很好。

（5）企业对环境的责任

关于企业对环境的责任，主要包括环境管理和节能减排两方面，具体情况见表 4-7。

表 4-7　　　　　　　　　　环境责任披露情况

披露内容		企业数量
环境管理	环境管理体系认证	15
	专门的安全环保机构	5
	环保培训与宣教	7
	环保公益	4
	节能环保产品的研发与销售	5
	节能环保技术设备的研发与应用	10
	环保投入	3
	环境保护奖励	4
节能减排	清洁生产	5
	节约资源能源措施	16
	节约资源能源效果	5
	绿色办公措施	14
	降污减排的措施或技术	15
	降污减排效果	7

由表 4-7 可知，创业板上市公司在环境管理和节能减排等方面普遍做得不好。在环境管理方面，仅有环境管理体系认证这一项内容的披露超过样本公司的 50%。除了节能环保技术设备的研发与应用这一项内容有 35.71% 的公司进行披露外，对设置专门的安全环保机构、对环保进行培训与宣教、环保公益、节能环保产品的研发与销售、环保投入及环境保护奖励等仅有一小部分公司进行了披露，占样本公司的 25%，因此，可以看出，创业板上市公司对环境管理不够重视。在节能减排方面，创业板上市公司相对来说比较重视节约资源能源措施、绿色办公措施、降污减排的措施或技术，对这三项内容进行披露的公司占样本公司的一半以上，但对清洁生产、节约资源能源的效果以及降污效果等方面进行披露的公司比较少，占样本公司的 17.85%，出现这种现象的原因与企业的细分行业有关。

（6）企业的其他社会责任

关于企业其他方面的社会责任，主要包括政府和社会公益两方面，政府方面主要是税收的缴纳，社会公益方面包括企业所从事的公益事业及慈善捐赠活动等，具体情况见表 4-8。

表 4-8　　　　　　　　　　**其他社会责任披露情况**

披露内容		企业数量
税收贡献	积极纳税	18
社会公益	公益事业	20
	慈善捐赠	22
	企业公益基金/基金会	4
	员工志愿者活动	7

由表 4-8 可知，在政府方面，64.29% 的创业板上市公司对这部分内容披露比较详细，表明其依法经营和积极纳税的态度。在社会公益方面，78.57% 的公司披露了企业参与公益事业和慈善捐赠活动的信息，说明创业板上市公司还是非常注重形象工程建设的，但是企业对员工志愿者活动和企业公益基金/基金会的建立等社会公益活动披露不多，仅占

样本公司的 25%。从这些内容可以看出，虽然这些企业都处于成长期，承担社会责任的能力十分有限，但大多数企业都承担了捐赠责任，表明企业家们很关注社会公益事业，也为企业树立积极承担社会责任的良好形象打下了基础。

从总体来看，创业板上市公司履行社会责任的意识越来越强，自愿披露社会责任的企业数量越来越多，披露内容涉及各个利益相关者利益。从统计分析结果看，创业板上市公司非常重视对股东、合作伙伴、客户、员工以及政府的责任履行，对环境信息的披露也很全面，但是由于企业行业类型的原因，如有些企业属服务类，环境责任履行得较少，或是不需要履行环境责任，这方面的披露就较少。相反，日常生产经营对环境影响较大的企业披露环境保护信息相对较多，又由于细分行业不同，其披露的环境信息内容也不相同，信息缺乏可比性。同时，大部分创业板上市公司比较关注对公益群体的责任，这也表明创业板上市公司非常重视社会责任的履行，社会责任表现较好。

4.6 创业板企业社会责任水平评价

4.6.1 企业社会责任评价方法选择

根据第 1 章的相关研究，采用社会责任贡献率来衡量企业对社会和国家所做出的贡献，能更好地反映在利益相关者理论指导下企业社会责任履行及其信息披露的情况，特别是在我国目前的会计报表体系下，以社会贡献率来反映企业履行社会责任的情况，更切实可行。本研究对创业板上市公司社会责任的履行情况进行评价，主要是基于我国现行的财务报告体系和信息披露体系进行的，其指标数值的计算依据主要来自于企业对外公布的年度财务报告，以及对外公布的相关资料披露的信息，而企业对外公布的年度财务报告以及现行的信息披露体系是符合我国统一的财务报告规范和信息披露规范的，各公司间的数据或指标具有可比性。因此，本研究认为，通过对公司年报内容分析，确定企业对各利益相关者所承担的责任贡献，计算社会责任贡献率，并以此计量企业社会责任指标更具科学性。社会责任贡献率的基本含义是企业对社会各利益相关者所承担责任的贡献，本书将其界定为企业以其拥有的资源为企业各利益相关者所做的贡献。企业对某类利益相关者的社会责任贡献率越大，表明企业对该利益相关者的社会责任履行得越好；相反，如果企业单位资产对某类利益相关者的社会责任贡献率越小，表明企业对该利益相关者社会责任的履行越差。

4.6.2 评价内容

随着利益相关者理论与社会责任理论的相互渗透，以利益相关者为基础来设计社会责任评价模型逐渐得到学者们的青睐。由于利益相关者理论可以使社会责任的衡量更加具体，而且企业的财务指标更具客观性，因此本书从企业的利益相关者角度出发进行指标设计。在选取指标时，考虑到环保投入和资源、能源消耗方面的数据难以获得，且存在行业限制，而企业对外捐赠活动对企业财务发展的直接影响较小，故在进行实证分析时不考虑企业的环保责任与捐赠责任。鉴于此，本书从股东、债权人、供应商、员工、消费者、政府、公益群体等七个方面构建企业的社会责任评价指标体系。

（1）对股东的责任

股东的要求主要是企业能够给予持续稳定的回报，因此企业对股东的责任大部分表现为经济责任，每股收益、每股净资产、净资产收益率和资本保值增值率都可以表示企业对股东的责任，但是考虑到后面两个指标与财务可持续增长率指标会有重复的可能性，因此本书仅选择每股收益和每股净资产这两个指标。指标值越大，表明企业对股东的回报能力越强，对股东的责任履行得就越好。

（2）对债权人的责任

本书选取流动比率、现金比率和股东权益比率来衡量企业对债权人的责任。前两个指标反映企业的短期偿债能力，流动比率和现金比率越高，表明债务人的投资越有保障，企业的短期偿债能力越强；资产负债率反映企业的长期偿债能力，股东权益比率与资产负债率的和为 1，二者是此消彼长的关系，股东权益比率越大，资产负债率就越小，表明企业的长期偿债能力越强，债务人的风险越小。

（3）对供应商的责任

企业对供应商的责任主要体现在购买价款的支付上，所以选择应付账款周转率和应付账款支付率来表示企业对供应商的责任。这两个指标数值越高，表明企业对供应商的资金占用越少，对供应商账款的偿还能力越强，就越照顾供应商的利益。

（4）对员工的责任

企业对员工的责任主要体现在员工工资、福利、教育经费、培训费以及员工关怀等方面，这些信息大都属于企业自愿披露的信息，大部分披露于报表附注中，很难统一和量化，故本书选取员工获利水平和员工贡献率来衡量企业对员工的责任。前一个指标表示企业为员工支付的所有资金占营业收入的比重，后一个指标表示企业每一元资产对员工的贡献，两个指标越大，表明企业对员工的支出越多，越关注对员工的责任。

（5）对消费者的责任

消费者最在意商品的质量和性价比，但产品退货率、产品安全率很难在企业的财务报表中找到，故不考虑这些指标。企业越是照顾消费者的利益，越不会使商品的价格过分高于成本，因此营业成本率可以很好地表示企业对消费者的责任，该指标越高，表明企业越能为消费者提供物美价廉的商品。本书选取创业板上市公司为研究样本，而创业板上市公司非常注重产品的创新投入，只有重视创新和科研，才能生产出高质量、环保绿色的产品，这也是造福于广大消费者，因此采用研发投入率作为另一个衡量企业对消费者责任的指标。

（6）对政府的责任

企业对政府的责任主要体现在依法纳税上，所以本书选取资产纳税率来衡量企业的纳税责任，该指标越高，表明企业每一元资产的纳税贡献越大，对政府责任的履行情况越好。

（7）对公益群体的责任

除了以上六类利益相关者外，本书还考虑到企业对公益群体的贡献，选取就业增长率和职业健康安全管理体系认证这两个指标。前者表明企业为社区提供更多就业岗位的能力；后者注重以人为本，关注员工安全，注重安全生产，在一定程度上体现了企业的道德关怀。

4.6.3　评价指标体系的构建

卡罗尔对企业社会责任水平的评价构建了三个维度（Oshionebo，Evaristus Akhaboke，1998）：第一个维度是根据企业的重要性将企业的社会责任行为分为经济、法律、伦理和自愿四类；第二个维度是企业对经营中涉及的社会责任问题所采取的原则和态度；第三个维度是一系列的社会问题本身，如环境问题、产品问题、职业安全、种族歧视等。李纪明（2009）基于资源观视角，通过验证性因素分析确定了企业社会责任的构成要素是由环境责任、人力责任、技术责任和声誉责任四个维度构成的，并在此基础上设计指标体系。李立清和李燕凌（2005）从劳工权益、人权保障、社会责任管理、社会公益行为和商业道德五个方面设计评价企业社会责任的指标。张明（2004）设计了"二四维度"指标体系来评价中国企业社会责任，即一级指标包括维权责任、环保责任、诚信责任与和谐责任四个维度，二级指标是在一级指标的每个维度内设计了经济、法律、伦理和文化四个维度，并从企业社会责任角度对行业进行了划分。

从当前对企业社会责任的评价指标体系设计的维度来看，学者们似乎考虑了企业社会责任的各方面，但每位学者的研究又忽略了某些方面，特别是在确定责任指标内容时缺乏系统性和科学性，要么没有考虑公益责任，要么忽略了对政府的法律责任，虽然研究视角可能有不同的关注点，但这表明当前学者们的研究缺乏系统性。本研究依据利益相关者理论，将企业的利益相关者确定为七类，即股东、债权人、供应商、员工、消费者、政府和公益群体，具体评价指标和计算方法如表4-9所示。

表 4-9　　　　　　　　　　企业社会责任评价指标明细表

利益相关者	指标		计算方法	指标性质
股东	每股收益	X_1	净利润／总股数	正
	每股净资产	X_2	股东权益总额／普通股股数	正
债权人	流动比率	X_3	流动资产／流动负债	正
	现金比率	X_4	现金及现金等价物期末余额／流动负债	正
	股东权益比率	X_5	1-负债总额／资产总额	正
供应商	应付账款周转率	X_6	营业成本／应付账款平均余额	正
	应付账款支付率	X_7	1-应付账款余额／购买商品、接受劳务支付的现金	正
员工	员工获利水平	X_8	支付给员工以及为职工支付的现金／营业收入	正
	员工贡献率	X_9	支付给员工以及为职工支付的现金／平均总资产	正
消费者	营业成本率	X_{10}	营业成本／营业收入	正
	研发投入	X_{11}	研发支出／营业收入	正
政府	资产纳税率	X_{12}	（支付的税费总额-收到的税费返还）／平均总资产	正
公益群体	职业健康安全管理体系认证	X_{13}	虚拟变量——通过认证为"1"，未通过为"0"	正
	就业增加率	X_{14}	（本年人数-上年人数）／上年人数	正

4.6.4　数据处理与结果分析

（1）样本选取和数据来源

为了研究企业社会责任对财务可持续增长的影响，本书选取指标时考虑了以下因素：首先考虑到 ST 企业经营不稳定，随时都有退市风险，因此剔除 ST 企业；其次考虑到企业增发股票会大幅度提高其可持续增长率指标，从而影响分析的结果，所以本书最终选取创业板上市公司连续三年不增发股票的上市公司，共 36 家；最后剔除数据不全的 12 家企业，最终得到 24 家企业连续三年的数据，共 72 个样本。样本中绝大部分数据指标来自于国泰安数据库，部分数据如研发投入率和职业健康安全管理体系认证来源于各上市公司的年报，上市公司年报来源于巨潮资讯网。本书采用 SPSS17.0 和 Excel 2003 进行数据处理。

（2）主因子的提取

对上述 14 个指标采用 SPSS 软件 17.0 进行主成分分析。分析结果如表 4-10 所示，输出的 KMO 值为 0.505，大于 0.5；Bartlett 值为707.213，自由度均为 91，显著水平均为 0.000，小于显著水平0.05，因此数据适合做因子分析。采用主成分分析法提取主因子，为使主要因素更容易解释，采用方差最大化旋转相关系数矩阵，并根据旋转后特征值大于 1 的原则选取 7 个因子。如表 4-11 所示，7个因素旋转后的特征值均大于 1，且这 7 个因子特征值方差占总方差百分比的累加值为 86.368%，这说明前 7 个因子可以很好地反映14 个原始指标所包含的信息，相关结果分别见表 4-10、表 4-11 和表 4-12。

表 4-10   **KMO 和 Bartlett 检验**

取样足够度的 Kaiser-Meyer-Olkin 度量		0.505
Bartlett 的球形度检验	近似卡方	707.213
	df	91
	Sig.	0.000

表 4-11   **旋转后特征值及方差贡献率**

成分	初始特征值			提取平方和载入			旋转平方和载入		
	合计	方差的%	累积%	合计	方差的%	累积%	合计	方差的%	累积%
1	3.337	23.834	23.834	3.337	23.834	23.834	2.625	18.753	18.753
2	2.952	21.087	44.922	2.952	21.087	44.922	2.404	17.175	35.928
3	1.738	12.413	57.335	1.738	12.413	57.335	1.785	12.746	48.675
4	1.390	9.930	67.265	1.390	9.930	67.265	1.688	12.060	60.735
5	1.096	7.831	75.095	1.096	7.831	75.095	1.444	10.315	71.050
6	.854	6.103	81.199	.854	6.103	81.199	1.097	7.835	78.884
7	.724	5.169	86.368	.724	5.169	86.368	1.048	7.483	86.368

表 4-12　　　　　　　　　旋转后的因子载荷矩阵

指标		主成分						
		因子1	因子2	因子3	因子4	因子5	因子6	因子7
X_3	流动比率	0.954	-0.098	0.008	0.102	-0.003	-0.064	0.108
X_4	现金比率	0.943	-0.055	-0.010	0.152	-0.084	-0.051	0.100
X_5	股东权益比率	0.689	0.181	0.421	0.163	0.105	-0.030	0.020
X_8	员工获利水平	-0.045	0.896	0.051	0.123	0.097	0.077	0.115
X_9	员工贡献率	-0.108	0.661	-0.007	-0.096	0.637	-0.084	-0.135
X_2	每股净资产	0.165	0.145	0.888	-0.119	-0.162	-0.030	-0.234
X_1	每股收益	-0.004	-0.030	0.850	0.213	0.032	-0.044	0.355
X_6	应付账款周转率	0.087	0.163	0.070	0.844	-0.137	-0.086	0.071
X_7	应付账款支付率	0.316	-0.331	0.043	0.790	0.065	0.091	-0.082
X_{12}	资产纳税率	0.026	0.041	-0.087	-0.049	0.931	-0.060	0.204
X_{14}	就业增长率	-0.148	-0.042	-0.021	-0.052	-0.087	0.929	0.003
X_{13}	职业健康安全体系认证	0.288	-0.410	0.193	-0.348	-0.014	-0.446	0.021
X_{10}	营业成本率	-0.313	-0.394	-0.052	-0.007	-0.232	-0.015	-0.801
X_{11}	研发投入率	-0.017	0.342	0.198	-0.286	0.018	-0.149	0.797

如表 4-12 所示，根据各指标在各因子上的载荷量来分析指标解释因子程度，流动比率、现金比率和股东权益比率在因子 1 上具有较大的载荷，分别为 0.954、0.943 和 0.689，因为这三个指标均关系到企业对债权人的责任，因此，将因子 1 命名为债权人责任因子 y_1；员工获利水平和员工贡献率在因子 2 上有较大的载荷，分别为 0.896、0.661，因为这两个指标均体现了企业对员工的责任，因此将因子 2 命名为员工责任因子 y_2；每股净资产和每股收益在因子 3 上有较大的载荷，分别为 0.888、0.850，因为这两个指标代表了企业对股东的责任，因此将因子 3 命名为股东责任因子 y_3；应付账款周转率和应付账款支付率在因子 4 上有较大的载荷，分别为 0.844、0.790，因为这两个指标体现了企业对

供应商的责任，所以将因子 4 命名为供应商责任因子 y_4；资产纳税率在因子 5 上有较大的载荷，载荷量为 0.931，因为其代表企业对政府的纳税贡献，所以将因子 5 命名为政府责任因子 y_5；就业增长率和职业健康安全体系认证在因子 6 上有较大的载荷，分别为 0.929、0.446，由于这两个指标体现了企业关注职业安全风险、注重职业健康安全管理体系的建立、增加就业、为社会减轻压力这几方面的内容，可以认为是企业的自愿行为或公益行为，因此将因子 6 命名为公益责任因子 y_6；营业成本率和研发投入率，在因子 7 上有较大的载荷，分别为 0.801、0.797，因为这两个指标关系到企业对消费者的责任，因此将因子 7 命名为消费者责任因子 y_7。

根据因子载荷矩阵写出因子 1 到因子 7 的因子得分表达式：

$$y_1 = 0.954X_3 + 0.943X_4 + 0.689X_5 - 0.045X_8 - 0.108X_9 + 0.165X_2 - 0.004X_1 + 0.087X_6 + 0.316X_7 + 0.026X_{12} - 0.148X_{14} - 0.288X_{13} - 0.313X_{10} - 0.017X_{11}$$

$$y_2 = -0.098X_3 - 0.055X_4 + 0.181X_5 + 0.896X_8 + 0.661X_9 + 0.145X_2 - 0.030X_1 + 0.163X_6 - 0.331X_7 + 0.041X_{12} - 0.042X_{14} - 0.410X_{13} - 0.394X_{10} + 0.342X_{11}$$

$$y_3 = 0.008X_3 - 0.010X_4 + 0.421X_5 + 0.051X_8 - 0.007X_9 + 0.888X_2 + 0.850X_1 + 0.070X_6 + 0.043X_7 - 0.087X_{12} - 0.021X_{14} + 0.193X_{13} - 0.052X_{10} + 0.198X_{11}$$

$$y_4 = 0.102X_3 + 0.152X_4 + 0.163X_5 + 0.123X_8 - 0.096X_9 - 0.119X_2 + 0.213X_1 + 0.844X_6 + 0.790X_7 - 0.049X_{12} - 0.052X_{14} - 0.348X_{13} - 0.007X_{10} - 0.286X_{11}$$

$$y_5 = -0.003X_3 - 0.084X_4 + 0.105X_5 + 0.097X_8 + 0.637X_9 - 0.162X_2 + 0.032X_1 - 0.137X_6 + 0.065X_7 + 0.931X_{12} - 0.087X_{14} - 0.014X_{13} - 0.232X_{10} + 0.018X_{11}$$

$$y_6 = -0.064X_3 - 0.051X_4 - 0.030X_5 + 0.077X_8 - 0.084X_9 - 0.030X_2 - 0.044X_1 - 0.086X_6 + 0.091X_7 - 0.060X_{12} + 0.929X_{14} - 0.446X_{13} - 0.015X_{10} - 0.149X_{11}$$

$$y_7 = 0.108X_3 - 0.100X_4 + 0.020X_5 + 0.115X_8 - 0.135X_9 - 0.234X_2 + 0.355X_1 + 0.071X_6 - 0.082X_7 + 0.204X_{12} + 0.003X_{14} + 0.021X_{13} - 0.801X_{10} + 0.797X_{11}$$

再以旋转后各因子的方差贡献率占 7 个因子总方差贡献率的比重作为权重进行方差汇总得出综合得分 CSR，即：

$$CSR = \frac{18.757y_1 + 17.175y_2 + 12.746y_3 + 12.060y_4 + 10.315y_5 + 7.835y_6 + 7.483y_7}{86.368}$$

2010—2012 年各主因子得分和综合得分如表 4-13、表 4-14 和表 4-15 所示。

表 4-13   2010 年企业社会责任各责任因子得分及综合得分

序号	股票名称	y_1	y_2	y_3	y_4	y_5	y_6	y_7	y
1	特锐德	12.3588	0.5730	8.5166	4.1111	−2.1119	−0.7400	−1.5114	4.1780
2	神州泰岳	23.5718	0.4369	8.8721	7.3731	−2.7291	−1.5081	−0.9024	7.0030
3	乐普医疗	19.2422	−0.2480	3.4890	7.4701	−1.6989	−1.0574	0.2033	5.4055
4	南风股份	7.3037	1.2569	8.2946	5.1683	−2.1484	−0.8881	−1.5974	3.3060
5	探路者	3.6292	1.1684	6.4202	4.1017	−1.8229	1.0376	−1.2710	2.3069
6	汉威电子	14.8435	0.0224	4.8270	4.3685	−1.5762	−0.8744	−0.7271	4.2192
7	上海佳豪	19.1892	11.4762	10.9998	62.5893	−11.1204	−6.8792	3.7069	15.1807
8	安科生物	12.9809	0.1878	4.0319	5.3065	−1.3570	−1.1028	−0.3964	3.8954
9	华测检测	30.5075	11.2093	11.3296	66.0347	−11.9017	−7.4733	3.9850	17.9917
10	新宁物流	9.3448	0.9804	4.1899	7.4079	−1.6997	−0.9454	−0.5899	3.5369
11	北陆药业	90.3816	−5.3366	5.5072	19.7503	−5.4955	−6.1879	0.7453	20.9807
12	网宿科技	32.1602	1.3097	6.2475	20.7923	−4.6302	−3.4707	0.2020	10.2183
13	硅宝科技	17.0593	0.6589	5.0863	10.5967	−2.4961	−1.7484	−0.3066	5.5821
14	银江股份	3.1750	0.0801	4.4097	2.3906	−1.0995	−0.8195	−0.9646	1.4007
15	大禹节水	4.0977	0.9279	3.5086	6.7236	−1.5581	−0.3195	−0.5699	2.2665
16	机器人	9.9281	1.2714	8.3298	6.7453	−2.3832	−1.0564	−1.3425	4.0829
17	华星创业	6.3834	1.5747	4.6667	9.0252	−1.8365	−1.1706	−0.1433	3.3102
18	金亚科技	12.2017	0.6935	4.7257	8.6617	−2.2145	−0.3505	−0.4747	4.3567
19	阳普医疗	17.9531	0.1243	8.0115	3.8863	−2.2421	−1.0928	−1.6854	5.1349
20	宝通带业	17.6366	−0.2566	7.0294	6.3172	−2.3735	−2.0237	−1.1225	5.1336
21	金龙机电	26.3958	−0.7715	6.0358	6.3401	−2.3851	−2.0398	−1.1952	6.7805
22	钢研高纳	33.3761	0.9176	8.2672	17.9328	−4.6253	−3.3953	−0.5415	10.2462
23	中科电气	17.1845	0.2016	8.0479	4.4272	−2.2132	−1.1942	−1.4091	5.0825
24	超图软件	10.5674	1.1342	7.2167	3.7926	−1.7122	−0.7701	−1.0404	3.7502

表 4-14　　2011 年企业社会责任各责任因子得分及综合得分

序号	股票名称	y_1	y_2	y_3	y_4	y_5	y_6	y_7	y
1	特锐德	7.2545	0.1224	6.2549	2.5380	−1.4031	−1.2705	−1.1385	2.4955
2	神州泰岳	10.9252	1.3391	8.2131	5.2396	−2.0329	−0.9307	−0.9754	4.1704
3	乐普医疗	30.7601	−1.2526	3.8748	8.6285	−2.0149	−2.1423	0.5462	7.8188
4	南风股份	7.5663	0.7430	5.0083	5.8741	−1.5937	−0.9633	−0.6628	3.0148
5	探路者	2.8587	0.9902	4.0250	5.1446	−1.2720	−0.3586	−0.6515	1.8891
6	汉威电子	8.0033	0.1337	5.5447	2.9520	−1.2581	−1.1465	−0.7970	2.6715
7	上海佳豪	10.0870	4.1364	5.8845	23.6335	−4.3635	−2.1172	0.8485	6.5415
8	安科生物	12.6027	0.2731	3.6064	5.9169	−1.3011	−0.9831	−0.0741	3.8982
9	华测检测	23.0722	5.8998	7.4703	36.9050	−6.7102	−4.5816	1.9912	11.3940
10	新宁物流	6.4358	0.9441	3.9903	5.8895	−1.7460	2.2899	−0.7632	2.9295
11	北陆药业	40.4536	1.4861	5.3553	27.2794	−5.3722	−4.3196	1.6711	12.7900
12	网宿科技	22.4687	1.9382	6.4899	18.6897	−4.1202	−2.7384	−0.0525	8.0865
13	硅宝科技	13.0226	1.4896	5.6614	12.4063	−2.7479	−1.6669	−0.1539	5.1990
14	银江股份	2.5738	−0.0644	3.4079	2.2986	−0.9608	−0.2234	−0.7823	1.1671
15	大禹节水	2.3597	0.4004	1.9086	4.2284	−0.9057	0.0544	−0.4816	1.3191
16	机器人	6.9573	1.1232	4.8954	7.7111	−1.8045	−0.6773	−0.4559	3.2167
17	华星创业	3.2197	0.8358	3.1737	4.2683	−0.9457	−0.4764	−0.4678	1.7330
18	金亚科技	9.0754	0.3700	3.2676	5.7994	−1.4122	−0.9830	−0.5082	3.0343
19	阳普医疗	14.3565	0.0525	4.6159	5.2714	−1.6176	−1.3510	−0.7384	4.1652
20	宝通带业	8.7903	0.4796	7.2438	4.8888	−2.0588	−1.4647	−1.3756	3.2577
21	金龙机电	22.8475	−0.3391	6.1426	6.5042	−2.2831	−1.7125	−1.0334	6.1906
22	钢研高纳	28.5761	0.6021	5.5250	16.6858	−3.7082	−2.9846	0.2085	8.7742
23	中科电气	9.8535	0.4785	6.4102	3.3012	−1.6064	−0.8437	−1.2695	3.2632
24	超图软件	7.6190	0.9163	4.9038	2.4184	−1.0791	−0.5012	−0.6284	2.6691

表 4-15　　2012 年企业社会责任各责任因子得分及综合得分

序号	股票名称	y_1	y_2	y_3	y_4	y_5	y_6	y_7	y
1	特锐德	6.0968	0.2834	6.2942	2.2615	−1.0969	−1.0440	−1.2593	2.2900
2	神州泰岳	14.5761	2.2602	9.1858	6.3475	−1.1061	−1.5637	−1.1100	5.4862
3	乐普医疗	25.3317	−0.1970	4.0806	8.4096	−0.6803	−2.0325	0.5932	7.0233
4	南风股份	7.6211	0.6553	4.7688	3.9251	−0.9036	−0.8163	−0.8149	2.7844
5	探路者	2.4746	1.3532	4.0613	5.2163	−0.9083	−0.5790	−0.7119	1.9114
6	汉威电子	8.1829	0.6091	5.6608	2.5731	−0.5252	−1.2245	−0.9003	2.8408
7	上海佳豪	7.9811	2.0690	3.3317	10.1903	−1.2209	−1.3255	−0.1705	3.7781
8	安科生物	9.4456	0.8739	3.6515	4.1991	0.0637	−0.9585	−0.1824	3.2548
9	华测检测	10.7246	3.4955	6.0742	13.5052	−1.4247	−1.8789	0.3894	5.4991
10	新宁物流	5.5413	1.5964	4.0914	5.7310	−0.8443	−0.6651	−0.8629	2.6887
11	北陆药业	26.4930	0.8573	4.6889	14.7093	−2.1445	−2.5179	0.7814	8.2520
12	网宿科技	15.2236	2.5502	7.1575	16.4168	−3.4164	−2.1590	−0.2181	6.5385
13	硅宝科技	9.6348	1.3537	5.7750	8.2935	−1.8230	−0.9984	−0.4849	4.0212
14	银江股份	2.5200	0.0722	3.9279	2.5277	−0.8663	−0.8561	−0.8527	1.2392
15	大禹节水	2.1673	0.5813	1.9714	3.9073	−0.5522	−0.5213	−0.5312	1.2634
16	机器人	5.9444	1.5134	5.6186	7.2291	−1.5326	−0.8585	−0.6385	3.1140
17	华星创业	2.6151	0.7259	2.4856	2.6592	−0.4024	0.6425	−0.5705	1.4111
18	金亚科技	5.2534	0.6353	3.1344	4.2514	−0.9286	−0.1690	−0.7477	2.1322
19	阳普医疗	12.6172	0.6398	4.8342	5.6997	−1.2732	−1.2365	−0.7111	4.0502
20	宝通带业	6.7473	0.3675	5.7253	4.7497	−1.4376	−1.1545	−0.8260	2.6983
21	金龙机电	5.7257	1.3074	5.8835	3.5837	−1.2700	0.4201	−1.4563	2.6321
22	钢研高纳	16.1240	2.1496	5.8681	16.5570	−3.2536	−2.2272	0.0826	6.5229
23	中科电气	7.1630	1.0716	6.3657	1.9892	−1.0375	−0.8236	−1.3684	2.6684
24	超图软件	5.0773	2.6293	4.6847	1.4379	0.6148	−0.9278	−1.0437	2.4163

（3）结果评价

①2010年度，创业板的24家样本公司中，社会责任整体履行情况最好的是北陆药业（300016）。从综合得分看，华测检测（300012）、上海佳豪（300008）与北陆药业（300016）相差不多。在平均得分（6.4729）水平以上的共有7家，占样本公司的25%，其他17家上市公司的社会责任整体履行情况均在平均水平以下，社会责任整体履行情况最差的是银江股份（300020）。可见，2010年，创业板的上市公司社会责任整体履行情况比较差。

从公司对各利益相关者履行的社会责任情况看，平均得分从高到低依次是股东责任因子、员工责任因子、供应商责任因子、债权人责任因子、公益群体责任因子、政府责任因子和消费者责任因子。其中，社会责任各因子综合得分最高的是股东责任因子，平均得分为18.8113，表明创业板上市公司对股东责任履行得最好，即创业板上市公司还是把股东利益放在了第一位，样本公司中北陆药业（300016）对股东责任履行得最好，而银江股份（300020）对股东责任履行得最差；员工责任因子的平均得分为12.5547，处于利益相关者各责任因子得分的第二位，表明创业板上市公司对员工的利益也比较重视，样本公司中华测检测（300012）对员工责任履行得最好，银江股份（300020）对员工责任履行得最差；各责任因子得分最低的是消费者因子，平均得分为-3.1430，表明创业板上市公司对消费者利益关注不够，贡献较低，样本公司中华测检测（300012）对消费者责任履行得最差，相对比较好的是银江股份（300020）。平均得分在平均水平以上的责任因子主要有股东责任因子、员工责任因子和供应商责任因子，而债权人责任因子、消费者责任因子、政府责任因子和公益群体责任因子均在平均水平之下，因此，这也反映出2010年度创业板上市公司对各利益相关者履行社会责任的情况不够乐观。

②2011年度，创业板的24家样本公司中，社会责任整体履行情况最好的是北陆药业（300016）。从综合得分看，华测检测（300012）、钢研高纳（300034）与北陆药业（300016）相差不多。在平均得分（4.6537）水平以上的共有8家，占样本公司的28.57%，其他16家上市

公司的社会责任整体履行情况均在平均水平以下，社会责任整体履行情况最差的是银江股份（300020）。可见，2011年，创业板的上市公司社会责任整体履行情况仍然比较差，且与2010年度相比，除了社会责任履行情况在平均水平以上增加1家公司（占样本公司的3.57%）外，其他情况基本相同。

从公司对各利益相关者履行的社会责任情况看，平均得分从高到低依次是股东责任因子、员工责任因子、供应商责任因子、债权人责任因子、公益群体责任因子、政府责任因子和消费者责任因子，与2010年度相同。其中，社会责任各因子综合得分最高的是股东责任因子，平均得分为12.9891，表明创业板上市公司对股东责任履行得最好，即2011年度创业板上市公司还是把股东利益放在了第一位，样本公司中北陆药业（300016）对股东责任履行得最好，而大禹节水（300021）和银江股份（300020）对股东责任履行得最差；员工责任因子的平均得分为9.3530，处于利益相关者各责任因子得分的第二位，表明2011年度创业板上市公司对员工的利益也比较重视，样本公司中华测检测（300012）对员工责任履行得最好，银江股份（300020）对员工责任履行得最差；各责任因子得分最低的仍然是消费者因子，平均得分为 -2.2633，表明创业板上市公司对消费者利益关注不够，贡献较低，样本公司中华测检测（300012）对消费者责任履行得最差，相对比较好的是大禹节水（300021）。平均得分在平均水平以上的责任因子主要有股东责任因子、员工责任因子和供应商责任因子，而债权人责任因子、消费者责任因子、政府责任因子和公益群体责任因子均在平均水平之下，与2011年度相同，因此，2011年度创业板上市公司对各利益相关者履行社会责任的情况仍然不够乐观。

③2012年度，创业板的24家样本公司中，社会责任整体履行情况最好的是北陆药业（300016）。从综合得分看，科普医疗（300003）与北陆药业（300016）相差不多。在平均得分（3.6049）水平以上的共有9家，占样本公司的32.14%，其他15家上市公司的社会责任整体履行情况均在平均水平以下，社会责任整体履行情况最差的是银江股份（300020）。可见，2012年，创业板的上市公司社会责任整体履行情况

仍然比较差，且与 2011 年度相比，除了社会责任履行情况在平均水平以上增加 1 家公司（占样本公司的 3.57%）外，其他情况基本相同。

从公司对各利益相关者履行的社会责任情况看，平均得分从高到低依次是股东责任因子、员工责任因子、供应商责任因子、债权人责任因子、公益群体责任因子、政府责任因子和消费者责任因子，与 2010 年度、2011 年度均相同。其中，社会责任各因子综合得分最高的是股东责任因子，平均得分为 9.2201，表明创业板上市公司对股东责任履行得最好，即 2012 年度创业板上市公司仍然把股东利益放在了第一位，样本公司中北陆药业（300016）对股东责任履行得最好，而大禹节水（300021）和银江股份（300020）对股东责任履行得最差；员工责任因子的平均得分为 6.5154，处于利益相关者各责任因子得分的第二位，表明 2012 年度创业板上市公司对员工的利益仍然比较重视，样本公司中网宿科技（300017）对员工责任履行得最好，超图软件（300036）对员工责任履行得最差；各责任因子得分最低的仍然是消费者因子，平均得分为 -1.1654，表明 2012 年度创业板上市公司仍然没有加强对消费者利益的关注，贡献较低，样本公司中网宿科技（300017）对消费者责任履行得最差，相对比较好的是超图软件（300036）。平均得分在平均水平以上的责任因子主要有股东责任因子、员工责任因子和供应商责任因子，而债权人责任因子、消费者责任因子、政府责任因子和公益群体责任因子均在平均水平之下，与 2010、2011 年度相同，因此，2012 年度创业板上市公司对各利益相关者履行社会责任的情况与前两个年度基本相同。

④从 2010—2012 年度的评价情况看，创业板上市公司社会责任整体履行情况基本保持不变，三年来没有明显改善。三个年度中，社会责任整体履行情况最好的始终是北陆药业（300016），社会责任整体履行情况最差的始终是银江股份（300020），社会责任履行情况在平均水平以上的分别为 7、8、9 家，虽然每年略有增加（增幅 3.57%），但效果不显著。从各利益相关者看，三年中创业板上市公司社会责任履行情况最好的是对股东的责任，最差的是对消费者的责任，排在前三位的依次一直是股东、员工、供应商三个利益相关者，而且各利益相关者的社会

责任履行情况排序不变。

⑤通过分析可以看出，创业板上市公司越来越关注社会责任，但是由于创业板上市公司发展时间还较短，又大多是中小企业，面临着许多挑战与机遇，政府没有相关的法律、法规规范创业板上市公司披露社会责任报告，因此，创业板上市公司社会责任信息披露的整体水平不高。面对和谐社会这一潮流，任何企业只有顺应它，积极履行社会责任，达到各利益相关者的利益平衡，才能长久地生存下去，才能实现可持续发展。

4.7　创业板企业社会责任与可持续增长的关系

4.7.1　研究假设的提出

卡罗尔的金字塔模型中最底层的是经济责任，然后是法律责任，再往上是伦理责任，最上层是慈善责任，而经济责任是其他三个层次责任的基础。创业板上市公司自从上市以来，就获得了股东的积极支持，股东们纷纷投入资金，为企业的发展提供了融资平台。因此，企业只有保持较高的运作效率和竞争优势，持续地获得利润，积极回报股东，得到股东的信任，股东才会心甘情愿地向企业投入资本；在完善公司治理结构、优化与投资者关系的同时，珍惜善用投资者投入的每一分资金并不断地提高经营业绩来回报股东，就更容易获得广大股东的大力支持，只有吸引来了大量的资金支持才有利于企业的财务可持续增长。所以，提出假设1：

假设1：企业履行对股东的责任与财务可持续增长正相关

由于公司是社会经济活动的主体，解决公司的信用问题是处理社会信用问题的关键，而公司的信用问题则主要表现在其是否能如期清偿债务，这直接关系到企业债权人的保护制度。债权人作为与企业有密切联系的利益相关者，从广义上来说，是指一切企业负有偿债义务的对象。由于各国的公司法对法人制度和有限责任制度有明确的规定，因此股东只以所投资的部分为限承担有限责任，并不直接对债权人负责，这必然使原本需要股东承担的风险转嫁到了债权人身上。如果公司因为经营不善或者经济和市场原因而面临倒闭，它就很难完成对债权人足额还本付息的义务，致使债权人的利益遭受损失。因此，有必要完善公司债权人制度，创业板上市公司也不例外，要想使债权人的合法权益得到保障，应该根据合同的约定和法律的规定对债权人承担相应的义务，只有企业诚实守信、不滥用公司人格，按期偿还债务，确保交易安全，才能一方面维护正常的经济秩序，另一方面承担对债权人的责任。只有这样才能得到债权人的信任，进而得到更好的合作，保护公司的利益，为企业的可持续健康发展奠定基础。因此，提出假设2：

假设2：企业履行对债权人的责任与财务可持续增长正相关

企业的合作伙伴包括供应商、员工、消费者这三个主要的利益相关者。对供应商，企业要建立社会责任评审机制，建立公平公正的战略合作伙伴关系，加强供应链的社会责任管理；对消费者，企业要注重产品质量，建立健全产品和服务质量管理体系，加大研发投入，为其提供健康安全的绿色食品；对员工，除了给予必要的工资回报和福利外，还要加大人文关怀，激发员工的工作热情，使员工个人价值的实现与企业的发展结合起来。如果企业兼顾了这三者的利益，必定会为企业的可持续发展提供保障。因此，提出以下假设：

假设3：企业履行对供应商的责任与财务可持续增长正相关

假设4：企业履行对消费者的责任与财务可持续增长正相关

假设5：企业履行对员工的责任与财务可持续增长正相关

企业是依法设立，并以营利为目的的法人，因此企业应该在法律范围内依法经营，企业对政府的责任主要体现在合法经营和依法纳税等方面。政府的主要角色是企业的宏观管理者，为企业的生产经营活动提供宏观管理、控制、组织与协调，这种功能往往表现为法律、法规的强制性。企业与政府之间存在着强制性契约关系，企业必须遵守相关法律、法规的规定，依法经营，照章纳税等，只有这样才能保证企业的生产经营活动有一个良好的、稳定的运行环境，保证经济利益目标的实现和可持续发展。因此，更好地履行对政府的责任是企业可持续发展的必要条件和有力保障。因此，提出假设6：

假设 6：企业履行对政府的责任与财务可持续增长正相关

企业要加大人文关怀，适度合理地为国家缓解就业压力，而国家也会提供相应的优惠政策。比如有能力的企业适当提供一些残疾人能胜任的岗位，这不仅体现了残疾人和普通人都能获得平等的就业机会，维护了残疾人的劳动权和生存权，而且残疾人充分就业还是实现小康社会的重要保障。一旦企业聘用了一定数量的残疾人劳动者，政府也会有相关的优惠政策，比如税务机关会按照企业安置残疾人的数量实行增值税即征即退或限额减征相关税费的办法，聘用数量达到一定比例免交残疾人保证金等。这些优惠政策都会对企业的发展有一定推动作用，也鼓励企业更好地履行责任，树立良好的形象，提高企业的知名度。缓解国家就业压力，保障企业发展，这是企业的一种公益责任。因此，提出假设 7：

假设 7：企业公益责任与财务可持续增长正相关

从长远来看，企业主动承担社会责任对财务可持续增长有推动作用。所以，提出假设 8：

假设 8：企业履行总体社会责任对财务可持续增长有促进作用

企业财务增长能力的提高，更有利于企业投入大量的社会责任资本，更好地履行企业的社会责任。所以，提出假设 9：

假设 9：企业财务增长能力越强，社会责任履行能力越强

企业的实际增长率减去可持续增长率的值，表明企业偏离平衡增长的幅度，差值越大，企业过快增长或过慢增长的可能性越大，对社会责任的履行会有负面影响。因此，提出假设 10：

假设 10：企业保持平衡增长有利于企业社会责任的履行

4.7.2　样本选取和数据来源

本章研究中的研究样本和数据来源同 4.7.4。

4.7.3　变量设计

（1）因变量设计

根据前文构建的创业板上市公司社会责任评价指标体系，以体系中

的一级指标为基础进行因变量设计。根据因子分析结果，以股东责任因子、债权人责任因子、供应商责任因子、员工责任因子、消费者责任和公益责任因子的综合得分作为创业板上市公司对各利益相关者的社会责任履行水平（因变量）的替代变量，以各因子的综合得分为创业板上市公司社会责任整体水平（因变量）的替代变量。

（2）自变量设计

本研究以财务可持续增长相关指标作为自变量。企业的发展应该是可持续的，这就要求企业今天的运作要为企业的明天考虑，不能只注重眼前的利益而阻碍长远的发展，因此企业在维持生存的基础上应该不断壮大、更具生机和活力。企业的持续发展是与盈利本质相吻合、与内部资源相协调、与外部市场环境相适应的适度增长的过程，它要求企业通过加大创新投入来赢得持久的竞争优势从而不断满足利益相关者的需求。因此，本书将财务可持续增长认定为企业贯彻可持续发展战略前提下财务活动的最终目的，是指在企业现有条件下销售所能达到的最大增长率。可持续增长率（SGR）是衡量企业财务可持续增长的重要指标，因此本书选取罗伯特·希金斯的财务可持续增长率作为财务可持续增长指标进行研究。罗伯特·希金斯认为，企业的财务可持续增长是指在不耗尽企业财务资源的情况下，企业销售所能达到的最大增长率，换句话说，是指符合企业在现有内外财务资源限制状态下实现平衡增长的比率，计算公式为：SGR=销售净利率×总资产周转率×留存收益率×期初权益期末总资产乘数。

为了进行对比，本书还选取企业的实际增长率指标（SGRs），即营业收入增长率指标进行回归分析。另外，用实际增长率减去可持续增长率表示企业是否是平衡增长，如果该指标大于0，则表明企业过快增长，该指标小于0，则表示企业增长缓慢。本书用二者差的绝对值来表示企业是否平衡增长，命名为平衡增长指标，用 ABS（SGRs-SGR）表示，指标值越小，表明企业增长越平衡。

（3）控制变量选取

①企业规模，用总资产对数（LnA）表示。规模越大的企业抗风险能力和盈利能力越强，承担企业社会责任的能力也就越强；反之，则越弱。

②年份。考虑到企业不同年份之间社会责任与可持续增长之间的差异，本书选取了两个年度虚拟变量 Yeardum1（2011 年取值为"1"，其他为"0"）、Yeardum2（2012 年取值为"1"，其他为"0"）。

③行业性质。本书选取的 24 家创业板上市公司来自 4 个不同的行业，有 15 家制造业企业、6 家信息技术业企业、2 家社会服务业企业和 1 家运输仓储业企业，考虑到不同行业企业社会责任的履行情况与财务可持续增长能力可能有所不同，本书引入了 3 个行业虚拟变量，分别为 Inddum1（行业性质为制造业的取值为"1"，其他为"0"）、Inddum2（行业性质为信息技术业的取值为"1"，其他为"0"）、Inddum3（行业性质为社会服务业的取值为"1"，其他为"0"）。

④企业性质（即第一大股东的性质），用 Top1dum 表示。企业性质为虚拟变量，当第一大股东为国有控股时，取值为"1"，其他取值为"0"。从理论上说，股东向企业投入资本，是希望能在将来一定时期内获得持续的利益回报，因此其与企业的可持续增长率应该是正相关的，与企业的社会责任也应该是正相关的。国有控股企业在这方面表现得更为明显，国家向企业投资，不仅仅要求获得利润回报，还希望企业做大做强，有一定的持续发展能力，同时也要关注企业社会责任的履行情况，因此，国有控股企业更注重社会责任履行情况。

4.7.4 模型构建

为了检验假设 1 至假设 7，本书构建模型 1：

$$
\begin{aligned}
SGR = {} & a_0 + a_1 y_1 + a_2 y_2 + a_3 y_3 + a_4 y_4 + a_5 y_5 + a_6 y_6 + a_7 y_7 + a_8 LnA + \\
& a_9 Top1dum + a_{10} Yeardum1 + a_{11} Yeardum2 + a_{12} Inddum1 + \\
& a_{13} Inddum2 + a_{14} Inddum3 + \xi
\end{aligned}
\tag{4-1}
$$

为了检验假设 8，本书构建模型 2：

$$
\begin{aligned}
SGR = {} & a_0 + a_1 CSR + a_2 LnA + a_3 Top1dum + a_4 Yeardum1 + a_5 Yeardum2 + \\
& a_6 Inddum1 + a_7 Inddum2 + a_8 Inddum3 + \xi
\end{aligned}
\tag{4-2}
$$

为了检验假设 9 和假设 10，本书构建模型 3：

$$
\begin{aligned}
CSR = {} & a_0 + a_1 SGR + a_2 ABS(SGRs - SGR) + a_3 LnA + a_4 Top1dum + \\
& a_5 Yeardum1 + a_6 Yeardum2 + a_7 Inddum1 + a_8 Inddum2 + a_8 Inddum3 + \xi
\end{aligned}
$$

$$\tag{4-3}$$

4.7.5 相关分析

由表 4-16 可知，SGR 与 y_1、y_2、y_3、y_4 均表现为负相关关系，但是不显著；SGR 与 y_5、y_6、y_7 均表现为正相关关系，但是不显著；企业社会责任总分与 SGR 是负相关关系，但不显著，表明企业履行对债权人、员工、股东、供应商的责任对企业的财务可持续增长没有推动作用，企业承担对政府、消费者的责任以及公益责任对企业的财务可持续增长具有推动作用。总体来说，企业履行社会责任在一定程度上影响了企业的财务可持续增长率的提高，也可能由于企业在发展经济的同时缺乏对社会责任的关注，抑或是企业社会责任履行的成本过高，在一定程度上影响了企业的经济发展。

表 4-16　　　　**主要变量相关性分析（Pearson 相关性）**

	SGR	LnA	Top1dum	Yeardum1	Yeardum2	Inddum1	Inddum2	Inddum3
y_1	−0.053	−0.138	0.146	−0.038	−0.250*	0.130	−0.145	0.078
y_2	−0.056	−0.108	−0.063	−0.059	0.028	−0.406**	−0.016	0.735**
y_3	−0.016	0.089	0.032	−0.162	−0.217	−0.051	−0.065	0.308**
y_4	−0.032	−0.209	0.052	−0.008	−0.185	−0.255*	−0.131	0.695**
y_5	0.043	0.208	−0.076	−0.025	0.357**	0.180	0.135	−0.584**
y_6	0.017	0.150	−0.083	0.047	0.173	0.069	0.144	−0.509**
y_7	0.088	−0.187	0.063	0.069	−0.103	−0.246*	−0.118	0.663**
CSR 总分	−0.055	−0.181	0.118	−0.049	−0.249*	−0.055	−0.158	0.419**
SGR	1	0.447**	0.363**	0.033	−0.042	−0.009	0.178	−0.084
LnA	0.447**	1	0.337**	0.006	0.195	0.021	0.219	−0.146
Top1dum	0.363**	0.337**	1	0.031	−0.063	0.274*	−0.204	−0.107

注：*在 0.05 水平（双侧）上显著相关；**在 0.01 水平（双侧）上显著相关。

SGR 与 LnA 在 1% 的水平上显著正相关，表明企业规模越大，其财务可持续发展能力越强；Top1dum 与 SGR 在 1% 的水平上显著正相关，表明国有控股企业的可持续增长能力相对强一些；Top1dum 与

LnA 在 1%的水平上显著正相关，表明国有控股企业资产规模较大；y_1 与 Yeardum2 在 5%的水平上显著负相关，表明 2012 年企业对债权人责任的履行效果与前两年相比较差；y_5 与 Yeardum2 在 1%的水平上显著正相关，表明创业板上市公司 2012 年的纳税贡献较多，很好地履行了企业对政府的责任；y_2 与 Inddum1 在 1%的水平上显著负相关，表明制造业企业对员工的社会责任履行较差；y_4 和 y_7 与 Inddum1 在 5%的水平上显著负相关，表明制造业企业对供应商和消费者的社会责任履行情况较差；y_2、y_3、y_4 和 y_7 与 Inddum3 在 1%的水平上显著正相关，y_5 和 y_6 与 Inddum3 在 1%的水平上显著负相关，表明社会服务业企业履行对员工、股东和供应商的社会责任效果较好，而纳税责任和公益责任的履行情况较差。社会责任总分与 Yeardum2 在 5%的水平上显著负相关，表明企业 2012 年的社会责任履行情况相对较差；社会责任总分与 Inddum3 在 1%的水平上显著正相关，表明社会服务类企业履行社会责任的能力较强。

4.7.6 回归分析

（1）社会责任与可持续增长率的回归分析

根据模型 1，对创业板上市公司社会责任各因子得分与 SGR 进行回归，分析结果如表 4-17 所示。债权人责任因子与员工责任因子与 SGR 在 1%的水平上显著负相关；股东责任因子和消费者责任因子与 SGR 在 1%的水平上显著正相关；供应商责任因子、政府责任因子、公益责任因子与 SGR 是正相关关系，但是统计上不显著。这表明，企业履行对债权人和员工的责任在一定程度上影响了企业的可持续增长能力；企业履行对股东的责任有利于其财务可持续增长率的提高，这进一步说明，企业给予股东持续的利益回报，会增强股东的信任度，使企业得到股东的支持，为企业持续健康发展打下坚实的基础；企业对消费者的责任在本书中体现为营业成本率和研发投入率，表明创业板上市公司注重产品质量和研发投入，为市场提供性价比高、科技含量高的产品，得到了广大消费者的支持，增加了企业的营业利润，进而提高了企业的可持续增长能力；企业对供应商、政府的责任以及公益责任对企业的可持续增长能力有推动作用。

Topdum1 与 SGR 在 1%的水平上显著正相关，表明现阶段国有控股的创业板上市公司可持续增长能力高于非国有控股企业，这一现象可能和国家的支持和资金投入有关。其他控制变量与 SGR 无显著相关性。

表 4-17　　　　　社会责任各因子与 SGR 的回归结果

模型	非标准化系数		标准系数	t	Sig.
	B	标准误差	试用版		
（常量）	−0.084	0.197		−0.425	0.672
债权人责任因子	−0.006	0.001	−1.730	−4.519	0.000
员工责任因子	−0.053	0.015	−2.773	−3.564	0.001
股东责任因子	0.029	0.007	1.344	4.407	0.000
供应商责任因子	0.006	0.007	1.642	0.827	0.412
政府责任因子	0.022	0.023	1.066	0.927	0.358
公益责任因子	0.005	0.008	0.203	0.666	0.508
消费者责任因子	0.080	0.020	1.958	3.929	0.000
LnA	0.007	0.010	0.088	0.741	0.461
Top1dum	0.042	0.013	0.323	3.241	0.002
Yeardum1	−0.012	0.009	−0.133	−1.242	0.219
Yeardum2	−0.007	0.014	−0.078	−0.497	0.621
Inddum1	0.005	0.021	0.060	0.246	0.807
Inddum2	0.033	0.022	0.351	1.512	0.136
Inddum3	0.014	0.028	0.095	0.510	0.612

注：因变量：SGR　adjR^2=0.505　DW=1.969

根据模型 2，对社会责任总体得分与 SGR 进行回归，分析结果如表 4-18 所示。企业总体社会责任的履行情况与 SGR 负相关，但是在统计上不显著，说明企业履行不同利益相关者责任与可持续增长指标关系的不同，制约了总体社会责任履行情况对可持续增长的影响。原因可能是企业履行社会责任大部分是出于外界的压力，很少能从自身发展的视角审视履行社会责任的长远影响；抑或是现阶段创业板上市公司的发展水平还不允许企业履行太多的社会责任，即企业的资金紧张，只是基本能满足企业的经济发展。LnA 和 Top1dum 与 SGR 在 5%的水平上显著正相关，表明企业规模和企业性质对企业可持续增长率的影响很显著，因此，对于创业板上市公司来说，只有假设 1 和假设 4 成立。

表 4-18　　　　　**企业总体社会责任与 SGR 的回归结果**

模型	非标准化系数		标准系数	t	Sig.
	B	标准误差	试用版		
（常量）	1.596E−15	0.105		0.000	1.000
CSR 总分	−0.073	0.128	−0.073	−0.571	0.570
LnA	0.292	0.131	0.292	2.229	0.029
Top1dum	0.294	0.122	0.294	2.404	0.019
Yeardum1	−0.041	0.126	−0.041	−0.328	0.744
Yeardum2	−0.120	0.134	−0.120	−0.897	0.373
Inddum1	0.284	0.276	0.284	1.029	0.307
Inddum2	0.410	0.267	0.410	1.537	0.129
Inddum3	0.203	0.193	0.203	1.049	0.298

注：因变量：SGR　adjR^2=0.209　DW=1.644。

（2）社会责任与实际增长率、发展平衡指标的回归分析

用企业社会责任各因子得分对实际增长率进行回归，回归结果如表 4-19 左半部分所示。债权人责任因子和员工责任因子与 SGRs 在 5%的水平上显著负相关；股东责任因子、供应商责任因子、政府责任因子、公益责任因子和消费者责任因子与 SGRs 是正相关关系，但统计上不显著。这表明企业履行对股东、供应商、政府等的责任对企业的实际增长率有推动作用，但是这种推动作用不显著，而企业履行对债权人及员工的责任在一定程度上影响了企业的实际增长能力。总体来说，企业社会责任各因子与实际增长率和可持续增长率的相关关系趋于一致。

表 4-19　**社会责任各因子与 SGRs、ABS（SGRs-SGR）的回归结果**

	因变量为 SGRs		因变量为 ABS（SGRs-SGR）	
	预计符号	系数	预计符号	系数
（常量）		1.583		1.425
债权人责任因子	+	−0.024	−	−0.007
员工责任因子	+	−0.152	−	−0.017
股东责任因子	+	0.053	−	−0.033
供应商责任因子	+	0.025	−	−0.008
政府责任因子	+	0.018	−	−0.090
公益责任因子	+	0.006	−	−0.036
消费者责任因子	+	0.162	−	−0.006
LnA	控制	−0.064	控制	−0.057
Top1dum	控制	0.060	控制	−0.025
Yeardum1	控制	0.097	控制	0.080
Yeardum2	控制	−7.409E−5	控制	0.051
Inddum1	控制	0.007	控制	0.028
Inddum2	控制	0.220	控制	0.180
Inddum3	控制	−0.037	控制	0.127
adjR2	0.24		0.11	
DW	2.345		2.474	

将 CSR 总分对 SGRs 进行回归，回归结果如表 4-19 左半部分所示。企业履行社会责任总体情况与企业实际增长率负相关，但统计上不显著，表明企业履行社会责任对当期的实际增长指标的提高没有推动作用，基本上没有关系，这也与前文的社会责任总分与可持续增长率的回归结果大体相同。这表明，企业在关注自身的经营发展和可持续增长时，并没有将其与履行社会责任结合起来。

将社会责任各因子和社会责任总分分别对实际增长率与可持续增长率的差进行回归，回归结果如表 4-19 和表 4-20 右半部分所示。社会责任 7 个因子和社会责任总体履行情况均与因变量为负相关关系，虽然在统计上不显著，但也表明企业对各利益相关者的责任履行能力越好，企业平衡指标越小，也就是说，企业的实际增长率与可持续增长率越接近，企业的发展越平衡，越有利于企业可持续增长。

表 4-20　**社会责任总分与 SGRs、ABS（SGRs-SGR）的回归结果**

	因变量为SGRs		因变量为ABS（SGRs-SGR）	
	预计符号	系数	预计符号	系数
（常量）		1.255		1.994
CSR 总分	+	−0.012	—	−0.004
LnA	控制	−0.052	控制	−0.092
Top1dum	控制	0.088	控制	0.001
Yeardum1	控制	0.124	控制	0.100
Yeardum2	控制	−0.034	控制	0.017
Inddum1	控制	0.030	控制	0.056
Inddum2	控制	0.236	控制	0.217
Inddum3	控制	0.229	控制	0.217
adjR2	12.9		0.122	
DW	2.037		2.292	

（3）可持续增长率、平衡指标与社会责任的回归分析

将企业社会责任总分作为因变量，可持续增长率指标和平衡指标作为自变量时，回归结果如表 4-21 所示。平衡指标与社会责任负相关，但统计上不显著，表明当平衡指标越小，即企业可持续增长率与实际增长率越接近，企业的财务增长越接近平衡增长时，企业的社会责任履行得就越好，换句话说，企业发展越平衡，越有利于社会责任的履行；而 SGR 与社会责任负相关，但统计上不显著，表明企业可持续增长率的提高并没有对社会责任的履行带来正向影响，也可以理解为企业在履行社会责任时，并没有将其与财务增长指标联系起来，原因可能是无论企业财务增长能力如何，它都要承担一定的社会责任。虽然从理论上看，履行社会责任对企业的长远发展有好处，但现阶段，社会责任的作用很难直接影响到企业的财务增长。

Top1dum 与社会责任正相关，表明国有控股企业更加注重社会责任的履行；Yeardum2 与社会责任在 5% 的水平上显著负相关，表明在

2012年企业社会责任表现低于前两个年度，这可能与企业的经营效益下降有关；Inddum3与社会责任在1%的水平上显著正相关，表明社会服务业企业履行社会责任的效果明显好于其他行业。

表4-21　　可持续增长率、平衡指标与社会责任的回归结果

模型	非标准化系数		标准系数	t	Sig
	B	标准误差	试用版		
（常量）	−1.896E−15	0.103		0.000	1.000
ABS（SGRs−SGR）	−0.056	0.120	−0.056	−0.469	0.640
SGR	−0.059	0.126	−0.059	−0.467	0.642
LnA	−0.149	0.137	−0.149	−1.085	0.282
Top1dum	0.201	0.124	0.201	1.624	0.109
Yeardum1	−0.197	0.125	−0.197	−1.571	0.121
Yeardum2	−0.314	0.127	−0.314	−2.478	0.016
Inddum1	0.311	0.272	0.311	1.143	0.257
Inddum2	0.277	0.269	0.277	1.027	0.308
Inddum3	0.592	0.180	0.592	3.295	0.002

注：因变量：CSR 总分　$adjR^2=0.232$　DW＝1.452。

4.7.7　研究结果

（1）本书采用因子分析的方法将社会责任总体表现分为7个不同责任因子，首先以可持续增长率为因变量，社会责任各因子和总体情况分别作为自变量，进行回归分析，结果发现：只有企业对股东和消费者的责任与可持续增长率显著正相关，债权人责任与员工责任与可持续增长率显著负相关，政府责任、供应商责任和公益责任与可持续增长率存在正相关关系，但是不显著。这表明，现阶段创业板上市公司履行各利益相关者的责任对可持续增长的影响并不平衡，总体社会责任履行情况与可持续增长率之间关系不大。

（2）当因变量变为实际增长率时，所得出的结论与可持续增长率作

为因变量时的结果基本相同，但是在统计上显著性略小。这表明，现阶段创业板上市公司在促进企业财务可持续增长时对社会责任因素考虑得不多，没有将社会责任与企业财务可持续增长统一起来，或者在履行社会责任时没有考虑企业财务可持续增长因素。

（3）用实际增长率与可持续增长率之差的绝对值来表示企业是否平衡增长，差额越大，表明企业实际增长率越偏离可持续增长率，出现发展过快或过慢的可能性越大。用这一指标作为因变量进行回归，结果显示，所有利益相关者责任与其均是负相关关系，这表明，企业越接近平衡增长状态，越有利于其履行社会责任。

（4）当社会责任为因变量时，考察可持续增长率指标和平衡指标对其的影响，发现可持续增长率与社会责任负相关，但不显著。这表明现阶段企业财务增长的多少并没有影响企业社会责任的履行，有时财务增长少的企业，社会责任的履行能力并没有降低。而平衡指标确实影响企业社会责任的履行能力，企业的发展越趋向于平衡发展，其社会责任履行的能力越强。

4.7.8　原因分析

（1）在研究创业板上市公司社会责任各因子与可持续增长指标的回归时，发现债权人责任因子与财务可持续增长指标显著负相关。本书选取流动比率、现金比率和股东权益比率来衡量企业对债权人的责任，前两个指标表示企业的短期偿债能力，其中流动比率越高，表明企业的短期偿债能力越强，流动负债得到偿还的可能性就越大。但是，过高的流动比率并不是一个好的现象，因为流动比率过高，表明企业在流动资产上滞留的资金过多，不能有效地加以利用，很可能影响到企业的盈利能力，一般来讲，这一比率为 2∶1 左右较合适，但是纵观这些样本企业的流动比率，72 个样本数据只有 11 个数据在 2 左右或是低于 2 这个合适的比值，其余所有样本值都远远高于这个值，表明企业并没有很好地利用那些滞留在流动资产上的资金，这些滞留资金过多会严重影响企业的盈利能力。现金比率是反映企业直接偿付能力的指标，这一指标值越高，表明企业有较好的现金支付能力，对偿还债权人债务是很有保障的，但是这一指标值过高，又从另一个侧面说明企业拥有太多的盈利能力较低的现金类资产，致使资产不能得到有效的利用，样本企业的这一比率也存在过高的现象，可能引起企业资产的闲置，并没有为企业带来应有的利润。

股东权益比率是衡量企业长期偿债能力的指标，它与资产负债率的和为 1。从债权人的角度来讲，当然希望资产负债率低一点，因为这个比率越低，表明在企业的全部资产中，股东提供的资本所占比重就越高，进而承担了主要的财务风险，相对来说债权人的贷款就更加安全。而从股东的角度来看，他们主要关心投资收益的高低，无论是企业借入的资金还是股东投资的资金在生产经营中都能发挥同样的作用，所以企业股东希望其采用举债经营的方式，利用"别人的钱"来取得杠杆利益。一般来讲，处于高速成长期的企业，所有者会充分利用财务杠杆效应来获得较多的杠杆利益，所以其资产负债率要高一些，但是从本书选取的样本数据来看，股东权益比率都较高，大约为 0.8，因此资产负债率就普遍偏低，说明企业很少利用举债来获得杠杆利益，债务人的财务风险很小。

综上所述，本书选取的样本企业的这三个指标数据都表现为企业的短期和长期偿债能力很强，很好地保护了债权人的权益，但是企业并没有有效地利用资产和利用财务杠杆效应，因此会影响到企业的盈利能力，进一步影响到财务可持续增长指标的提升，所以会出现债权人责任因子与财务可持续增长指标显著负相关的现象。

（2）本书选取员工获利水平和员工贡献率来衡量企业对员工的责任，但员工责任因子与财务可持续增长率显著负相关，原因有两种可能：一种可能是，这些样本企业对员工的关注度很高，在保障员工工资和福利的同时，也非常关心员工的职业发展与业余生活，经常开展各式各样的活动来增进员工之间的感情，在员工服务方面投入了大量资金，关心员工身心健康，因此企业在履行员工责任的同时增加了社会责任成本，而在一定程度上影响了企业财务可持续增长指标的提升；另一种可能是，企业对员工的投入力度还不够，虽然也满足了员工的基本工资要求，但是企业对员工履行责任在短时间内并没有带来利润的回报。

（3）当实际增长率作为因变量时，回归结果与将可持续增长率作为因变量时的结果相关性相同，但是显著性不同，虽然企业的实际增长率与可持续增长率呈显著正相关关系，但是二者还有一定的差异。可持续增长率代表符合企业现有资源制约的可持续增长率，是一种期望的增长率；实际增长率是企业现阶段经营活动体现的增长率。从样本企业数据来看，72 个样本数据中只有 10 个样本数据表现为实际增长率小于可持续增长率，而剩下的数据均体现出实际增长率大于企业的可持续增长率，表现为过快发展的企业较多，二者之差越接近于零，表明企业的财务增长越接近于平衡增长。平衡指标与企业的社会责任各因子指标均负相关，表明企业的平衡增长对社会责任的履行有促进作用，这也是符合客观实际的。

（4）社会责任总体履行情况与财务可持续增长率相关性不大，得出这一结果的原因是企业各利益相关者责任对财务可持续增长指标的影响不同，有显著促进的，也有显著阻碍的，所以导致总体社会责任的影响减弱。出现这种情况，可能是企业履行对不同利益团体的责任不平衡，对某些责任履行得过多，而另一些责任则履行得太少。比如，企业对债权人的责任履行得很好，但没有有效地利用财务杠杆和闲置的资本，影响了企业的盈利能力，因此建议企业在履行社会责任的同时要考虑财务可持续增长指标，将二者结合起来，在更好地履行社会责任的同时也能促进企业的财务持续增长。

第 5 章 案例研究

5.1 光明公司基本情况

　　光明公司于 1911 年开始从事乳业业务，且逐渐发展，现在主要从事乳品和营养保健品的生产和开发、奶牛养殖、物流服务。光明公司在食品领域的产品是多种多样的。光明公司一直对其产品有着"更新鲜、更安全、更可信赖"的追求。光明公司于 2002 年在上海证券交易所上市。光明公司凭借其领先的生产技术、先进的生产设备和独特的生产工艺，生产出多种优秀产品。光明公司不仅生产人们常喝的鲜奶和酸奶，还有灭菌奶等各种食品。2014 年，光明公司将航空航天技术和杆菌培养技术相结合，开启了专利菌株研究新篇章，为我国乳制品行业的发展向前迈出了崭新的一步。光明公司在乳制品生产销售这方面做得特别优秀，常年处于我国生产和销售的第一名。光明公司成为现今我国乳制品生产规模最大、销售最好的企业之一。光明公司是国内高端乳制品的领导者，在上海更是有高达 45.8% 的占有率，遥遥领先于其他同行业企业。2014年，光明公司的销售额高达204亿元，在中国食品行业里可圈可点，销售业绩值得惊叹。在取得进步的同时，光明公司也规划了公司将来的销售战略。

光明公司严抓食品的质量，为消费者全程把关。怎样能为人们提供安全的食品呢？光明公司的答案是通过打造全产业链，把从生产到销售的整个产业链连接到一起，不仅有自己牧场产的牛奶，还有自己的加工技术，再经过光明公司的物流链，最终通过品牌销售把所生产的食品销售出去，形成一个安全食品产业链。与此同时，光明公司不止于开发多样性产品，为了确保食品质量和服务得到保障，光明公司从生产环节、物流环节到销售环节，层层都有着严格的监控。光明公司在全国拥有25家乳制品工厂，最早开始实施"千分工厂AIB1000分"标准，确保乳品质量安全、可靠、优质。光明公司旗下的物流公司，更是以"区域物流领袖、食品物流专家"为目标，光仓库的面积就达4万多平方米，覆盖了1万多个销售网点。

5.2 光明公司社会责任内容界定

健康的食品是我们得以生存的基本条件，也是我们生活的必需品。食品的好坏直接影响到人民群众的健康。食品的生产经营过程特殊且重要，因此食品加工生产的每一个环节都备受重视，每个食品企业都需要遵守国家制定的一系列相关的法律规定，以防止食品安全问题的发生。食品企业的特点包括食品品牌效应影响的广泛性、食品安全是利益相关者的生存之本、质量监管的复杂性等。加工、生产企业首当其冲的责任就是产品质量。此外，还要把真实可靠的财务数据提供给投资者、把良好安全的工作环境提供给员工，并为债权人提供还款保障等。因此，本书结合我国食品行业的特点，以利益相关者理论为基础，从以下六个方面对光明公司的社会责任内容进行界定：

（1）股东方面

股东既是光明公司的投资者，又是公司的所有者，他们不但享有对光明公司的经济产权，也同样担当着公司在经营中出现的所有风险。因此，光明公司只有积极承担对股东的社会责任，才能够吸引投资者来增加对企业的资金投入，换句话说，公司业绩的好坏与股东获取利润的多少息息相关。所以，光明公司履行对股东的社会责任对股东的切身利益有着非常重要的影响。

食品企业的独特性，使得食品企业与其股东之间的关系更为微妙。"民以食为天"的独特社会地位，以及食品安全目前在国内的敏感性，使得食品企业在生产安全监督管理方面的要求很严格，因此，这就要牺牲一定比例的股东利益去维系食品生产安全体系，例如参检、生产线安全生产化，虽然表面来看与股东利益相违背，但从长远角度看是在维护股东的利益。股东不仅对公司的财务数据特别关注，同时也非常重视企业的社会责任，作为一个企业，只有做到对自己公司职员认真负责、对广大消费群体负起责任，这个企业才能够持久地进行生产经营，才能得到股东等投资者的信任。因此，站在利益相关者的角度来看，股东无疑是光明公司履行社会责任非常重要的一方面。

（2）债权人方面

负债经营是当代公司运营的一个重要特征。光明公司的运营资本除了来自于各股东的投资外，其他全部是债权人所提供的。但是，债权人不同于股东，债权人并不会得到公司的分红，公司的良好业绩并不会让债权人得到更多的回报。所以，债权人也就更加在意公司是否能够及时地还款，以及公司的经营风险。所以，企业需要对债权人承担的主要责任体现为以下两个方面：一方面是必须为债权人提供一些相关信息，从而债权人可以判断出公司的运营状况和收支情况；另一方面是要严格遵守同债权人之间签订的债务合同的相关要求，并绝对执行，到期及时还本付息。企业必须具有良好的商业信誉，想方设法减少开支、增加收益，使效益达到最大化。相反，假如企业不能按合同规定运营，损害债权人的相关权益，企业在社会上的声誉也会随之被破坏，借款的难度就会加大，因为债权人的资金会优先借给声誉好的企业。随着资本结构理论的不断完善与市场竞争的加剧，光明公司需要不断扩大生产规模，丰富自己的生产线，提升企业自身的竞争力。光明公司的内部资金积累很可能无法满足光明公司的自身需求，那么，光明公司必然会对外筹资，增大自身的财务杠杆，使公司得到更好的发展。如此一来，债权人自然也就成为光明公司的重要利益相关者。

（3）员工方面

员工是企业生存和发展的基础，光明公司的持续发展，一定离不开尽职尽责的员工与优秀的人才。企业要想长久吸纳有素质的各种人才，就一定要履行好对员工的责任。现代社会，企业更加尊重员工，不仅有良好的待遇和舒适安全的工作环境，还有更多的员工关怀等。一个具有战略眼光的企业，如果在激烈的竞争中能把追求利益和履行对员工的社会责任放在同等重要的位置，那么必定会使员工积极地工作，为企业的经营与发展添砖加瓦。只有把对职员们的相关责任列为公司的职责与义务，重视员工的发展，保证员工的权益，公司才可能获得持续发展。所以，光明公司应该积极履行对员工的社会责任。

（4）消费者方面

光明公司的销量目标要靠消费者来实现，销量的高低主要依赖于消费群体的购买抉择。光明公司需要广大消费群体购买本公司生产的食品，所以，消费人群是光明公司的重要利益相关者。光明公司不仅需要顺利地生产出健康的食品，还要及时进行推销，这是公司盈利的关键。光明公司要想实现销量目标，首要一点就是使消费群体对其生产的食品满意，因为他们是食品的最终使用者。只有消费者有需求企业才会长期存在，食品生产行业作为民生行业必须对消费群体承担一定的社会责任。其社会责任主要表现为：第一，为消费者提供安全的产品。食品生产行业一定要严谨执行我国《食品安全法》和《食品安全法实施条例》。第二，必须为消费群体提供准确的产品信息。企业信息严重缺失是现在普遍存在的弊端，公开的信息缺乏真实性和及时性，消费者的选择和消费受到了干扰和误导。食品生产企业发布与食品相关的消息，就是让消费群体更加深入地了解该食品企业所生产的食品含有的成分、该食品所具有的功能、如何食用等，绝对禁止欺骗消费者。第三，销后服务必须优质。企业应及时建立与消费群体之间沟通的方便途径，快速解决消费群体在使用本企业销售的商品时所反映出来的问题。第四，加大对"绿色有机食品"的研发，生产对人们身体健康有益的食品。这样，光明公司就能树立良好的企业形象，换取消费者对光明公司的信任，这对提升消费者对光明公司产品的忠实度有着很大的促进作用。如此一来，不仅会增加光明公司自身的收入，更会开创光明公司与消费者共赢的局面。所以，消费者是光明公司十分关键的利益相关者，光明公司应当积极履行对消费者的社会责任。

（5）供应商方面

供应商是不可小觑的，他们是企业原材料或半成品的供应者。供应商在光明公司的生产中起着关键的作用，作为供应链的上游，供应商为光明公司提供食品和原材料等生产必需品。如果光明公司不能够履行对供应商应担负的职责，不能够及时还清货款，则会使光明公司与各供应商的长期合作受到严重的影响，这很显然就会对光明公司的持久运营造成不良的影响。如果光明公司能很好地履行对供应商的责任，就会吸引更多的供应商前来与光明公司进行合作，还会为光明公司提供质量好、价格便宜的产品和原料，直接使光明公司的采购成本降低，推动光明公司效益的提升。对于食品生产企业来讲，一旦企业的产品出现质量问题，那么风险就会蔓延到从原材料到销售渠道的整个链条，对供货商的负面影响更直接。因此，企业必须建立与供应商有道德底线的合作关系，讲诚信、守合同，最终实现互利双赢。所以，在企业产供销价值链条上，供应商是重要的利益相关方，需要光明公司履行好对供应商的社会责任。

（6）政府方面

在市场经济体系中，市场有很强的自我调节能力，但是，市场自我调节失灵的情况还是会发生，所以，缺少不了国家相关部门的调控。政府需要鼓励企业对社会责任加以承担，这样不仅能使企业更好地享有自身权利，还会使企业对于义务的履行做得更好。企业的经营情况，直接影响到政府的财政收入。所以，社会经济福利的最大化是政府职能部门调控企业时希望达到的目的。政府职能部门的支持保证了企业的长久健康发展，国民经济的和谐发展依赖于企业按时缴纳税款。作为宏观调控市场经济运行情况的政府，不但能监督企业在激烈竞争的市场中合法经营，还能够及时引导企业尽职尽责，使企业的经营利益有一定的制度保障。所以，光明公司应积极履行对政府的社会责任。

5.3 光明公司履行社会责任状况分析

（1）对股东的社会责任

光明公司对投资者关系问题一贯予以高度重视，不但热情接待投资者前来调研，而且对前来参与调研的投资者进行详细的登记，并对各投资人所有的疑惑进行认真的解答。仅 2014 年一年，光明公司就接到和接待投资人来电和来访 900 多次，总计 1 100 多人。保持与投资者良好的沟通，维系好股东和经营者的良好关系，极力维护其利益是光明公司不变的追求。光明公司的投资者包括三个层面：一是多种机构投资者；二是中小投资者；三是券商。2014 年，隶属总公司的所有子公司纯利润合计达 56 800 万元。股东们对优良的业绩和乐观的发展势头非常放心。此外，公司注重与股东分享成果，上市以来，一直进行分红，使股东得到了长期的利润回报。

（2）对债权人的社会责任

食品行业具有资金密集、流动快速等特点，更凸显出债权人支持的重要性。光明公司保持了良好的外在声誉和信誉，2014 年公司获得了商务部颁发的"企业 AAA 级诚信评价"。好的声誉将有利于光明公司及时地筹集到资金。保障债权人的权益是光明公司的首要义务和职责。为了实现这一点，光明公司始终坚持平稳运营、合理扩张，一直居于行业龙头的位置。在信息发布的问题上，应尽可能地让债权人多方面、多角度地了解公司的经营管理及行业规划，并将向债权人传递及时有效的信息视为公司信息发布工作的长远目标。光明公司将经营风险控制在合理的范围内，这也同时保证了债权的安全，保护了债权人的利益。

（3）对员工的社会责任

人才决定公司的核心竞争力，是公司生产力和创造力的支撑，因此光明公司一直坚持"以人为本"的观念，关心和爱护员工，使公司的文化不断创新。光明公司的规模逐渐变大，许多优秀人才进入了光明公司这个大家庭。截至 2014 年年末，光明公司职工总数已经超过了 4 000

人。为了使员工对自己职业生涯做到合理规划，除通过求职网、猎头通道等对外聘任的渠道招聘员工外，光明公司还建立了"Mr. Jobs"招聘系统。光明公司对员工进行了规范的职业素质培训，2014 年企业课程培训总计进行了 63 场，参培人数达 1 799 人，外派公开课 33 场，基本达到了专业化要求，使员工个人能力得到提升，且满足了各部门的人才需要。这对光明公司正常的生产经营以及发展壮大都是必不可少的保障。

（4）对消费者的社会责任

光明公司坚持不懈地奉行良知、诚信、认真、感恩的经营理念，获得了"百家诚信示范单位"奖。从 2014 年度客户赞誉程度统计的数据分析来看，客户对光明公司产品的赞誉度很高，平均在 81%左右。客户对产品来源方式的赞誉度为 85%，对产品包装的赞誉度近 85%，对乳制品质量的赞誉度为 81%。光明公司深知，公司生产的食品的质量和价格与消费群体的生活质量和身体状况有着密切的关系。光明公司在生产安全监督管理方面的要求非常严格，还成立了食品安全办公室，对食品安全链管理手册进行了科学合理的编撰，严把质量关，进行 117 项高科技质量检测，确保食品的安全，使消费者的合法权益得到保障。

（5）对供应商的社会责任

光明公司与供应商一直相处得很友好，一直以"公开公平，共赢互进"为目标，双方以平等的地位互利互惠，这样就有效地保障了供应商的权益。光明公司作为食品企业，需要保持社会责任的持续性，所以，需要供应商持续提供良好的原始食材，为公司生产出健康的食品作保证。光明公司不会凭借自身地位在付款时间、付款方式以及采购价格等方面进行限制，即对供应商的权益给予保障。光明公司严格管控供应商所提供的原料，并且极力要求供应商一年内务必出示 2～3 次顶级的第三方检验报告，以保证提供给企业的原料合法、安全、健康。

（6）对政府的社会责任

光明公司建立了严格的内部控制制度，对公司的财务状况进行全程监督，确保光明公司依据政府的相应规定照章纳税，积极履行对政府的社会责任并且接受政府的监督。光明公司曾获得上海市闵行区政府"闵行区经济突出贡献企业"的表彰。这一荣誉的获得既是一种肯定，也是一种激励。光明公司一直坚持"追求卓越、奉献社会"的企业宗旨，继续发挥模范带头作用，2014年纳税过亿元，为中国税收做出了巨大的贡献。

5.4 光明公司社会责任与绩效相关性

5.4.1 研究假设的提出

食品行业与我们的生活存在密切的关系，又给国家创造了相当可观的经济价值。它直接影响到人类的安全与健康，从而使得食品行业履行社会责任的问题受到社会很高的关注。企业社会责任的履行可能会使经济利益流出企业，从而带来经营负担。同时，企业社会责任的履行也可能会使企业的信誉和品牌知名度得以提升，从而提高该企业的市场竞争力。下面通过对光明公司2000—2014年共15年的财务数据进行分析，研究光明公司履行社会责任对财务绩效的影响，由此本研究提出以下六个假设：

（1）光明公司履行对股东的社会责任对财务绩效存在的影响

股东是企业的所有者，如果股东非常看好一个企业，对企业今后的发展有信心，遇到问题时能够及时地做出合理的决策，那对于提高企业财务绩效将会是有力的保障。所以，提出如下假设：

假设1：光明公司履行对股东的社会责任对该公司的财务绩效存在正相关的影响

（2）光明公司履行对债权人的社会责任对财务绩效存在的影响

企业有了充足的资金才能够正常地经营和发展，通过借债来筹集资金对于企业来说是很普遍的经营方式。债权人通常关注能否及时收回自己的资金，得到满意的收益。企业如果能够履行对债权人的承诺，将提升自身商业信用，就能够更好地发展。所以，提出如下假设：

假设2：光明公司履行对债权人的社会责任对该公司的财务绩效存

在正相关的影响

（3）光明公司履行对员工的社会责任对财务绩效存在的影响

员工的正常工作是企业运营的根本、盈利能力的主要来源，所以一定要保障好员工的权益。光明公司能够持续地经营，与员工积极的工作态度和尽心尽力为公司服务的态度是分不开的。光明公司履行对员工的社会责任，会使员工有更好的工作态度，从而对公司的经济利润产生好的影响。所以，提出如下假设：

假设3：光明公司履行对员工的社会责任对该公司的财务绩效存在正相关的影响

（4）光明公司履行对消费者的社会责任对财务绩效存在的影响

如今人们的生活质量得到了很大改善，人们也就越来越关注食品的安全与卫生，消费者在选购食品时也会加倍留意商家品牌以及产品形象等信息。光明公司担负起对消费者的社会责任，树立起人们认可的企业形象，所生产的食品的市场就会更加广阔。所以，提出如下假设：

假设4：光明公司履行对消费者的社会责任对该公司的财务绩效存在正相关的影响

（5）光明公司履行对供应商的社会责任对财务绩效存在的影响

企业在与供应商交易过程中，如果能够从供应商角度考虑其利益，积极履行与供应商的合同，合作时信守承诺，长此以往，会建立起良好的互信互利的关系，有利于企业实现经济效益。有良好且稳定的供应商队伍，对食品行业来说特别关键，因为食品的质量在很大程度上取决于原材料的质量。光明公司和供应商保持良好的供货合作关系，有利于提升双方的价值，维护供应商的利益是提高企业绩效的重要保障。所以，提出如下假设：

假设5：光明公司履行对供应商的社会责任对该公司的财务绩效存在正相关的影响

（6）光明公司履行对政府的社会责任对财务绩效存在的影响

我国经济体制虽然有一定的自我调节能力，但在现实经济社会中还要依托政府来宏观调控。企业的发展离不开政府的支持。如果企业能合法经营，及时缴纳税款，那么政府在制定相关政策时也会为企业的发展考虑，提供纳税、贷款等方面的优惠条件，从而有助于企业提高财务绩效和稳定发展。所以，提出如下假设：

假设6：光明公司履行对政府的社会责任对该公司的财务绩效存在正相关的影响

5.4.2 样本及指标设计

（1）样本选取及数据来源

本书选取光明公司2000—2014年共15年的数据作为样本进行实证研究，用光明公司的财务指标来衡量社会责任的履行状况。本书中光明公司的数据来自国泰安金融数据库、巨潮资讯网、Wind资讯库。运用SPSS22.0和Excel 2010来进行设计研究。

（2）社会责任评价指标设计

多数学者在评价社会责任的时候采用"声誉指数法"或者"内容分析法"这两种方法，但是这两种方法也有自身的缺陷。"声誉指数法"主要是通过调查问卷方式进行评价，根据评价的分数计算结果，所以结果容易受到人为因素的干扰。而对于"内容分析法"，不同学者对内容的理解有所不同，所以得出的结论叮比性较差，同时还存在一定的主观性。时至今日，站在利益相关者的角度，选取财务指标作为社会责任表现衡量指标的方法越来越被人们认可和使用。该方法是对前期理论的补充，因此，本书利用该种研究方法选取社会责任的评价指标。

①对股东的社会责任。股东是光明公司的所有者，是光明公司存在的基础。股东对企业投资的主要目的是获取利润，享有所有者的收益，同时还监督企业的运行。要想保护股东利益不受损害，其中很大的责任是保证每股收益，其值越大，表明光明公司的获利能力越强，越有利于保障股东的利益。股东利益最大化是企业对股东应有的责任。所以，本书选用每股收益这个财务指标来衡量光明公司对股东的社会责任，

②对债权人的社会责任。债权人是光明公司除股东以外的另一个重要利益相关者。光明公司占用债权人的资金，就应当到期还本付息。但是，由于债权人可获得的信息有限，又没有参与企业经营决策的权利，总会出现企业因某种原因而不信守合同或者盈利能力较差，甚至企业经

营不善而破产清算，导致不能履行按时还款义务等情况，使债权人的利益无法得到保障甚至受到损害。因此，债权人通常关注企业的还款能力，而流动比率指标的高低，一般表明企业偿债保证程度的强弱。所以，本书选用流动比率这个财务指标来衡量光明公司对债权人的社会责任。

③对员工的社会责任。员工为光明公司提供产品生产和服务，是光明公司正常营运的保障。公司的生产经营效率以及产品的质量都与员工有着密切的关系。企业对员工的社会责任有很多，包括提供学习机会、内部培养、组织集体活动等。但是，企业对员工的福利最终都在一定程度上通过货币形式体现，所以，本书用职工工资及福利率这个财务指标来衡量对职工的社会责任。通常来说，比值越高，表明公司对员工越重视。

④对消费者的社会责任。光明公司要想实现经营目标，就一定要为消费者提供优质的产品和服务，满足他们的需要。与此同时，提高消费者的满意度、信任度，将会使光明公司的信誉度提升、生产规模扩大、财务绩效提高。营业成本率是一个很好的衡量指标，在一定范围内，营业成本率越高，表明企业在经营过程中给予消费者的优惠越多。

⑤对供应商的社会责任。供应商对食品企业来说显得格外重要。光明公司所采购的原材料的质量，直接影响到加工出来的食品的质量。供应商非常关注回款时间的长短，希望能尽早收回货款，而应付账款周转率这个指标能表明光明公司回款周期的长短。该值越高，表明其付款的速度越快，周转的效率也就越高。因此，本书用应付账款周转率这个财务指标来衡量光明公司对供应商的社会责任。

⑥对政府的社会责任。政府对企业的发展有着举足轻重的作用。政府最主要的财政收入来自于税收，我国很大一部分的税收来自于企业所缴纳的税款，依法纳税是企业应尽的义务。所以，本书选用上缴税款率来衡量光明公司对政府的社会责任。该比率体现了光明公司上缴税款的比重，比值越大，表明光明公司对政府所做的贡献越大，为国家的税收做出的贡献也就越大。

根据上面的分析和结论，将社会责任分为六个方面，详细的指标和计算公式如表5-1所示。

表 5-1　　　　　　　　　**社会责任评价指标体系及计算公式**

指标类型	指标名称	计算公式
对股东的社会责任	每股收益	净利润 / 期末总股本×100%
对债权人的社会责任	流动比率	流动资产总额 / 流动负债总额×100%
对员工的社会责任	职工工资及福利率	支付给职工以及为职工支付的现金 / 净利润×100%
对消费者的社会责任	营业成本率	营业成本 / 营业收入×100%
对供应商的社会责任	应付账款周转率	销售成本 / 平均应付账款×100%
对政府的社会责任	上缴税款率	企业应上缴的所得税总额 / 利润总额×100%

（3）财务绩效评价指标设计

光明公司财务绩效中的各个财务指标可以体现该公司的收益情况以及利润增长情况等，可以分析该公司的发展状况。财务指标是股东决策的重要参考，也是其他利益相关者关注的对象。反映企业财务绩效的指标有很多，如净资产收益率、流动比率、市盈率、总资产收益率等。其中净资产收益率是评价企业净资产运营效益和运用净资产获利水平的指标。因此，本书选用净资产收益率来衡量光明公司的财务绩效，该指标值越大，表明光明公司净资产利用的效率越高、获利能力越强、资金使用得越好。

（4）控制变量

光明公司在履行社会责任的过程中，公司规模也在不断地改变。规模的大小，直接影响着公司社会责任的履行状况。社会大众往往都会关注一些规模较大的企业，同时规模较大的企业也更有能力履行好企业的社会责任。企业规模越大，应承担的社会责任也自然就越多。因此，本书引入公司规模作为光明公司的控制变量，用总资产的自然对数作为它的替代变量。

变量定义见表 5-2。

（5）设定模型

根据理论分析与变量定义，选择多元线性回归模型来检验光明公司履行社会责任对财务绩效的影响，构建如下模型：

表 5-2 变量定义

变量类型	变量名称	变量符号	变量定义
被解释变量	净资产收益率	Y	财务绩效方面指标,用净利润除以股东权益
解释变量	每股收益	X_1	对股东的社会责任,用净利润除以期末总股本
	流动比率	X_2	对债权人的社会责任,用流动资产总额除以流动负债总额
	职工工资及福利率	X_3	对员工的社会责任,用支付给职工以及为职工支付的现金除以净利润
	营业成本率	X_4	对消费者的社会责任,用营业成本除以其营业收入
	应付账款周转率	X_5	对供应商的社会责任,销售成本除以平均应付账款
	上缴税款率	X_6	对政府的社会责任,用上缴的所得税总额除以利润总额
控制变量	公司规模	X_7	总资产取自然对数

$$Y = \alpha + \beta_1 X_1 + \beta_2 X_2 + \beta_3 X_3 + \beta_4 X_4 + \beta_5 X_5 + \beta_6 X_6 + \beta_7 X_7 + \varepsilon \qquad (5-1)$$

其中：Y——净资产收益率；

X_1——每股收益；

X_2——流动比率；

X_3——职工工资及福利率；

X_4——营业成本率；

X_5——应付账款周转率；

X_6——上缴税款率；

X_7——公司规模；

α，β——常数项，分别表示各因素的回归系数；

ε——误差项。

5.4.3 描述性统计分析

利用 SPSS22.0 和 Excel2010 对光明公司样本数据进行描述性统计分析。分析表 5-3 和图 5-1 可知，衡量光明公司财务绩效状况的财务指标——净资产收益率在 2008 年为 2000—2014 的 15 年间最小值-0.13，在 2001 年为 15 年间最大值 0.32，平均值为 0.12。可以看出，光明公司在上市前净资产收益率比较高，在 2002 年上市后，除 2008 年受到金融危机影响导致企业净利润为负值以外，其他年份发展较为平稳。社会责任的替代变量——营业成本率最大值为 1.07，最小值为 0.93，在 15 年间变化相对较小。这表明，食品企业的毛利润比较稳定，竞争相对激烈。每股收益和职工工资及福利率变化较大，由于 2008 年受到金融危机的严重影响，都达到了 15 年间的最小值，分别为−0.27 和−1.76，而随着金融危机影响的逐渐消退，从 2009 年开始急剧回升，特别是每股收益，从 2009 年到 2014 年逐年上升。各因素的不同可能导致光明公司的财务状况有所变化，故以下将进一步采用回归分析方法来检验各因素对财务绩效的影响情况。

表 5-3 描述性相关分析

	最小值	最大值	平均数	标准偏差
净资产收益率	−0.13	0.32	0.12	0.1
每股收益	−0.27	0.46	0.23	0.17
流动比率	0.82	1.52	1.21	0.21
职工工资及福利率	−1.76	3.6	1.88	1.23
营业成本率	0.93	1.07	0.97	0.04
应付账款周转率	6.29	10.84	8.39	1.67
上缴税款率	−0.13	0.36	0.2	0.12
公司规模	21.12	23.28	22.23	0.61

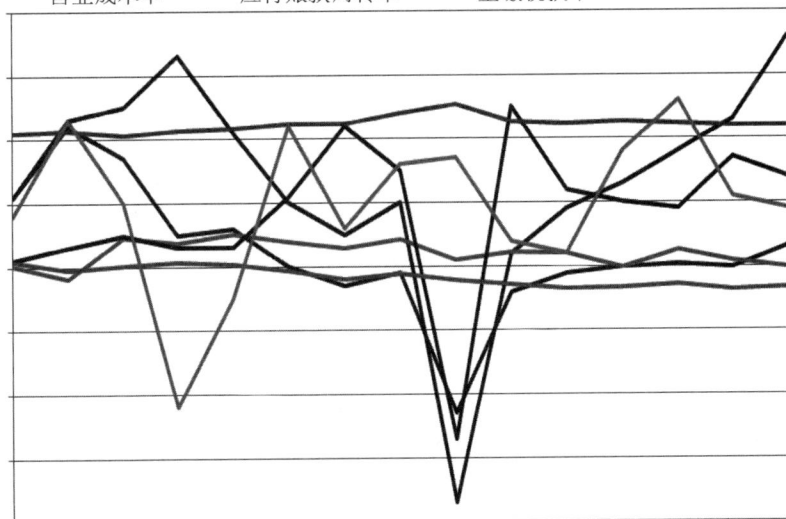

图 5-1 财务指标各年变化趋势图

5.4.4 相关性分析

对各变量之间的相关性进行分析，利用SPSS22.0得到的Pearson相关系数如表5-4所示。净资产收益率与每股收益、营业成本率呈显著相关，但由于相关性分析仅考虑了两两变量间的情况，有一定的局限性，故需要进一步采用回归分析加以分析。

表5-4 Pearson相关系数

	Y	X_1	X_2	X_3	X_4	X_5	X_6	X_7
Y	1	0.75**	−0.078	0.24	−0.88**	0.51	−0.06	−0.41
		0.001	0.78	0.38	0.00	0.052	0.83	0.13
X_1	0.75**	1	0.053	0.51	−0.80**	0.17	−0.30	0.17
	0.001		0.85	0.055	0.00	0.54	0.28	0.54
X_2	−0.078	0.053	1	0.14	−0.009	0.38	−0.37	−0.087
	0.78	0.85		0.62	0.97	0.16	0.17	0.76
X_3	0.24	0.51	0.14	1	−0.37	−0.33	−0.081	0.32
	0.38	0.055	0.62		0.18	0.24	0.77	0.25
X_4	−0.88**	−0.80**	−0.009	−0.37	1	−0.42	0.31	0.25
	0.00	0.00	0.97	0.18		0.12	0.27	0.37
X_5	0.51	0.17	0.38	−0.33	−0.42	1	−0.31	−0.82**
	0.052	0.54	0.16	0.24	0.12		0.25	0.00
X_6	−0.06	−0.27	−0.37	−0.081	0.31	−0.31	1	0.12
	0.83	0.28	0.17	0.77	0.27	0.25		0.68
X_7	−0.41	0.17	−0.087	0.32	0.25	−0.82**	0.16	1
	0.13	0.54	0.76	0.25	0.37	0.00	0.68	

注：**、*分别表示在1%、5%的统计水平上显著。

5.4.5 回归分析

采用SPSS22.0进行回归分析，分析结果如表5-5、表5-6和表5-

7所示。

表 5-5 模型汇总

模型	R	R²	调整后R²	标准偏斜度错误
1	0.993ᵃ	0.987	0.974	0.017

表 5-6 方差

模型		平方和	df	平均值平方	F	Sig
1	回归	0.14	7	0.02	74.55	0.000ᵇ
	残差	0.002	7	0.00		
	总计	0.15	14			

表 5-7 回归系数

模型		非标准化系数		标准化系数	T	Sig
		B	标准错误	Beta		
1	（常数）	5.00	0.67		7.51	0.000
	每股收益	0.68	0.092	1.14	7.41	0.000
	流动比率	0.11	0.043	0.22	2.54	0.038
	职工工资及福利率	−0.028	0.008	−0.34	−3.55	0.009
	营业成本率	−0.67	0.30	−0.23	−2.25	0.059
	应付账款周转率	−0.049	0.013	−0.81	−3.79	0.007
	上缴税款率	0.23	0.041	0.28	5.55	0.001
	公司规模	−0.19	0.030	−1.11	−6.15	0.000

从回归结果可知，模型的拟合度调整后的 R² 为 0.974，表明模型有良好的拟合度，能够解释变量之间的关系。F 值为 74.55，Sig 值为 0.000，表明该模型具有显著的线性关系。另外，Sig 值小于 1%，表明该模型具有统计意义并且有效。

其中，每股收益、流动比率、上缴税款率的自变量系数分别为 0.68、0.11、0.23，T 值分别为 7.41、2.54、5.55，且 Sig 值均小于 0.1，表明光明公司承担对股东、债权人、政府的社会责任对财务绩效方面存在显著正相关影响，所以，假设1、假设2、假设6成立。光明公司更好地履行对股东、债权人和政府的社会责任有助于公司财务绩效的提升。与股东和债权人建立良好的关系，可以为企业吸引到更多的资金，将会为企业未来的发展提供强大的资金保障。光明公司的正常运营和发展，离不开股东的支持和债权人的支持，所以，关注股东和债权人的权益显得尤为重要。上缴的税款与企业的财务状况有着直接的关系，企业盈利越多，上缴的税款自然也越多，所以上缴税款率和净资产收益率呈显著正相关。

职工工资及福利、营业成本率、应付账款周转率的自变量系数分别为-0.028、-0.67、-0.049，T值分别为-3.55、-2.25、-3.79，且Sig值均小于0.1，表明光明公司承担对员工、消费者、供应商的社会责任对财务绩效方面存在显著负相关影响，所以，假设3、假设4、假设5不成立。其中，职工工资及福利率与财务绩效呈负相关，导致光明公司出现这种情况可能是因为公司对职工的福利比较优越，对公司的财务绩效产生了影响，也可能是因为公司没有真正形成良好的激励机制。营业成本率与财务绩效呈负相关，该比率越大，表明光明公司营业成本占营业收入的比重越大，可能会影响到公司的利润，暂时对公司的财务绩效产生负面影响。公司应付账款周转率的提高，将意味着该公司占用供应商的货款的时间减少，可免费使用供应商的资金也就越少，可能会影响到公司的财务绩效。所以，光明公司过多承担对员工、消费者、供应商的社会责任会对公司的财务绩效产生负面影响。但是，随着光明公司口碑受到一致好评，随着员工们更加积极地工作，相信光明公司的盈利能力也会持续增强。

综上所述，通过对光明公司的实证研究得出，假设1、假设2、假设6成立，回归分析结论与原假设相同，得到验证。假设3、假设4、假设5不成立，回归分析结论与原假设出现偏差，未得到验证。

5.5 案例研究结果分析

本章主要研究的是光明公司履行社会责任对财务绩效的影响，这对于光明公司积极承担对利益相关者的社会责任具有良好的推进作用。

研究发现，光明公司更好地履行对股东、债权人、政府的社会责任有助于公司财务绩效的提升；光明公司过多承担对员工、消费者、供应商的社会责任对财务绩效产生不利的影响。完整的资金链是保证企业正常运营并盈利的必要条件，而企业的资金全部来自股东和债权人，所以，履行好对股东和债权人的社会责任是光明公司势在必行的任务。按规定缴纳税款，是企业良好经营的必要前提。企业与政府关系融洽，很可能使得企业得到政府的大力支持，以至于享受一些优惠条件等。同时，政府也会为企业的生产经营和发展创造更优越的外部环境。所以，光明公司积极地履行对政府的社会责任，将会对企业的财务绩效产生有利的影响。光明公司履行对员工、消费者、供应商的社会责任对公司的财务绩效有一定的负面影响。因为，企业短期履行社会责任会导致企业成本的增加及成本优势的降低，最终导致企业财务绩效的下降。但是，通过一段时间的积累可以借助于良好的口碑效应或员工优化等因素，促使企业建立起新的竞争优势。因此，随着时间的推移和公司的不断发展，光明公司积极地履行社会责任对公司的财务绩效必定会有促进作用。

通过对光明公司的研究，希望能够给其他食品企业有一个借鉴和参考的作用。从长远角度来看，企业积极地履行社会责任有助于企业财务绩效的提升。在一定意义上，企业社会责任的履行情况与企业价值最大化的目标是一致的，也将决定企业自身命运的走向。

随着我国改革开发的深化，企业履行社会责任的意识逐渐加强。然而根据实际情况来看，我国食品企业在履行社会责任方面还远远不够，同时缺乏严格的管理制度。下面结合光明公司和整个食品行业的情况提出一些建议：

第一，完善光明公司的内部治理结构，加强对公司所承担社会责任的治理和监督，正确认识社会责任的内容，要在思想上加强履行社会责任的意识，只有思想上得到了重视，才能更好地在企业运营中执行。公司在实现企业价值最大化的同时，要有可持续发展的眼光，要兼顾企业所需承担的社会责任。通过本书的实证研究可以看出，随着光明公司的不断发展，社会责任观念的不断完善，履行好社会责任是企业发展的必经之路。特别是食品行业，良好的社会形象会带来好的口碑，好的口碑带来的将是一个成功的食品企业，毕竟社会大众都会特别关注食品安全，重视食品的质量和卫生。食品企业不光要广告做得好，质量也要让广大消费者满意。

第二，光明公司履行社会责任可作为公司战略的一部分，同时列入企业文化的管理范畴，在公司中进行贯彻，予以高度的关注和重视，这样会使公司获得更大的竞争优势，以保证公司持续良好地发展。站在战略的高度，有计划、有目的地承担对股东、员工、客户、供应商等各个利益相关主体的社会责任，以取得公司效益和社会发展的双赢。例如，为员工提供明确晋升机会及良好的岗位和业务培训，完善福利保障，创造更好的工作环境等，这不仅履行了企业的社会责任，而且更会激发员工们的工作积极性，人力资源战略将会得到更好的执行。

第三，加强政府相关政策制定，通过相应的法律、法规进行强制约束，鼓励企业积极履行社会责任，把遵守国家的各项法律、法规作为追求利润的前提。政府应当有效地引导企业对本行业社会责任加以更好的履行，在生产加工、销售等过程中，注重利益相关者的权益和食品安全的重要性。通过制定一系列法规政策，使食品行业企业能更好地承担起法律责任。同时发挥舆论媒体的正确导向作用，扩大食品行业企业社会责任重要性的宣传，配合政府做好食品监管工作。由于新闻传播速度快，影响的范围广，更加吸引人们的关注，所以新闻舆论是政府监管有力的补充，是营造食品企业履行社会责任良好氛围的有效途径。

第6章 研究结论与启示

6.1 研究结论

6.1.1 企业社会责任具有层级结构特征，且存在行业差异

本书选择房地产业、制造业、零售业、建筑业和服务业的 271 家上市公司为研究样本，基于利益相关者理论，采用内容分析法，建立企业社会责任评价指标体系，运用因子分析法和聚类分析法对样本数据进行分析。研究结果表明，企业社会责任具有层级结构特征，即企业社会责任可以划分为基础责任、关键责任和道德责任三个层次。其中，企业最为关注的是基础责任，即企业对利益相关者的经济回报，包含的内容为：为员工提供合理的工资福利待遇及职工培训与发展、主动与消费者建立有效沟通、衡量消费者满意度、及时分配股利并偿还本息、完善投资者关系管理、与供应商建立稳定的业务关系、及时足额偿还供应商的货款；其次为关键责任，即要求企业在法律、法规、国际规范和行业标

准的范围内经营，包含的内容为：保障投资者参事议事权、与员工签订劳动合同、为消费者提供安全合格的产品、依法照章纳税以及废物排放严格遵守国家标准；最后为经济和法律之外的道德责任，包含的内容为：为员工提供安全舒适的工作环境、从未涉及商业贿赂事件、生产或提供环保型产品或服务、实施了能源节约或环境保护项目、为残疾人和少数民族等提供援助、提供公益性捐助与赞助项目、回收利用废旧原料。

在分行业研究中，我们发现，企业社会责任的每一层级结构中包含的利益相关者又有所不同。这是由于行业不同，企业与各利益相关者之间的关系是不同的，因此企业对各利益相关者承担的社会责任也是不同的。

6.1.2 企业社会责任及其不同层级对价值创造的影响具有差异性

从整体来看，企业社会责任水平比较低，但本期企业社会责任表现良好。但企业更好地履行社会责任，无论对当期还是未来期间，都与价值创造存在显著的正相关关系，即企业履行社会责任，有利于提升企业当期及未来一期价值创造能力，而且，企业整体社会责任水平对价值创造的正向影响具有连续效应。

在企业社会责任的层级结构研究中，我们发现不同层级的企业社会责任水平均较低，且层级之间差异比较显著。而不同社会责任层级对企业价值创造的影响也具有显著的差异性。其中，企业社会责任中基础责任对当期及未来一期价值创造存在正向影响，但不显著；关键责任对当期及未来一期价值创造存在显著的正向影响；道德责任对当期及未来一期价值创造存在正向影响，但不显著。可见，企业更好地履行关键责任有利于企业提高价值创造能力，即企业在法律、法规、国际规范和行业标准的范围内经营，保障投资者参事议事权、与员工签订劳动合同、为消费者提供安全合格的产品、依法照章纳税以及废物排放严格遵守国家标准等行为有利于企业价值创造。而企业更好地履行基础责任和道德责任，对价值创造的正向影响则不显著。

6.1.3 企业对不同利益相关者的社会责任对其可持续增长的影响不同

企业更好地履行社会责任有利于价值创造，但如何能够保持这种价值创造能力的可持续性？企业的可持续发展与利益相关者息息相关，更好地履行对各利益相关者的社会责任是企业可持续发展的前提条件。企业只有处理好与各个利益相关者的关系，在有限的资源内满足不同利益相关者的要求，实现利益相关者的利益均衡，才能为企业可持续发展提供保障。我们选择了创业板上市公司作为研究样本，对企业社会责任与可持续增长的关系进行了检验。

在研究中我们发现，从总体来看，创业板上市公司自愿披露社会责任报告的意识越来越强，非常关注对股东、员工、消费者和政府的责任，大部分企业对慈善责任的关注度较高，但由于行业的限制，导致一些社会责任信息披露不统一，如环境责任信息。虽然这些企业披露的社会责任依据不同，相互之间可比性较差，也缺乏第三方检验，但总的来说，从这些社会责任报告中可以看出创业板上市公司是非常关注对各个利益相关者的责任的，履行社会责任意识有所提高，社会责任表现较好。

在实证研究中，我们发现企业更好地履行对股东和消费者的社会责任，能够显著地促进企业实现可持续增长，企业履行对供应商、政府及公益与弱势群体的社会责任，有利于企业的可持续增长。值得注意的是，企业更好地履行对债权人、员工的社会责任，反而不利于企业实现可持续增长，企业更好地履行总体社会责任也没有表现出对企业可持续增长的促进作用。另外，我们还发现，平衡指标与企业社会责任指标负相关，表明企业发展过快或过慢会影响企业社会责任的履行。而企业履行对各个利益相关者的责任不平衡，没有有效地利用资金和财务杠杆，在履行社会责任的同时没有与财务可持续增长指标结合起来等因素可能是产生此种现象的原因。

6.1.4 个案研究表明企业社会责任对财务绩效具有显著 影响

为了进一步研究企业履行社会责任对财务绩效的影响，我们选择光明公司作为研究对象，研究发现：公司更好地履行对股东、债权人、政府的社会责任有助于公司财务绩效的提升；公司过多承担对员工、消费者、供应商的社会责任对财务绩效产生不利的影响。完整的资金链是保证企业正常运营并盈利的必要条件，而企业的资金全部来自股东和债权人，所以，履行好对股东和债权人的社会责任是光明公司势在必行的义务。按规定缴纳税款，是企业良好经营的必要前提。企业与政府关系融洽，很可能使得企业得到政府的大力支持，以至于享受一些优惠条件等。同时，政府也会为企业的生产经营和发展创造更优越的外部环境。所以，光明公司积极地履行对政府的社会责任，将会对企业的财务绩效产生有利的影响。光明公司履行对员工、消费者、供应商的社会责任对公司的财务绩效有一定的负面影响。因为，短期内企业履行社会责任会导致企业成本的增加及成本优势的降低，最终导致企业财务绩效的下降。但是，通过一段时间的积累可以借助于良好的口碑效应或员工优化等因素，促使企业建立起新的竞争优势。因此，随着时间的推移和公司的不断发展，光明公司积极地履行社会责任对公司的财务绩效必定会有促进作用。通过对光明公司的研究，希望能够给其他食品企业有一个借鉴和参考的作用。从长远角度来看，企业积极地履行社会责任有助于企业财务绩效的提升。在一定意义上，企业社会责任的履行情况与企业价值最大化的目标是一致的，也将决定企业自身命运的走向。

6.2 启示

6.2.1 基于公司的视角

（1）不断提高和深化企业主体的社会责任意识

企业承担社会责任是社会发展的必然趋势。我国应加强对企业社会责任的认识和理解，不应仅将其视为企业的成本和负担，而应认识到企业的社会责任行为能给企业带来潜在收益，履行社会责任是价值创造过程的"投资"。同时，企业存在于社会公共环境中，其经营过程必然会对环境产生影响。因此，企业不仅要注重自身价值的实现，即获取利润、扩大经营规模等，还要关注社会价值的实现，即为社会带来物质财富等。企业要不断提高社会责任意识，积极主动地承担社会责任以实现自身价值。

（2）将按层级承担社会责任纳入企业长期可持续发展战略中

企业履行社会责任应当是一个主动和自觉的过程，通过认识到履行社会责任对企业长期可持续发展的重要性，将其纳入企业的长期发展战略中，明确利益相关者承担的不同层次社会责任内容，同时，对各层级社会责任进行区分，分清主次，从最基本的层次做起，树立长远可持续发展观，制定企业发展战略。但在具体实践中，由于企业资源的有限性，企业应根据自身资源情况，从实现企业价值最大化目标以及可持续发展的角度，通过合理配置资源，在履行社会责任时有所侧重，避免形成资源浪费。也就是说，由于企业能力有限，企业可根据内部资源情况以及外部社会大众的需求，灵活调整企业的社会公益策略。同时，企业在经营时不能只考虑短期的经济利益，当企业拥有充足的资本及人力等资源时，为了企业的长远利益还要积极履行道德责任，扩大企业在社会中的影响力，与利益相关者共同发展。

（3）合理利用财务杠杆

财务杠杆在不同行业企业中所发挥影响的水平不同，有的学者发现：近些年来，始终发挥正效应的财务杠杆有制造业、采掘业、建筑业、交通运输仓储业、信息技术业、社会服务业、农林牧渔业、电力煤气及水的生产供应业。而本书所选取的样本所属的行业类别为制造业、交通运输仓储业、信息技术业和社会服务业，均包含在上述所列行业里，所以这些样本企业如果合理地运用财务杠杆，一定会有利于企业可持续增长率的提高。在保障企业对债权人的偿债能力的同时，适当进行债务筹资，不仅可以降低企业的资金成本，还可以使企业的自由资金利润率得到提高。

（4）创业板上市公司应继续加大研发投入力度

创业板上市公司最显著的优势就是其创新能力，而企业创新的核心就是加大研发投入力度。本书将企业的研发投入力度纳入企业履行消费者责任的范畴中，实证研究结果表明企业履行消费者责任与财务可持续增长率显著正相关，因此，鼓励创业板上市公司继续加大研发投入，一方面可以改进生产设备，提高劳动生产率；另一方面可以生产出更加优质的产品，真正做到对消费者负责，从而也为企业赢得良好的口碑。最重要的是，它还对企业财务可持续增长率的提升有显著促进作用，所以作为创业板上市公司，应当继续加大研发投入力度，增强企业自主创新能力。

（5）积极树立正确的社会责任观念，塑造社会责任竞争力

履行社会责任对上市公司来说非常重要，企业生产高质量、环保的产品，有利于树立生产优质商品的企业形象。随着社会各界人士对社会责任的推崇以及企业家们对社会责任的正确认知，越来越多的企业将社会责任纳入企业的发展战略，有些小企业自成立开始就贯彻社会责任理念，经过数十年的发展，终于成为行业的佼佼者。积极履行社会责任逐渐发展为其独特的竞争优势，并开创了一种以企业社会责任为核心竞争力的新型商业模式。全食超市是美国最大的天然和有机食品连锁超市，全食超市的商品都是有安全和营养保证的高质量有机食品，在原料的培育过程中不使用长效除草剂、杀虫剂等有害制剂；在产品的加工过程中，在保证产品营养完整性的同时，禁止添加防腐剂等各种人工添加剂。凭借高质量、高营养的产品，全食超市赢得了消费者的好评。除此之外，全食超市还在 2005 年建立了小额贷款基金会，对上游供应商给予资金支持。这家公司自 1980 年成立到 1991 年在纳斯达克上市，在企业发展的同时将社会责任理念注入企业经营的各个方面，凭借健康环保产品的差异化和高售价战略，在商品零售业中走出新路，并保持了高速成长性，超过了同期沃尔玛的复合增长率。作为我国创业板的中小企业，可以多多借鉴其成功的经验，逐步走向以社会责任为竞争优势的可持续发展道路上来，这也是未来的发展方向。

（6）承担社会责任要量力而为

创业板市场服务于创新能力强、处于成长期的中小企业。中小企业

在缓解就业压力、诚信纳税方面也承担了相应的社会责任。在社会责任报告披露方面，国家没有强制创业板上市公司披露社会责任报告，但创业板上市公司披露报告的数量逐年增多，表明企业的社会责任意识逐渐增强，但与主板市场相比仍然处于弱势。此外，创业板上市公司非常注重慈善事业，有很多上市公司对贫困地区捐款捐物，建立慈善基金，表明企业对慈善公益责任非常重视。但是由于企业规模和员工人数以及企业发展阶段的限制，企业承担社会责任的能力并不能和大型上市公司相比。比如，在大型赈灾活动上，由于大型企业捐赠数额的巨大，吸引了所有媒体的眼光，根据自身能力进行捐赠的中小企业却被广大舆论媒体忽略了。面对这一现象，中小企业并不用自卑，相反，这些回报社会的举动足以让我们为之鼓掌。创业板市场为具有创新能力的高成长性企业提供了融资平台，解决了它们的融资难问题，这些中小企业在现阶段更加需要资金支持，增加研发投入，保持自身的高速发展，因此，只要这些企业在追求利润、对股东负责的基础上，处理好与供应商、员工、消费者等利益相关者的关系，不损害他们的利益，注重在平时发展中对社会的贡献，达到量力而为即可。

6.2.2 基于政府的视角

（1）建立健全信息披露的相关法规制度

目前，我国关于强制企业履行社会责任的法制建设相对滞后。为了避免出现劳资纠纷、股权权益保护、消费者权益等问题，对价值创造影响不显著的社会责任，例如，对利益相关者的经济回报以及经济和法律之外的道德责任，政府更应建立具有可操作性的企业社会责任履行激励机制和强制性法律、法规制度，通过法律、法规的形式对企业社会责任行为提出强制性要求，明确企业社会责任的履行。对于社会责任问题的盲区，以法律、法规的形式做出调整，企业才会更加认真、积极地对待，从而调动企业社会责任活动的积极性。

企业以社会责任报告的形式进行社会责任信息披露，可以让社会各界人士了解企业社会责任的履行情况，增强企业与社会的互动。一些国家更早地关注社会责任，建立了反映企业社会责任履行情况的指数，如美国的道琼斯可持续发展指数、伦敦证券交易所的"道德指数"、日本证券交易所的社会责任投资指数，这些指数均吸引了广大投资者的目光，一些社会责任表现良好的企业股票也开始受到投资者的欢迎，人们逐渐认识到社会责任的投资价值。2006年深圳证券交易所发布了《上市公司社会责任指引》，鼓励上市公司编制社会责任报告。2009年上海证券交易所发布通知要求上市公司发布独立的社会责任报告。这些都促进了企业积极披露社会责任履行情况，加强了企业与利益相关者的沟通。虽然我国披露社会责任报告的上市公司逐年增多，但披露的内容和形式并不统一，大多是描述性信息，缺乏绩效信息，不同企业之间也不具有可比性，导致报告的可用性较差。面对这种情况，国家有必要针对不同的行业制定相关的披露规则，规范社会责任信息披露内容和形式，正确引导创业板上市公司披露社会责任信息。

（2）充分发挥政府的监管职能

政府作为企业社会责任建设中的一股重要力量，其在倡导和鼓励企业履行社会责任，建立和完善社会责任相关法律、法规，营造良好的外部环境中发挥着不可替代的作用。因此，政府要在推动企业社会责任建设方面发挥其主导作用。

发达国家企业社会责任建设的成功经验表明，政府对企业履行社会责任的监督发挥着很大的作用，因此，政府不应仅仅关注与企业的经济利益关系，还应注意到企业的长期可持续发展与地方经济的密切关系。政府要加强对企业社会责任行为的监督检查，对于逃避社会责任的企业做出应有的惩罚，加大企业不承担社会责任的成本。同时，政府应注重对不同层级的社会责任采取不同的监管方式和监管程度，并采取鼓励性措施或政策支持激励企业承担社会责任，从而引导企业重视并主动履行社会责任。

作为法律的制定者，政府首先要做好制定和完善社会责任的相关立法工作，将企业社会责任的意识形态上升到法律形态，打消一些企业认为的社会责任只是一种可做可不做的慈善行为这一侥幸心理，使企业必须履行社会责任以法律的形式规范起来，如国家发布的《劳动合同法》《食品安全法》《环境保护法》等都使企业主动承担社会责任有法可循、有法可依。

政府要正确引导创业板上市公司履行社会责任，对那些为牟取暴利而损害消费者、员工权利等违背社会责任的行为要严惩不贷。而对于那些依法纳税、保护消费者权益、购买环保设备的企业应当给予大幅度的政策性优惠，如税收减免、环保资金扶持等。只有奖惩分明，才能遏制企业忽视社会责任、只顾牟取暴利的恶劣行为，鼓励企业积极履行社会责任，保障企业和社会都能健康持续发展。

（3）支持创业板上市公司创新能力建设

推动创业板上市公司成为技术创新主体，与政府的政策引导和资金支持是密切相关的，因此政府应当适时颁布相关税收或科研扶持政策，积极引导创业板上市公司创新能力建设。第一，积极宣传科研创新税收优惠政策。有调查显示，政府的税收优惠政策很多，但有些企业对政策了解不多或是利用不充分，甚至有的企业完全不了解这些政策，导致政策资源的浪费。一方面原因是政府宣传不到位，一些政策优惠文件只发到各级政府部门，并没有直接面向企业；另一方面是很多企业并没有切实认识到这些优惠政策为企业带来的实惠，所以没有很好地加以利用。政府应当对这种现象重视起来，抓好政策宣传，做好政策解读，也可以组织相关培训，加强企业之间的经验交流，发挥有效利用政策优惠企业的榜样作用，只有经常进行双向沟通，才能真正把政策落实到实处，使企业得到实实在在的好处。第二，政府应加大用于企业科研技术创新和成果转化的经费投入力度，发挥政府资金的引导作用，改善科技经费投入的方式方法，以新型产业和环保产业为主攻方向，确保资金用到刀刃上，也可以设立企业研发支出专用账户，将预拨付给企业用于科技创新的补助资金、创新或环保设备引进所享有的税收优惠以及科学技术成果奖励全部归集到专户进行统一管理，确保研发费用归集的规范性和准确性，福建省政府就采用此种方法为企业创新提供助力。

6.3 存在的不足之处

（1）由于在我国不同行业内披露社会责任报告的企业数量较少，为了确保研究样本的数量，因此选择在行业内披露社会责任报告较多的企业作为样本企业，这就确保了样本企业的代表性，但也限制了研究样本的数量。随着企业主体的社会责任意识逐渐增强，按期披露社会责任报告的企业会越来越多，研究的行业将更为广阔。

（2）对于企业社会责任和价值创造的关系研究，如能加入利益相关者响应、利益相关者沟通等中间变量，可以使研究更加精细化，也可以为实践提供更为细致的指导。本数对于价值创造的衡量仅选择了 EVA一个指标，虽然 EVA 是企业价值创造的综合评价，但如果将企业价值创造的衡量指标分为企业财务价值创造和非财务价值创造，将会使得研究更加严密可信。

（3）国外学者的实证研究大多是利用社会数据库中与企业社会责任有关的数据，然而我国缺乏此类数据库。本书在个案研究中，以食品行业中的光明公司为研究对象，由于公司成立的年限有限，所以数据不是特别充分，研究结果可能存在误差。

（4）本书设计的各个衡量企业社会责任的指标，分别选取了内容分析法、社会贡献率法计量，虽然考察了不同计量方法下的研究结果，但计量方法的差异性仍会致使研究结论存在偏差。在控制变量的选取过程中，也主要关注了财务因素，对非财务因素考虑较少，可能会影响研究结论。

参考文献

[1]   AUPPERLE, CARROLL, HATFIELD. An empirical examination of the relationship between corporate social responsibility and profitability [J]. Academy of Management Journal, 1985, 28 (2): 446-463.

[2]   ABBOTT W E, MONSEN. On the measurement of corporate social responsibility: Self-reported disclosures method of measuring corporate social involvement [J]. Academy of Management Journal, 1979, 22 (3): 501-515.

[3]   MCWILLIAMS A, SIEGEL D. Corporate social responsibility: A theory of the firm perspective [J]. Academy of Management Review, 2001, 26 (1): 117-127.

[4]   AZAPAGIC A. Systems approach to corporate sustainability a general management framework [J]. Process Safety and Environmental Protection, 2003, 81 (5): 303-316.

[5]   BOWEN H R. Social responsibilities of the businessman [M]. New York: Harper and Row, 1953: 188-190.

[6]   BRAMMER S, PAVELIN S. Building a good reputation [J]. European Management Journal, 2004, 22 (6): 704-713.

[7] SPRINKLE G B, MAINES L A. The benefits and costs of corporate social responsibility [J]. Business Horizon, 2010, 53 (5): 445-453.

[8] PATTEN D M. Does the market value corporate philanthropy? Evidence from the response to the 2004 tsunami relief effort [J]. Journal of Business Ethics, 2008, 81 (3): 599-607.

[9] BROWN T J, DACIN P A. The company and the product: Corporate associations and consumer product responses [J]. Journal of Marketing, 1997 (1): 68-84.

[10] BERENS G, RIEL C B M, BRUGGEN G H. Corporate associations and consumer product responses: The moderating role of corporate brand dominance [J]. Journal of Marketing, 2005, 69 (3): 35-48.

[11] COCHRAN P L, WOOD R A. Corporate social responsibility and financial performance [J]. Academy of Management Journal, 1984, 27 (1): 42-56.

[12] CARROLL A B. A three-dimensional conceptual model of corporate performance [J]. Academy of Management Review, 1979, 4 (4): 497-505.

[13] CARROLL A B, SHABANA K M. The business case for corporate social responsibility: A review of concepts, research and practice [J]. International Journal of Management Reviews, 2010, 12 (1): 85-105.

[14] CLARKSON M, STARIK M, COCHRAN P, et al. The Toronto conference: Reflections on stakeholder theory [J]. Business and Society, 1994, 33 (1): 82.

[15] CHEN, DODD. Economic value added (EVA): An empirical examination of a new corporate performance measure [J]. Journal of Managerial Issues, 1997 (9): 318-333.

[16] LIN C H, YANG H L, LIOU D Y. The impact of corporate social responsibility on financial performance: Evidence from business in Taiwan [J]. Technology in Society, 2009, 31 (1): 56-63.

[17] Committee for Economic Development. Social responsibilities of business corporations [M]. New York: Author, 2004.

[18] COCHRAN P L. The evolution of corporate social responsibility [J].

Business Horizons, 2007, 50 (6): 449-454.

[19] DAVIS K. Can business afford to ignore social responsibilities? [J]. California Management Review, 1960, 2 (3): 70-76.

[20] DINCER H, CELIK I E, YILMAZ R, et al. The financial implications of corporate social responsibility in the banking sector [M] //Managerial issues in finance and banking. Berlin: Springer International Publishing, 2014: 197-207.

[21] DONALDSON T, PRESTON L E. The stakeholder theory of the corporation: Concepts, evidence, and implications [J]. Academy of Management Review, 1995, 20 (1): 65-91.

[22] NELLING E, WEBB E. Corporate social responsibility and financial performance: The "virtuous circle" revisited [J]. Review of Quantitative Finance and Accounting, 2009, 32: (2): 197-209.

[23] European Commission. Communication from the commission concerning corporate social responsibility: A business contribution to sustainable development [Z]. Commission of the European Communities, 2002.

[24] FREDERICK W C. The growing concern over business responsibility [J]. California Management Review, 1960, 2 (4): 54-61.

[25] KEELEY F. Organization of social contract theory [J]. Harvard Business Review, 1988 (10): 7-45.

[26] GEORGE F P. Corporate social responsibility—A strategic imperative for sustainable growth [J]. Lex et Scientia, 2007, 14 (1): 119-131.

[27] FLAMMER C. Does corporate social responsibility lead to superior financial performance? A regression discontinuity approach [J]. Management Science, 2015, 61 (11): 2549-2568.

[28] FREEMAN R E. Strategic management: A stakeholder approach [J]. Advances in Strategic Management, 1983, 1 (1): 31-60.

[29] TURBAN D B, GREENING D W. Corporate social performance and organizational attractiveness to prospective employees [J]. Academy of Management Journal, 1997, 40 (3): 658-672.

[30] GRAY R, KOUHY R, LAVERS S. Corporate social and environmental

reporting: A review of the literature and a longitudinal study of UK disclosure [J]. Accounting, Auditing & Accountability Journal, 1995, 8 (2): 47-77.

[31] FROOMAN J. Socially irresponsible and illegal behavior and shareholder wealth a meta-analysis of event studies [J]. Business & Society, 1997, 36 (3): 221-249.

[32] GRIFFIN J, MAHON J. The corporate social performance and corporate financial performance debate: Twenty-five years of incomparable research [J]. Business and Society, 1997, 36 (3): 1-3.

[33] Hillman A J, Keim G D. Shareholder value, stakeholder management, and social issues: What's the bottom line? [J]. Strategic Management Journal, 2001 (22): 125-139.

[34] ANSOFF H I. Corporate strategy: Business policy for growth and expansion [M]. New York: McGraw-Hill Book, 1965: 68-71.

[35] MAIGNAN I, RALSTON D A. Corporate social responsibility in Europe and the US: Insights from businesses' self-presentations [J]. Journal of International Business Studies, 2002, 33 (3): 497-514.

[36] HUI L T. Combining faith and CSR: A paradigm of corporate sustainability [J]. International Journal of Social Economics, 2008, 35 (6): 449-465.

[37] CRUZ L B, PEDROZO E Á, ESTIVALETE V D F B. Towards sustainable development strategies: A complex view following the contribution of Edgar Morin [J]. Management Decision, 2006, 44 (7): 871-891.

[38] LICHTENSTEIN D R, DRUMWRIGHT M E, BRAIG B M. The effect of corporate social responsibility on customer donations to corporate-supported nonprofits [J]. Journal of Marketing, 2004, 68 (4): 16-32.

[39] LUO X, BHATTACHARYA C B. Corporate social responsibility, customer satisfaction, and market value [J]. Journal of Marketing, 2006, 70 (4): 1-18.

[40] MARDJONO A. A tale of corporate governance: Lessons why firms fail [J]. Managerial Auditing Journal, 2005, 20 (3): 272-283.

[41] MCWILLIAMS A, SIEGEL D, TEOH S H. Issues in the use of the

event study methodology: A critical analysis of corporate social responsibility studies [J]. Organizational Research Methods, 1999, 2 (4): 340-365.

[42] MCGUIRE J W. The changing nature of business responsibilities [J]. The Journal of Risk and Insurance, 1969, 36 (1): 55-61.

[43] BERLE A A, MEANS G G C. The modern corporation and private property [M]. London: Transaction Publishers, 1991.

[44] MCGUIRE J W. Business and society [M]. New York: McGraw-Hill, 1963.

[45] PORTER M E, KRAMER M R. Strategy and society: The link between competitive advantage and corporate social responsibility [J]. Harvard Business Review, 2007, 85 (6): 136-137.

[46] ROMAN R M, HAYIBOR S, AGLE B R. The relationship between social and financial performance: Repainting a portrait [J]. Business & Society, 1999, 38 (1): 109-125.

[47] MOSKOWITZ M. Choosing socially responsible stocks [J]. Business and Society Review, 1972, 1 (1): 71-75.

[48] SHELDON O. The philosophy of management [M]. London: Psychology Press, 2003.

[49] PELOZA J, SHANG J. How can corporate social responsibility activities create value for stakeholders? A systematic review [J]. Journal of the Academy of Marketing Science, 2011, 39 (1): 117-135.

[50] PRESTON L E, O'BANNON D P. The corporate social-financial performance relationship: A typology and analysis [J]. Business & Society, 1997, 36 (4): 419-429.

[51] DECKER S, SALE C. An analysis of corporate social responsibility, trust and reputation in the banking profession [M] //Professionals' perspectives of corporate social responsibility. Berlin: Springer, 2009: 135-156.

[52] PAYNE A. Corporate social responsibility and sustainable development [J]. Journal of Public Affairs, 2006, 6 (3): 286-297.

[53] RODRIGO P, ARENAS D. Do employees care about CSR programs?

A typology of employees according to their attitudes [J]. Journal of Business Ethics, 2008, 83 (2): 265-283.

[54] RUF B M, MURALIDHAR K, BROWN R M, et al. An empirical investigation of the relationship between change in corporate social performance and financial performance: A stakeholder theory perspective [J]. Journal of Business Ethics, 2001, 32 (2): 143-156.

[55] Sethi S P. Dimensions of corporate social performance: An analytical framework [J]. California Management Review, 1975, 17 (3): 58-64.

[56] SEARCY C. Application of a systems approach to sustainable development performance measurement [J]. International Journal of Productivity and Performance Management, 2008, 57 (2): 182-197.

[57] KOOS S. The institutional embeddedness of social responsibility: Amultilevel analysis of smaller firms´ civic engagement in Western Europe [J]. Socio-Economic Review, 2012, 10 (1): 135-162.

[58] SIMPSON W G, KOHERS T. The link between corporate social and financial performance: Evidence from the banking industry [J]. Journal of Business Ethics, 2002, 35 (2): 97-109.

[59] DOMINI A L. Socially responsible investing: Making a difference and making money [M]. Chicago: Dearborn Trade Publishing, 2001.

[60] SEN S, BHATTACHARYA C B. Does doing good always lead to doing better? Consumer reactions to corporate social responsibility [J]. Journal of Marketing Research, 2001, 38 (2): 225-243.

[61] THOMPSON, ZAKARIA. Corporate social responsibility reporting in Malaysia [J]. Journal of Corporate Citizenship, 2004 (13): 125-136.

[62] BESSER T L, MILLER N. Is the good corporation dead? The community social responsibility of small business operators [J]. The Journal of Socio-Economics, 2001, 30 (3): 221-241.

[63] UYEMURA D G. EVA for banks: Value creation, risk management, and profitability measurement [J]. Journal of Applied Corporate Finance, 1996 (9): 30-36.

[64] VAN DER LAAN SMITH J, ADHIKARI A, TONDKAR R H. Exploring differences in social disclosures internationally: A stakeholder perspective

[J]. Journal of Accounting and Public Policy，2005，24（2）：123-151.

[65] WARTICK S L，COCHRAN P L. The evolution of the corporate social performance model [J]. Academy of Management Review，1985，10（4）：758-769.

[66] WOOD D J. Corporate social performance revisited [J]. Academy of management review，1991，16（4）：691-718.

[67] ZHANG L，WANG T，FUNG H G. Market reaction to corporate social responsibility announcements：Evidence from China [J]. China & World Economy，2014，22（2）：81-101.

[68] 卡罗尔，巴克霍尔茨. 企业与社会：伦理与利益相关者管理 [M]. 黄煜平，等，译. 北京：机械工业出版社，2004：45.

[69] 曹智. 企业社会责任与企业可持续发展 [D]. 青岛：中国海洋大学，2009.

[70] 陈晓峰. 企业社会责任与顾客忠诚度关系的实证分析——基于牛乳制品消费者的视角 [J]. 科研管理，2014（1）：98-106.

[71] 赵存丽. 不同企业性质的社会责任与财务绩效相关性研究 [J]. 会计之友，2013（1）.

[72] 陈玉清，马丽丽. 我国上市公司社会责任会计信息市场反应实证分析 [J]. 会计研究，2005（11）.

[73] 陈小红. 浅谈基于社会责任的利益相关者利益平衡 [J]. 现代物业，2010（7）：40-41.

[74] 崔丽. 当代中国企业社会责任研究——以关系契约理论为视角 [D]. 长春：吉林大学，2013.

[75] 陈志昂，陆伟. 企业社会责任三角模型 [J]. 经济与管理，2003（11）：60-65.

[76] 陈宏辉. 基于利益相关者理论的企业绩效评价——一个分析框架和应用研究 [J]. 科研管理，2003（7）：76-82.

[77] 陈煦江. 企业社会责任影响财务绩效的中介调节效应——基于中国100强企业社会责任发展指数的经验证据 [J]. 山西财经大学学报，2014（3）：101-109.

[78] 董淑兰. 农业上市公司社会责任会计信息披露研究 [M]. 北京：中国农业出版社，2012：89-94.

[79] 董淑兰，戴蓬军. 农业上市公司社会责任会计信息披露意愿研究 [J]. 财

会月刊，2010（10）：92-95.

[80] 董淑兰，陈美茹. 企业社会责任对财务可持续增长的影响研究 [J]. 会计之友，2014（20）：7-12.

[81] 董淑兰，严秀丽. 基于生命周期理论的制造企业社会责任会计信息披露评价 [J]. 财会月刊，2013（8）：29-31.

[82] 董淑兰，严秀丽. 国有企业与民营企业社会责任评价比较 [J]. 财会月刊，2013（12）：22-24.

[83] 董淑兰，王永德. 农业上市公司社会责任会计信息披露评价研究 [J]. 商业研究，2012（6）：194-203.

[84] 董淑兰，王艳茹. 基于消费者视角的企业社会责任信息披露研究——来自家电企业的调研数据 [J]. 财会通讯，2014（4）：40-42.

[85] 董淑兰，刘宁. 企业社会责任层级结构研究 [J]. 会计之友，2016（5）：61-65.

[86] 董淑兰，王成. 企业社会责任信息披露、噪声交易与股市效应 [J]. 财会月刊，2016（3）：22-26.

[87] 邓泽宏，何应龙. 企业社会责任运动中的政府作用研究 [J]. 中国行政管理，2010（11）.

[88] 方琳琳. 企业社会责任与财务可持续增长的相关性分析 [D]. 重庆：重庆工商大学，2009.

[89] 付强. 基于技术创新的企业社会责任对绩效影响研究 [J]. 科学学研究，2013（3）：463-468.

[90] 黄群慧，等. 中国100强企业社会责任发展状况评价 [J]. 中国工业经济，2010（10）：23-35.

[91] 何艳兵. 上市公司社会责任与财务绩效相关性实证研究 [D]. 成都：西华大学，2013.

[92] 黄光. 消费者社会责任消费行为对企业社会责任行为响应的影响 [J]. 广东财经大学学报，2014（4）：43-52.

[93] 姜雨峰. 外部压力、伦理型领导与企业社会责任的关系研究 [D]. 长春：吉林大学，2015.

[94] 阚京华，赖薇，刘婷婷. 民营上市公司社会责任履行效果与推进路径研究——基于民营上市公司2009年的CSR的报告 [J]. 国际商务财会，2011（12）.

[95] 卢代富. 企业社会责任的经济学与法学分析 [M]. 北京: 法律出版社, 2002: 120-121.

[96] 卢代富. 国外企业社会责任界说评述 [J]. 现代法学, 2001, 23 (3): 137-142.

[97] 金立印. 企业社会责任运动测评指标体系实证研究——消费者视角 [J]. 中国工业经济, 2006 (6): 23-36.

[98] 李尧. 商业银行社会责任与价值创造——基于顾客忠诚的研究 [D]. 广州: 暨南大学, 2013.

[99] 王凯, 黎友焕. 国内企业社会责任理论研究综述 [J]. WTO 经济导刊, 2007 (1): 55-69.

[100] 黎友焕. 企业社会责任研究 [D]. 西安: 西北大学, 2007.

[101] 李心合. 嵌入社会责任与扩展公司财务理论 [J]. 会计研究, 2009 (1): 66-73.

[102] 李伟. 企业社会责任与财务绩效关系研究——基于交通运输行业上市公司的数据分析 [J]. 财经问题研究, 2012 (4): 89-94.

[103] 刘海俊. 公司的社会责任 [M]. 北京: 法律出版社, 1999: 55-61.

[104] 刘建秋, 宋献中. 契约理论视角下企业社会责任的层次与动因——基于问卷调查的分析 [J]. 财政研究, 2012 (6): 68-71.

[105] 梁斌, 瞿晓龙. 公司规模、股权结构与社会责任——基于沪市上市公司的实证分析 [J]. 财会月刊, 2013 (3).

[106] 林丽阳, 李桦. 基于微观视角的企业社会责任影响因素研究 [J]. 财会通讯, 2013 (5).

[107] 李正. 企业社会责任与企业价值的相关性研究——来自沪市上市公司的经验证据 [J]. 中国工业经济, 2006 (2): 77-83.

[108] 李建升, 李巍. 企业管理和企业社会责任 [M]. 广州: 华南理工大学出版社, 2011.

[109] 龙文滨. 公司社会责任与财务业绩关系研究 [J], 财会通讯, 2013 (1).

[110] 希金斯. 财务管理分析 [M]. 沈艺峰, 译. 8版. 北京: 北京大学出版社, 2012: 88-89.

[111] 娄桂莲, 董淑兰. 利益相关者结构及其企业价值创造框图构建 [J]. 当代会计评论, 2016 (9): 22-26.

[112] 刘连煜. 公司治理与公司社会责任 [M]. 北京: 中国政法大学出版社,

2001: 111-120.

[113] 马学斌, 徐岩. 企业社会责任评价技术应用研究 [J]. 系统工程理论与实践, 1995 (2): 55-62.

[114] 曲宗续. 从员工培训透视企业社会责任 [J]. 当代经济, 2012 (1): 56-58.

[115] 瞿绍发, 王建伟. 经济附加值 (EVA) 指标在中国股市的应用价值分析 [J]. 系统工程, 2003 (11): 50-54.

[116] 帅萍, 周祖城. 欧美企业社会责任评价标准比较 [J]. 统计与决策, 2008 (23): 170-172.

[117] 沈洪涛. 公司特征与公司社会责任会计信息披露——来自我国上市公司的经验数据 [J]. 会计研究, 2005 (3): 9-16.

[118] 夏虹, 李赢. 上市公司社会责任报告内容分析 [J]. 财会通讯, 2010 (4).

[119] 宋献中, 龚明晓. 公司会计年报中社会责任信息的价值研究 [J]. 管理世界, 2006 (12).

[120] 宋献中, 龚明晓. 社会责任信息的质量与决策价值评价——上市公司会计年报的内容分析 [J]. 会计研究, 2007 (2): 37-43.

[121] 施佳. 我国农业上市公司社会责任与财务绩效、企业价值的关系研究 [J]. 统计与决策, 2013 (4).

[122] 田虹. 企业社会责任及其推进机制 [M]. 北京: 经济管理出版社, 2006.

[123] 王艳婷, 罗永泰. 企业社会责任信息质量特征体系构建——基于对信息使用者的问卷调查 [J]. 会计研究, 2013 (01).

[124] 万莉, 罗怡芬. 企业社会责任的均衡模型 [J]. 中国工业经济, 2006 (9): 117-124.

[125] 王志强. 事业单位财务管理研究 [J]. 中国外资, 2013 (8): 82-83.

[126] 王长盈. 我国创业板上市公司价值评价研究 [D]. 大连: 大连海洋大学, 2015.

[127] 王正艳, 徐光华, 蔡月祥. 社会责任视阈下企业价值增长形态分析——制造业上市企业的实证检验 [J]. 生产力研究, 2016 (7): 7-12.

[128] 王建琼, 侯婷婷. 社会责任对企业可持续发展影响的实证分析 [J]. 科技进步与对策, 2009, 26 (18): 94-96.

[129] 王永德, 宋丽英, 董淑兰. 企业环境信息披露影响因素研究 [J]. 财会月刊, 2012 (2): 38-40.

［130］ 王永德. 企业社会责任信息披露水平评价研究——来自创业板的经验数据
［J］. 会计之友，2013（7）：4-10.

［131］ 王永德，庄悦. 我国上市公司可持续增长实证研究——基于希金斯可持续
增长模型［J］. 生产力研究，2013（10）：166-168.

［132］ 王慧. 金融企业社会责任研究［D］. 成都：西南交通大学，2011.

［133］ 徐泓，朱秀霞. 低碳经济视角下企业社会责任评价指标分析［J］. 中国软
科学，2012（1）：153-159.

［134］ 袁振兴. 财务目标：最大化还是均衡——基于利益相关者财务框架［J］.
会计研究，2004（11）：38-42.

［135］ 袁家方. 企业社会责任［M］. 北京：海洋出版社，1990：1-10.

［136］ 杨瑞龙，周业安. 企业的利益相关者理论及其运用［M］. 北京：经济科学
出版社，2000：122-123.

［137］ 杨春方. 中小企业社会责任缺失的非道德解读——资源基础与背景依赖的
视角［J］. 江西财经大学学报，2015（1）：32-42.

［138］ 杨静. 公司社会责任信息披露影响因素实证研究［J］. 财会通讯，
2013（1）.

［139］ 余峰. 企业社会责任对企业财务绩效的影响及其传导机制［J］. 深圳大学
学报：人文社会科学版，2016（3）：82-87.

［140］ 杨汉明，邓启稳. 国有企业社会责任与业绩研究——基于可持续增长视角
［J］. 中南财经政法大学学报，2011（1）：120-127.

［141］ 沈洪涛. 公司社会责任与公司财务业绩关系研究［D］. 厦门：厦门大学，2005.

［142］ 张兰霞，等. 企业社会责任对财务绩效影响的实证研究——以我国上市公
司为研究对象［J］. 东北大学学报：自然科学版，2011（2）.

［143］ 张兆国，刘晓霞，张庆. 企业社会责任与财务管理变革——基于利益相关
者理论的研究［J］. 会计研究，2009（3）：54-59.

［144］ 张兆国，靳小翠，李庚秦. 企业社会责任与财务绩效之间交互跨期影响实
证研究［J］. 会计研究，2013（8）：32-39.

［145］ 张川，娄祝坤，詹丹碧. 政治关联、财务绩效与企业社会责任——来自中
国化工行业上市公司的证据［J］. 管理评论，2014（1）：130-139.

［146］ 张衔，谭克成. 社会责任研究新探［J］. 中国流通经济，2011（1）：
63-67.

［147］ 郑璐. 企业社会责任与财务持续增长能力的关系研究［D］. 成都：西南财

经大学，2012.

[148] 朱必法. 企业社会责任与企业可持续发展关系的探讨［D］. 武汉：湖北大学，2010.

[149] 朱松. 企业社会责任、市场评价与盈余信息含量［J］. 会计研究，2011 (11).

[150] 朱雅琴，姚海鑫. 企业社会责任与企业价值关系的实证研究［J］. 财经问题研究，2010 (2).

[151] 周留彬. 企业社会责任与财务绩效［D］. 广州：暨南大学，2013.

[152] 周祖城. 企业伦理学［M］. 北京：清华大学出版社，2005：41.

附 录

企业社会责任与价值创造的回归分析及滞后回归分析原始数据

代码	EVA		CSR₁	CSR₂	CSR₃	CSR	LEV		SIZE	
	2014	2015					2014	2015	2014	2015
000002	14 091 210 292	15 613 618 969	0.59	0.25	0.23	0.34	77.2	77.7	26.95	27.14
000006	−442 799 949.6	180 257 558.9	0.46	0.17	0.45	0.35	64.14	64.62	23.19	23.27
000021	2 112 295 485	−499 821 220	0.44	0.32	0.47	0.41	65.03	63.69	23.39	23.39
000026	37 012 657.29	−8 243 033.23	0.56	0.13	0.21	0.28	55.26	45.77	22.02	22.17
000031	−366 222 603.1	−533 317 306.1	0.34	0.27	0.14	0.24	76.97	79.96	24.56	24.74
000046	−1 137 859 084	−1 204 141 326	0.71	0.64	0.45	0.59	82.35	87.19	24.98	25.5
000050	−158 997 449.3	−532 877 714.8	0.43	0.60	0.14	0.38	45.44	38.75	23.48	23.8
000063	564 645 735	−1 590 732 943	0.50	0.28	0.03	0.25	75.25	64.14	25.39	25.52
000065	155 694 241.7	116 529 333.5	0.74	0.49	0.53	0.57	75.98	67.3	22.32	22.61
000100	719 300 557.5	−153 753 125	0.55	0.10	0.47	0.36	71.08	66.33	25.25	25.44

续表

代码	EVA		CSR₁	CSR₂	CSR₃	CSR	LEV		SIZE	
	2014	2015					2014	2015	2014	2015
000157	−2 484 401 952	−3 215 985 965	0.35	0.38	0.41	0.38	56.01	56.67	25.26	25.26
000338	3 007 576 043	−1 507 374 696	0.46	0.59	0.35	0.46	66.07	63.68	25.51	25.47
000423	1 060 742 013	1 269 631 763	0.43	0.32	0.39	0.38	19.2	17.73	22.73	22.88
000425	−866 890 351.4	−1 498 315 412	0.46	0.06	0.46	0.32	58.16	51.76	24.61	24.48
000498	153 090 770.4	213 668 892.3	0.30	0.67	0.06	0.34	73.51	70.82	23.03	23.07
000516	266 239 439.5	91 650 741.89	0.51	0.22	0.05	0.24	54.53	37.36	21.98	22.39
000528	−599 434 376	−754 933 528.8	0.53	0.40	0.25	0.38	56.13	56.31	23.76	23.74
000536	58 997 030.46	−87 484 476.49	0.36	0.89	0.26	0.51	61.74	66.3	23.07	22.92
000538	1 879 959 899	2 024 471 010	0.54	0.12	0.18	0.26	30.88	29.87	23.52	23.68
000540	250 835 865.6	1 041 872 117	0.18	0.14	0.09	0.13	82.41	76.61	24.49	24.74
000547	101 951 933	64 971 219.93	0.30	0.93	0.45	0.58	30.07	18.91	21.97	22.64
000550	1 167 478 024	1 128 381 197	0.38	0.50	0.65	0.52	45.64	43.08	23.69	23.77
000559	553 227 393.2	591 346 067.9	0.35	0.21	0.36	0.31	63.38	64.06	23.2	23.27
000581	865 071 339.2	780 447 261.6	0.53	0.45	0.15	0.36	22.26	22.23	23.4	23.48
000623	724 763 143.2	1 678 371 690	0.48	0.09	0.11	0.20	8.06	11.35	23.35	23.71
000625	6 267 806 626	8 576 639 591	0.78	0.39	0.18	0.42	63.47	61.78	24.97	25.22
000627	−6 973 997.53	149 415 812.7	0.40	0.35	0.21	0.31	29.35	25.96	21.47	21.6
000635	−105 108 872.7	−133 840 993.7	0.46	0.35	0.43	0.41	10.63	11.15	21.85	21.87
000671	134 690 756.3	−413 776 265.2	0.37	0.04	0.19	0.19	84.69	80.42	24.56	24.97
000718	249 239 048.5	271 555 190.8	0.71	0.46	0.16	0.42	77.2	61.41	23.79	23.93
000732	−1 228 113 066	−1 521 143 028	0.58	0.31	0.42	0.43	89.23	79.87	24.86	25.16
000792	100 191 364.4	−795 890 395.7	0.42	0.29	0.58	0.44	71.61	69.67	24.94	25.11
000797	−141 281 088.3	−114 684 095.7	0.37	0.10	0.27	0.24	78.35	86.16	22.8	23.02
000800	−281 848 557.2	−308 372 733.4	0.28	0.67	0.21	0.39	57.9	51.52	23.76	23.62

续表

代码	EVA		CSR₁	CSR₂	CSR₃	CSR	LEV		SIZE	
	2014	2015					2014	2015	2014	2015
000858	3 903 191 421	4 058 357 997	0.54	0.37	0.46	0.45	13.09	15.61	24.56	24.68
000927	105 801 364.9	−1 252 354 286	0.48	0.20	0.35	0.33	77.22	73.46	22.64	22.5
000970	96 238 714.58	62 877 011.91	0.38	0.09	0.52	0.33	18.88	13.93	22.41	22.39
000981	−246 994 351.4	−418 160 888.3	0.47	0.68	0.27	0.47	81.15	78.06	24	23.93
000997	179 397 275.5	219 492 109	0.33	0.44	0.36	0.38	47.97	51.8	22.03	22.29
000999	686 949 250.5	803 221 984.4	0.42	0.39	0.50	0.44	34.42	36.15	23.09	23.21
002001	409 309 948.9	−38 963 674.63	0.31	0.27	0.19	0.25	23.11	27.47	22.93	23
002006	−39 478 571.62	−44 100 026.84	0.40	0.59	0.52	0.51	48.86	43.85	21.23	21.17
002007	320 185 237.3	361 635 324.1	0.56	0.62	0.27	0.47	3.55	3.41	22.05	22.11
002008	360 678 179.2	328 570 162.1	0.59	0.67	0.39	0.54	39.97	35.22	22.7	22.75
002018	−38 226 281.07	8 796 826.13	0.48	0.32	0.41	0.40	10.38	42.89	21.83	22.41
002024	−2 918 732 940	−2 445 803 708	0.51	0.69	0.43	0.54	64.06	63.75	25.13	25.2
002051	441 576 828.9	621 323 515.6	0.42	0.37	0.17	0.31	67.55	67.56	23.61	23.71
002056	183 456 018.3	96 933 735.22	0.48	0.38	0.48	0.45	31.04	31.09	22.29	22.36
002062	59 921 731.33	−145 469 250.7	0.30	0.58	0.16	0.35	80.92	81.64	23.36	23.42
002079	−41 400 304.77	−56 310 249.84	0.48	0.21	0.47	0.38	13.11	13.23	21.12	21.12
002092	−212 866 382.4	−648 117 982.7	0.41	0.11	0.37	0.29	67.76	67.69	24.18	24.33
002106	−201 139 859.3	−852 185 607.1	0.35	0.24	0.48	0.36	20.24	18.39	22.36	22.18
002153	243 750 733.2	145 404 656	0.44	0.20	0.41	0.34	22.62	11.58	21.63	22.39
002165	39 283 705.42	42 499 597.93	0.52	0.27	0.63	0.47	41.97	39	21.3	21.31
002189	−19 818 623.98	−18 692 358.74	0.66	0.31	0.23	0.38	33.06	32.01	20.45	20.56
002222	−52 402 415.98	−1 246 307.68	0.53	0.19	0.24	0.30	9.71	9.55	20.31	20.36
002230	199 248 768.4	209 795 142.7	0.18	0.04	0.36	0.20	24.54	22.25	22.37	22.85
002236	623 526 914.2	737 190 782.2	0.54	0.73	0.35	0.54	34.78	42.92	22.8	23.17

续表

代码	EVA		CSR₁	CSR₂	CSR₃	CSR	LEV		SIZE	
	2014	2015					2014	2015	2014	2015
002241	1 172 957 696	705 811 446.1	0.50	0.53	0.59	0.54	52.01	50.66	23.6	23.68
002246	−13 665 460.67	−20 732 997.22	0.31	0.06	0.23	0.19	29.7	24.69	21.23	21.19
002249	125 581 044.4	108 434 342.4	0.60	0.42	0.32	0.43	39.31	49.41	22.56	22.75
002250	400 030 299	424 496 630.5	0.72	0.82	0.44	0.65	39.84	34.1	22.48	22.57
002281	11 687 430.38	74 488 667.37	0.31	0.55	0.20	0.35	33.72	37.04	22	22.16
002296	9 381 048	−969 321.36	0.48	0.13	0.25	0.27	28	32.27	21.38	21.49
002300	9 194 213.78	−20 168 834.91	0.46	0.42	0.24	0.36	54.34	56.44	21.74	21.84
002331	17 264 076.27	27 616 826.62	0.25	0.35	0.37	0.33	23.23	29.08	21.17	21.3
002368	86 367 757.62	77 739 068.73	0.21	0.27	0.24	0.24	51.31	62.51	22.15	22.48
002396	111 907 219.4	160 962 691.9	0.40	0.09	0.35	0.27	35.43	36.85	22.09	22.4
002415	3 349 222 394	3 973 523 512	0.35	0.06	0.45	0.29	30.11	36.35	23.78	24.13
002417	2 772 376.63	−18 665 080.15	0.50	0.26	0.26	0.33	62.91	57.24	20.85	20.77
002419	298 847 978	957 352 101.2	0.69	0.52	0.37	0.51	60.27	60.29	23.17	23.35
002422	590 824 213.1	260 092 509.2	0.30	0.29	0.41	0.34	48.26	50.57	23.78	23.84
002431	275 591 550.1	−467 970 498.4	0.34	0.26	0.27	0.29	67.48	64.78	22.96	23.23
002438	−620 209.29	−42 612 445.7	0.41	0.66	0.10	0.38	25.8	35.46	20.96	21.29
002470	611 079 375.7	732 101 327.5	0.50	0.47	0.35	0.43	36.52	30.84	23.12	23.19
002474	−64 189 722.91	−48 311 141.77	0.39	0.27	0.34	0.33	19.56	27.51	21.25	21.37
002498	19 502 351.14	99 132 365.49	0.29	0.11	0.20	0.20	28.39	33.4	22.5	22.55
002508	431 837 868.6	664 601 684.1	0.28	0.69	0.41	0.47	31.56	37.01	22.01	22.34
002509	57 461 543.62	−48 981 641.36	0.42	0.06	0.43	0.30	17.18	19.61	21.32	22.35
002535	−55 331 635.16	−548 858 365.6	0.58	0.38	0.35	0.43	65.73	57.01	22.65	22.66
002543	114 642 690.9	157 813 392	0.30	0.20	0.43	0.31	31.3	33.71	22.05	22.17
002544	34 156 897.09	44 772 281.34	0.30	0.71	0.33	0.45	61.57	64.98	21.81	21.98

代码	EVA		CSR₁	CSR₂	CSR₃	CSR	LEV		SIZE	
	2014	2015					2014	2015	2014	2015
002560	−9 132 280.86	−25 629 197.05	0.26	0.29	0.18	0.24	18.41	29.32	21.4	21.57
002595	360 017 487.3	481 791 560.2	0.28	0.04	0.24	0.18	12.13	14.58	21.79	21.98
002601	−40 242 635.57	8 300 356.83	0.22	0.89	0.48	0.55	51.21	59.07	22.26	22.47
002635	31 562 604.11	184 856 586.5	0.27	0.30	0.28	0.28	44.39	24.36	21.57	21.85
300019	44 128 736.38	49 012 884.99	0.42	0.40	0.52	0.45	25.66	26.33	20.52	20.62
300047	47 353 017.66	40 335 604.31	0.33	0.23	0.08	0.20	33.94	43.9	21.37	21.61
300062	−14 536 758.58	−36 135 805.84	0.31	0.30	0.48	0.37	19.94	57.81	20.75	21.66
300067	57 621 669.53	8 474 193.75	0.58	0.43	0.30	0.43	12.8	29.24	20.75	21.04
300077	−162 741 762.4	−92 451 844.41	0.33	0.52	0.17	0.34	5.3	12.01	21.78	21.89
300110	−24 010 625.03	−55 806 484.04	0.38	0.19	0.40	0.32	43.56	47.61	21.69	21.73
300124	388 874 935.3	492 102 910.4	0.44	0.52	0.42	0.46	21.95	27.86	22.26	22.51
300132	13 132 989.94	−27 905 462.26	0.34	0.36	0.32	0.34	43.05	33.47	20.78	20.62
300174	−32 278 973.91	−16 190 308.54	0.42	0.27	0.41	0.36	17.73	30.17	20.22	20.6
300181	45 329 782.68	6 932 524.14	0.58	0.82	0.28	0.55	26.22	22.42	20.89	21.34
300299	−3 497 447.26	18 278 436.96	0.18	0.04	0.16	0.12	23.68	17.77	20.13	21.2
600048	4 947 827 452	6 620 036 477	0.24	0.69	0.37	0.44	77.89	75.95	26.63	26.72
600055	−11 097 008.65	−7 757 294.47	0.24	0.84	0.30	0.47	44.71	46.54	20.93	21.01
600062	328 013 167.9	433 547 921.1	0.42	0.27	0.18	0.28	14.12	17.12	22.61	22.77
600064	130 062 558.3	228 852 605.3	0.24	0.06	0.20	0.16	57.26	58.16	23.74	23.84
600066	2 044 816 681	2 770 137 984	0.28	0.15	0.41	0.28	54.41	57.07	23.89	24.13
600067	369 866 707.7	−195 105 000.4	0.35	0.13	0.21	0.22	64.35	56.11	23.71	23.71
600068	574 569 063.9	289 559 058.5	0.23	0.30	0.40	0.32	74.91	77.98	25.38	25.57
600089	333 414 950.4	158 438 695.3	0.24	0.63	0.33	0.41	64.55	64.89	24.81	24.98
600100	586 206 036.4	1 295 283 626	0.45	0.16	0.32	0.30	69.1	60.16	24.63	24.76

代码	EVA		CSR$_1$	CSR$_2$	CSR$_3$	CSR	LEV		SIZE	
	2014	2015					2014	2015	2014	2015
600104	22 778 229 926	21 981 979 646	0.58	0.74	0.58	0.64	55.41	58.78	26.75	26.96
600110	−359 861 314	74 018 752.74	0.15	0.65	0.20	0.34	73.96	66.97	22.66	22.47
600118	150 849 041.2	258 618 700.1	0.31	0.13	0.22	0.21	43.62	43.79	22.9	22.99
600141	263 730 480.3	−259 033 817.4	0.30	0.19	0.12	0.19	69.07	71.73	23.7	23.79
600151	−48 784 440.86	76 939 877.09	0.28	0.34	0.27	0.30	56.58	61.22	22.89	23.1
600158	−23 517 233.52	−59 959 036.54	0.41	0.02	0.25	0.22	50.5	53.25	22.02	22.08
600161	144 775 406.7	−22 921 545.7	0.60	0.21	0.25	0.34	63.13	60.29	22.52	22.45
600166	828 943 380.9	738 507 109	0.24	0.13	0.23	0.20	55.19	56.14	24.27	24.48
600171	−103 624 468.6	−58 842 726.9	0.46	0.92	0.37	0.59	11.19	10.48	21.34	21.45
600173	93 530 527.57	−96 072 007.65	0.48	0.21	0.51	0.40	63.9	62.94	22.22	22.21
600183	227 931 415.3	228 630 765.4	0.39	0.77	0.22	0.46	45.79	45.76	22.84	22.9
600195	152 123 817	140 315 645.3	0.55	0.44	0.43	0.47	25.96	23.57	22.18	22.2
600196	1 042 523 128	1 601 329 180	0.70	0.61	0.40	0.56	45.94	45.89	24.29	24.37
600197	169 714 696.2	180 480 135.3	0.14	0.33	0.32	0.27	28.39	24.95	21.56	21.62
600206	−169 444 190.8	−132 625 388.9	0.34	0.02	0.32	0.22	8.23	5.95	21.87	21.85
600208	−342 781 066.4	−959 407 353	0.59	0.09	0.39	0.34	71.06	71.48	24.98	25.21
600218	−35 762 653.26	−18 698 991.22	0.14	0.18	0.14	0.15	53.55	39.63	21.62	21.84
600227	−733 937 335.4	−148 509 178.6	0.24	0.37	0.10	0.23	58.19	57.92	22.7	22.71
600246	−105 902 280.8	−692 755 778.2	0.22	0.41	0.15	0.26	73.21	76.63	23.38	23.34
600252	1 190 221 404	186 706 482.4	0.51	0.17	0.27	0.30	26.27	19.17	22.81	22.54
600261	102 870 816.5	97 511 662.17	0.52	0.43	0.09	0.33	36.16	39.72	22.21	22.34
600266	73 931 944.18	−643 525 623.5	0.21	0.16	0.13	0.17	66.86	68.13	24.64	24.88
600267	116 448 928	−212 441 291.7	0.31	0.65	0.41	0.46	52.22	57.42	23.57	23.68
600284	−41 207 817.92	−23 212 239.74	0.55	0.28	0.37	0.39	56.74	49.11	23.42	23.32

代码	EVA		CSR$_1$	CSR$_2$	CSR$_3$	CSR	LEV		SIZE	
	2014	2015					2014	2015	2014	2015
600303	−304 290 095.3	−197 244 549.4	0.26	0.54	0.27	0.36	69.8	74.96	22.85	23.04
600325	−1 646 097 569	−2 799 902 600	0.57	0.13	0.37	0.34	80.74	79.3	24.93	25.24
600329	195 757 423.7	226 286 268.7	0.34	0.39	0.37	0.37	45.81	32.36	22.42	22.53
600332	673 369 969.2	653 481 109.4	0.35	0.35	0.50	0.41	43.99	45.28	23.38	23.49
600351	65 965 429.96	82 144 764.21	0.34	0.47	0.52	0.45	42.86	37.01	21.88	22.17
600352	2 006 059 747	1 825 895 940	0.41	0.60	0.48	0.50	46.93	43.41	23.86	24.01
600389	98 638 927.61	−97 184 988.44	0.42	0.51	0.42	0.45	59.44	58.59	21.91	21.86
600406	834 956 300.6	787 373 889.3	0.39	0.09	0.23	0.23	51.21	49.99	23.42	23.51
600409	31 279 692.35	−149 937 235.6	0.49	0.27	0.11	0.27	67.13	66.52	23.72	23.74
600422	239 088 688.6	307 119 493.3	0.56	0.09	0.46	0.36	32.22	32.59	21.83	22.32
600435	−8 570 767.6	16 586 659.99	0.36	0.29	0.18	0.27	40.87	41.91	22.13	22.2
600460	−22 878 356.18	−153 499 894	0.68	0.13	0.36	0.37	39.89	44.28	22.11	22.19
600463	−39 644 872.53	−67 969 601.91	0.57	0.37	0.43	0.45	69.37	60.77	21.74	22.03
600468	23 797 642.53	−18 049 466.47	0.31	0.02	0.23	0.18	51.68	50.22	21.15	21.12
600486	322 132 579.9	309 710 075.8	0.53	0.31	0.17	0.32	35.11	30.55	22.18	22.26
600488	−67 706 116.81	−63 933 414.16	0.30	0.06	0.17	0.17	17.31	19.27	21.79	21.83
600498	81 473 471.03	143 740 089.4	0.33	0.11	0.38	0.27	54.04	59.37	23.46	23.67
600501	−2 422 176.62	−94 738 951.37	0.40	0.22	0.36	0.32	64.61	50.61	22.14	22.28
600510	−291 913 903.2	−373 324 959.8	0.13	0.13	0.15	0.14	68.84	62.05	23.5	23.64
600525	142 365 631.8	169 353 191.8	0.21	0.09	0.34	0.22	51.86	39.96	22.56	22.96
600526	−11 964 195.75	−40 698 852.49	0.25	0.28	0.30	0.28	71.74	62.39	22.28	22.65
600533	−461 256 593.4	−250 435 317.5	0.25	0.06	0.40	0.24	74.41	69.44	23.41	23.32
600535	1 431 528 302	1 397 267 328	0.16	0.13	0.19	0.16	60.77	50	23.28	23.46
600560	−27 150 107.4	−30 829 334.39	0.15	0.02	0.39	0.19	62.51	58.09	21.38	21.28

代码	EVA		CSR₁	CSR₂	CSR₃	CSR	LEV		SIZE	
	2014	2015					2014	2015	2014	2015
600582	825 974 091.8	164 736 246.6	0.40	0.16	0.28	0.27	47.32	46.24	24.06	24.23
600588	201 132 971.3	−199 315 458.6	0.51	0.42	0.43	0.45	49.58	44.47	22.9	23.11
600592	−123 211 591.1	−123 333 917.8	0.24	0.16	0.20	0.20	24.77	25.17	21.85	21.75
600600	754 960 714.7	213 706 688.4	0.31	0.61	0.31	0.42	43.39	43.28	24.02	24.07
600616	−33 211 816.85	−45 738 991.92	0.67	0.17	0.46	0.42	12.85	20.02	21.52	21.63
600618	−714 712 620.9	−136 670 564	0.13	0.89	0.31	0.46	60.79	53.18	22.47	22.3
600639	201 347 204.8	39 353 367.67	0.10	0.62	0.12	0.29	49.53	48.6	23.24	23.6
600649	915 601 839	2 290 189 558	0.36	0.10	0.28	0.24	58.98	52.85	24.45	24.5
600653	−377 563 042	−284 063 330.5	0.32	0.06	0.47	0.28	71.45	75.02	22.81	22.88
600655	495 524 046	217 498 009.5	0.33	0.13	0.41	0.29	41.93	50.9	23.35	23.57
600657	−371 315 065.8	−922 591 684.7	0.34	0.21	0.33	0.29	78.18	83.24	24.35	24.68
600658	332 062 996.3	333 197 893.4	0.40	0.35	0.24	0.32	29.9	33.13	22.18	22.38
600693	420 555.77	−115 442 187.2	0.46	0.20	0.44	0.36	68.78	64.49	22.14	22.39
600702	−115 040 528.5	−132 535 008.7	0.58	0.05	0.44	0.34	38.96	40.29	22.03	22.05
600718	−246 913 873.9	−207 710 527.5	0.33	0.50	0.14	0.32	42.06	47.23	22.99	23.22
600736	−685 578 401.3	−999 341 185.9	0.66	0.02	0.14	0.24	79.11	70.79	23.78	23.73
600741	4 436 487 949	4 805 265 765	0.61	0.24	0.41	0.41	54.91	57.22	24.87	25.09
600748	310 717 272.2	−154 750 912.5	0.11	0.31	0.21	0.22	70.51	79.79	23.65	24.03
600761	300 454 587.8	146 253 205.1	0.24	0.59	0.30	0.38	27.4	26.72	22.43	22.47
600775	3 149 378.34	−1 211 780.66	0.22	0.14	0.05	0.13	26.83	29.27	22.25	22.31
600797	−322 876 223.9	108 165 793.1	0.35	0.15	0.17	0.21	63.6	49.68	22.26	22.18
600806	−282 313 799.2	−303 315 863.8	0.23	0.15	0.08	0.15	58.41	66.04	21.76	21.75
600829	−157 601 922.8	−11 487 330.97	0.30	0.14	0.22	0.21	34.39	66.37	21.91	22.17
600839	−1 688 410 897	−3 471 487 927	0.33	0.09	0.19	0.20	67.7	67.99	24.82	24.74

代码	EVA		CSR₁	CSR₂	CSR₃	CSR	LEV		SIZE	
	2014	2015					2014	2015	2014	2015
600841	−31 186 672.32	−108 303 276.2	0.30	0.19	0.46	0.32	36.07	34.63	22.4	22.39
600845	207 258 574	96 320 399.49	0.32	0.20	0.22	0.24	49.24	37.68	22.37	22.58
600860	−103 417 239.7	−376 537 730.6	0.22	0.13	0.30	0.22	42.39	44.65	21.64	21.45
600875	−66 251 534.23	−1 151 090 366	0.18	0.51	0.05	0.25	75.98	72.16	25.17	25.18
600879	4 798 416.99	22 375 890.65	0.23	0.17	0.47	0.30	45.23	46.86	23.01	23.09
600884	60 033 654.7	317 385 340.3	0.24	0.09	0.26	0.19	51.88	50	22.94	23.05
600888	−749 466 110.6	−242 142 647.1	0.27	0.28	0.25	0.27	63.66	63.66	22.9	22.92
600962	51 391 268.78	−74 760 691.02	0.25	0.29	0.24	0.26	58.31	47.74	21.53	21.35
600970	−324 523 386.3	196 738 331.3	0.25	0.59	0.21	0.35	82.08	76.19	23.95	24.07
600980	−55 562 148.55	13 718 098.64	0.21	0.29	0.17	0.22	27.39	36.22	19.55	20.44
600990	100 179 320.2	123 719 274.8	0.15	0.21	0.20	0.19	64.83	67.52	21.69	21.89
601038	−377 716 034.1	−317 906 362	0.21	0.75	0.12	0.36	56.94	59.32	23.24	23.31
601177	−150 987 231.2	−236 727 884.6	0.23	0.23	0.31	0.26	53.06	56.64	22.09	22.1
601186	5 295 979 878	5 264 304 050	0.30	0.59	0.32	0.41	83.32	81.49	27.15	27.27
601231	359 876 020.8	263 105 973.3	0.16	0.78	0.20	0.39	48.71	47.75	23.24	23.29
601238	1 797 227 612	3 194 578 020	0.31	0.24	0.14	0.22	42.05	41.28	24.86	24.93
601313	157 807 792	142 562 840.6	0.25	0.51	0.27	0.35	44.53	41.61	21.76	21.76
601390	2 783 051 135	1 987 288 163	0.14	0.33	0.29	0.26	84.03	80.47	27.25	27.29
601588	−85 338 167.11	−22 445 985.78	0.15	0.50	0.10	0.26	70.61	74.97	24.35	24.58
601607	716 551 075.1	1 049 538 189	0.35	0.54	0.20	0.36	51.66	54.53	24.89	25.03
601618	167 858 112.5	459 113 870	0.16	0.17	0.05	0.12	82.2	79.3	26.51	26.56
601633	6 179 227 023	5 980 538 801	0.49	0.52	0.53	0.52	45.36	46.62	24.84	25
601668	20 280 688 190	15 089 494 163	0.42	1.00	0.41	0.62	78.58	77.79	27.55	27.7
601717	−348 656 396.1	−524 859 131.3	0.21	0.24	0.22	0.23	21.39	20.18	23.22	23.21

续表

代码	EVA		CSR₁	CSR₂	CSR₃	CSR	LEV		SIZE	
	2014	2015					2014	2015	2014	2015
601727	1 264 587 570	1 130 654 645	0.34	0.56	0.05	0.31	68.36	69.39	25.69	25.81
601800	4 705 108 766	3 549 638 192	0.24	0.42	0.08	0.24	79.03	76.81	27.17	27.32
601877	1 632 123 429	1 475 859 542	0.49	0.46	0.65	0.54	47.2	41.29	23.22	23.22

索引